Sobrenatural: La Vida De William Branham Libro Tres

Reeditado en español por Wine Secreto

Republished in Spanish by Secret Wine
www.secretwineonline.com

ISBN 13: 978-1539646310

November 2016

For addition copies or bulk ordering contact:
info@secretwineonline.com

Para obtener copias de adición o en contacto con pedidos en grandes cantidades: info@secretwineonline.com

Esta biografía es distinta a cualquier otro libro que Ud. alguna vez ha leído antes. Desde luego allí está el drama natural...

"Hermano Moore, Hermano Lindsay— ¿se acuerdan de aquella visión que les relaté en Norteamérica, aquella tocante a un niño siendo resucitado de los muertos? Abran sus Biblias y léanme lo que está escrito al respecto en la guarda."

Jack Moore abrió de golpe su Biblia y rápidamente leyó lo que él había escrito dos años antes. "Hermano Branham, esto realmente concuerda con la descripción."

"Ese es él," afirmó Bill. "Y Así Dice El Señor, 'Este niño va a regresar a vida.'"

Gordon Lindsay se quedó boquiabierto en incredulidad. "¿Me quiere Ud. decir que este niño destrozado va a respirar otra vez? ¿Cómo puede ser? Él ha estado muerto por más de media hora."

Bill declaró resueltamente, "Si ese niño no está vivo en los siguientes pocos minutos, Uds. pueden prender en mi espalda un letrero que diga que soy un profeta falso."

Pero el drama es tan sólo el comienzo. Luego llega lo sobrenatural— y nada es jamás igual otra vez

SOBRENATURAL:
La Vida de William Branham

Libro Tres:

El Hombre y Su Comisión

(1946 – 1950)

---

por
Owen Jorgensen

Sobrenatural:
La Vida de William Branham

Libro Tres
(1946 – 1950)

0501-003-CPEd1

Título original en inglés: *SUPERNATURAL: The Life Of William Branham. The Man And His Commission.*

Este Tercer Volumen de *SOBRENATURAL: La Vida de William Branham* ha sido traducido al español con la debida autorización de su autor, Owen Jorgensen.

Publicado por:

Tabernáculo *Luz Al Atardecer*
Apartado Postal # 512
Cuautitlán Izcalli, Edo. De México. 54700
MÉXICO.

En algún lugar del mundo, un adolescente sincero está buscando respuestas a preguntas tales como:

¿Realmente existe Dios? Si es así, ¿quién es Él? Y ¿dónde está Él? Y ¿acaso este Dios está interesado en mi vida?

Este libro está dedicado a ti, joven investigador.

Porque así estaba yo una vez.

Contenido

Prólogo del Autor

EL 3 DE AGOSTO DE 1993, el ángel del Señor vino a mi casa y me habló tocante al libro que Ud. ahora tiene en sus manos. Permítame explicar...

En 1974, cuando yo tenía 21 años de edad, me casé con una amorosa mujer Cristiana llamada Marguerite. Durante quince años trabajamos juntos, enseñándoles a nuestros cuatro hijos acerca de la gracia de Jesucristo. Entonces aconteció algo imprevisto. Supongo que fue una crisis de mitad de vida. Cualquiera que sea la razón, Marguerite comenzó a preguntarse si ella había dejado pasar algo en la vida. Regresó a la escuela durante tres años y llegó a ser una enfermera titulada. Durante la facultad ella comenzó a apartarse de Cristo e ir en dirección al mundo. Al llegar a algún punto su desviación se convirtió en un paso determinado, lo cual puso una tensión tremenda sobre nuestro matrimonio.

En 1991 Marguerite se matriculó en un programa universitario para convertirse en un Asistente Médico. Cuando se graduó en Enero de 1993, yo acababa de terminar el borrador preliminar del *Libro Tres: El Hombre y Su Comisión*. En el último capítulo del libro Tres yo creé un resumen al entrelazar momentos sobresalientes de la vida temprana de William Branham. Aunque había estado trabajando en esta biografía durante cinco años, mi esposa nunca había leído una página de ella. De repente quise que ella escuchara el resumen en este último capítulo. A regañadientes se sentó y escuchó. Cuando terminé de leer, lágrimas inundaron sus ojos. Ella dijo, "Owen, la razón que nunca he leído tu libro es porque tenía miedo de que en el momento que lo hiciera, yo sabría que era la verdad. Y ahora ha sucedido. Deseo regresar a Jesús."

Mis revisiones al Libro Uno, Dos y Tres estuvieron concluidas antes de Julio. Entonces me plantee la pregunta que me había preocupado durante los pasados cinco años— ¿cómo iba yo a sacar este libro a aquellas personas que quisieran leerlo? Desde el principio había planeado imprimirlo por mí mismo, pero ahora estaba profundamente en deuda resultado de los años de estudios de mi esposa. Esperando sugerencias envié un capítulo de muestra a varios hombres que pensé que podrían tener algunas ideas útiles. Esto me remite a la visita del ángel. Los últimos años de escuela de Marguerite habían sido muy severos con ella en el aspecto físico. Un horario agotador la había agotado, debilitando su resistencia a las infecciones. Durante el año anterior había sufrido con resfriados frecuentes, bronquitis, neumonía, e incluso furúnculos, todo esto además de dolores de cabeza a consecuencia de migraña. Ella todavía no estaba bien, aunque no podíamos determinar con precisión su problema.

El 3 de Agosto de 1993, Marguerite despertó a las 9:30. Mi hija iba a llevarla en el automóvil a su cita con el doctor esa mañana. Marguerite dijo, "Betsy, ve en busca de papito. Tengo que decirle algo antes de irme."

Yo estaba trabajando en la puerta contigua a nuestro almacén de la finca. Cuando llegué a la casa, Marguerite dijo emocionadamente, "Owen, ¡acabo de tener una visita del ángel del Señor!" Eso captó mi atención. En los 19 años de nuestro matrimonio ella nunca había dicho nada semejante a esto antes. Ella continuó, "No fue un sueño; al menos fue diferente que cualquier sueño que jamás he tenido en mi vida. Había dos demonios allí y tenían nombres. Uno era Illsa y el otro Samona. También estaba de pie una enfermera que yo conozco que profesa ser una Cristiana. Esta enfermera estaba charlando de una manera muy amena con estos dos demonios. Yo estaba acostada sobre una cama, parecida a la plancha de operación en una sala de emergencia de un hospital. Yo no podía hablar, pero la enfermera podía verme y yo podía hacerle señas a la enfermera. En un costado de mí estaba el Hermano Branham, y en el otro costado de mí estaba el ángel del Señor. El Hermano Branham le dijo a la enfermera, 'Cuida bien de esta mujer, porque ella es una hija de Dios.' "

Marguerite enfatizó esta parte con entusiasmo. Desde que ella había regresado a Jesucristo siete meses antes, Satanás le recordaba continuamente sus errores pasados y la atormentaba con dudas respecto a su salvación. Ahora ella exclamó, "Owen, ¡soy salva! ¡Yo *sé* que soy salva!"

Le dije, "Marguerite, quiero que recuerdes eso mientras vivas. Nunca dudes de tu salvación otra vez."

"Lo recordaré," aceptó, luego continuó, "El ángel del Señor me dijo, '*Ve en busca de Owen y dile lo que ves. Dile que él recibirá el dinero.*' La enfermera preguntó, '¿Para qué es el dinero?' En la visión yo no podía hablar, así que hice señas como que estaba leyendo un libro. La enfermera preguntó, '¿Es el dinero para un libro?' El ángel contestó, "*Sí. Y dos varones del Oeste lo ayudarán.*'" Luego Marguerite agregó, "Owen, vi a millares de personas regocijándose a causa de este libro."

Cuando terminó su relato, salí a proveer de gas el automóvil de nuestra bomba de la finca. Unos cuantos minutos después mi hija gritaba que yo viniera rápidamente. Marguerite se había colapsado, inconsciente. La llevamos a nuestro automóvil. Pronto ella estaba acostaba sobre una plancha de operación en una sala de emergencia de hospital, pero era demasiado tarde.

Marguerite tenía únicamente 40 años de edad. Los doctores no pudieron encontrar ninguna razón médica para su muerte. Sencillamente era su hora de partir. Por cuanto era una hija de Dios, Dios esperó hasta que su alma estuviera preparada antes de llevársela al hogar. Yo creo que poco antes que muriera, Marguerite miró dentro de esa dimensión espiritual y me dijo lo que vio. Me pregunto si Illsa y Samona eran los demonios que trataron de apartarla de Cristo; y al fracasar en ese propósito, la atormentaban con infecciones, migrañas, y duda. Tal vez estaban al final para ver que habían perdido la guerra; Jesucristo había ganado; Marguerite fue salva. En lo referente al mensaje del ángel, sé que era para mí. ¿Qué mayor consuelo podía yo tener que un ángel diciéndome que veré a mi esposa otra vez?

El mismo día que sepultamos a Marguerite, recibí una llamada telefónica del Hermano Pearry Green, pastor del Tucson Tabernacle en Arizona. A él le había agradado el capítulo de muestra que le envié y deseaba leer el manuscrito completo. Después él se ofreció a publicar y distribuir *Sobrenatural: La Vida de William Branham* a través de Libros de Tucson Tabernacle.

Las palabras que el ángel le habló a Marguerite se han vuelto realidad. Ojalá que Ud. sea uno de los millares de personas que ella vio regocijándose a causa de este libro. Que Dios le bendiga mientras continúa leyendo.

— **Owen Jorgensen**, 1996

Resumen del Libro Dos

DURANTE MUCHOS AÑOS William Branham no podía entender su vida rara. ¿Por qué era él el único ministro en Jeffersonville, Indiana, que veía visiones? Aquellos otros ministros le advertían que las visiones procedían de Satanás, el príncipe de las mentiras y el engaño. ¿Por qué entonces las visiones siempre se hacían realidad? Y ¿por qué ellas eran tan a menudo provechosas para la gente?

En Mayo de 1946 la confusión de Bill alcanzó su punto de crisis. Recluyéndose en una cueva allá en las lomas lejanas boscosas de Indiana, él oraba desesperadamente en busca de una respuesta. En algún momento después de la media noche la oscuridad fue traspasada por un ángel de luz. El ángel le dijo, "*No temas. Yo soy enviado de la presencia del Dios Todopoderoso para decirte que tu nacimiento peculiar y tu vida mal comprendida han sido para indicar que tú has de llevar un don de sanidad Divina a las gentes del mundo. Si eres sincero cuando ores y puedes hacer que la gente te crea, nada hará frente a tu oración, ni siquiera el cáncer. Tú irás a muchas partes de la tierra y orarás por reyes y gobernantes y potentados. Les predicarás a multitudes por todo el mundo y millares vendrán a ti en busca de consejo. Tú debes decirles que los pensamientos de ellos hablan más alto en el cielo que sus palabras.*"

Bill protestó, "Señor, soy un hombre pobre, y habito entre gente pobre. ¿Cómo podría yo ir alrededor del mundo? Y ¿cómo podría darme a entender? Todo lo que tengo es una educación de escuela primaria. Tal vez debería ser alguien con suficiente educación que pueda hablarle a la gente. Ellos no me prestarían atención."

El ángel respondió, "*Así como al profeta Moisés le fueron dadas dos señales para probar que él era enviado de Dios, de igual manera a ti te serán dadas dos señales. Primera— cuando tomes la mano derecha de una persona con tu mano izquierda, podrás detectar la presencia de cualquier enfermedad causada por microbio por medio de vibraciones que aparecerán en tu mano manera a ti te serán dadas dos señales. Primera— cuando tomes la mano derecha de una persona con tu mano izquierda, podrás detectar la presencia de cualquier enfermedad causada por microbio por medio de vibraciones que aparecerán en tu mano izquierda. Entonces debes orar por la persona. Si tu mano regresa a la normalidad, puedes declarar sana a la persona. Si no es así, tan sólo pide una bendición y que siga su camino. Bajo el ungimiento de Dios, no trates de tener tus propios pensamientos; se te será dado qué decir."*

Bill no estaba convencido. "¿Qué tal si ellos todavía no me creen?"

"La segunda señal es mayor que la primera. Si permaneces humilde y sincero, vendrá a suceder que podrás decir por medio de visión los mismísimos secretos del corazón de ellos. Entonces la gente tendrá que creerte. Esto iniciará el Evangelio en poder que conducirá a la Segunda Venida de Cristo."

Una semana después Bill fue forzado a someter a prueba las palabras del ángel. El miércoles por la noche un esposo desesperado trajo a su esposa inconsciente a la iglesia sobre una camilla. Margie Morgan estaba tan llena de cáncer que sus doctores la habían desahuciado. Cuando Bill tomó su blandengue mano derecha con la izquierda de él, su muñeca y brazo sintieron hormigueo como si hubiera sujetado el extremo desnudo de un cable eléctrico de bajo voltaje. Su mano se hinchó y se tornó roja. Él podía sentir las vibraciones subiendo por su brazo. Inclinando su rostro, le pidió a Jesucristo que sanara a esta mujer moribunda. Tan pronto como él terminó la oración, las vibraciones se detuvieron y la hinchazón de su mano desapareció. Tres días después Margie Morgan estaba fuera de cama, andando por los pasillos del hospital, pidiéndole a su doctor que le permitiera irse a casa.

Las noticias de este milagro se propagaron rápidamente y pronto William Branham recibió un telegrama procedente de St. Louis, Missouri. El reverendo Daugherty deseaba que Bill viniera y orara por su hija. Durante tres meses la pequeña Betty Daugherty había estado sufriendo con una enfermedad misteriosa que estaba desconcertando a todos sus doctores. Bill fue a St. Louis y allí Dios le reveló el problema de la niña. Fácilmente, Betty Daugherty fue sanada. El reverendo Daugherty entonces le pidió a Bill si él podría regresar a St. Louis y celebrar algunas reuniones de avivamiento, enfatizando sanidad Divina. Bill accedió. Regresando a

Jeffersonville, dejó su trabajo en el *Servicio Público de Indiana*. Luego se reunió con los diáconos en la iglesia donde él era el pastor y tomó medidas para que un predicador ocupara el púlpito en su ausencia. Él se imaginó que de ahora en adelante estaría trabajando de tiempo completo como un evangelista.

Su primera campaña de sanidad por fe fue un éxito sorprendente. Él predicó durante once noches. Después de cada sermón le pedía al enfermo que pasara al frente y se reunieran alrededor del púlpito a fin de que él pudiera tocarlos y orar por cada persona una tras otra. Milagros ocurrían constantemente. Personas eran liberadas de bizquera, artritis, tuberculosis, diabetes, problemas cardiacos, parálisis infantil, tumores, cánceres, trastornos nerviosos, problemas estomacales, e incluso ceguera. Para cuando el avivamiento terminó, Bill había orado por más de 1,000 personas. Él se sentía exhausto, pero feliz— y deseoso que el Señor le mostrara a dónde debería ir después.

Libro Tres

El Hombre y Su Comisión

(1946–1950)

Fotografía profesional mostrando la Columna de Fuego sobre William Branham mencionada en el Capítulo 46, *El Ángel Fotografiado en Houston*.

Capítulo 31
El Sueño Extraño de un Ciego
1946

INSPIRADAS por las sanidades asombrosas en St. Louis, las noticias se esparcieron como una vid, extendiéndose por los estados sureños y del medio oeste, publicando la historia de cómo un ángel se había encontrado con un predicador desconocido de Indiana llamado William Branham y lo comisionó para que llevara un don de sanidad Divina a la humanidad doliente. Poco tiempo después que Bill llegara a casa de St. Louis, llegó un telegrama de otro ministro que él no conocía— un tal Reverendo Adams de Camden, Arkansas, que deseaba patrocinar a Bill en una campaña de sanidad de una semana de duración en su ciudad. Bill estuvo de acuerdo y los arreglos fueron finalizados para la primera parte del mes de Agosto de 1946.

A causa de que Bill no tenía un traje propio, él aceptó un traje usado de uno de sus hermanos. Este traje estaba estropeado a causa de un accidente automovilístico y había resultado roto del accidente en varios lugares. Meda acondicionó los pantalones con algunos parches pegados con plancha mientras Bill remendaba un largo, bastante obvio desgarrón en el bolsillo derecho del frente del saco del traje. Luego Meda tomó las dos camisas blancas de él, cuidadosamente removió las puntadas de los cuellos gastados, volteó los cuellos, y los volvió a coser en su sitio. Bill hizo una maleta pequeña, la subió en la parte trasera de su viejo *Ford*, y se dirigió al sur.

Cuando llegó a Camden, Bill saludó al Reverendo Adams con un apretón de mano al revés, diciendo, "Dispense que sea con mi mano izquierda, pero está más cerca de mi corazón." Realmente, él tan sólo estaba apenado de la desordenada tarea de remendar que él le había hecho al bolsillo del saco de su traje y quería mantenerlo cubierto con su mano derecha. Esta sería su práctica normal durante los próximos pocos meses.

Camden, cerca de la frontera sureña de Arkansas, tenía una modesta población de 15,000 personas. Pero cuando las reuniones se abrieron, pronto fue obvio que las personas venían de todo el Sur. El Pastor Adams había rentado un enorme gimnasio de una escuela, y la mismísima primera noche estuvo lleno al máximo. Bill trató de animar a la gente a que creyera en Dios, recordándoles que "*con Dios todo es posible*"; pero la disposición de la muchedumbre permanecía rígida y poco convencida. Ellos parecían haber salido de la curiosidad y ahora estaban sentados con la actitud de "demuéstralo." Bill les suplicaba que abrieran sus mentes, diciendo, "Estimados amigos, soy tan sólo un hombre; pero estoy intentando explicarles que Dios ha enviado Su ángel y ha estado conmigo."

En un momento Bill percibió el cambio de atmósfera. Él podía sentir aquella presencia que había sentido en su cueva cerca de Tunnel Mill. Evidentemente la audiencia también la sentía, porque la gente comenzó a mirar alrededor con perplejidad. Entonces Bill vio aquel círculo de fuego que giraba entrar por las puertas en la parte de atrás del gimnasio, "No tendré que hablar nada más al respecto," dijo Bill, "porque aquí viene ahora."

Aquel fuego sobrenatural subió por el pasillo apenas arriba de las cabezas de la gente. Gritos de asombro se esparcieron a través de la muchedumbre. Mujeres y niños gritaban, se desmayaban o se echaban hacia atrás en sobresalto. Allí estaba un ministro Bautista sentado en una silla de ruedas colocado en el pasillo parcialmente hacia el frente. Cuando la Columna de Fuego pasó encima de él, saltó de su prisión rodante y empujó la silla de ruedas por el pasillo enfrente de él, alabando a Dios tan fuerte como podía gritar. Eso sacó a la muchedumbre de su escepticismo.

Mientras tanto, la luz ámbar había continuado en su camino hasta el frente, donde se detuvo, cerniéndose apenas arriba de la cabeza de Bill. El Reverendo Adams estaba de pie en el otro lado del púlpito cuando un fotógrafo de un periódico sacó una fotografía, capturando la luz sobrenatural en la película.[44] Un momento después, el

---

[44] Vea la fotografía # 19 en el libro *William Branham, Un Hombre Enviado de Dios*, por Gordon Lindsay. [En inglés]
[La fotografía a la que aquí se hace referencia aparece al final de este capítulo.]

Reverendo Adams se movió hacia el fenómeno como si estuviera yendo a tocarlo, gritando, "¡Yo veo eso!" La luz resplandeció más brillante y el Pastor Adams se tambaleó hacia atrás, cegado temporalmente. Entonces la estrella desapareció.

Desde ese momento en adelante, el escepticismo de la multitud se desvaneció; y durante el resto de la noche, la fe se aumentó como una marejada. Bill les pidió a aquellas personas que deseaban oración que hicieran una fila en el costado del edificio. Centenares se levantaron y se metieron a apretujones a la tosca apariencia de una fila. Bill deseaba que las personas se acercaran a él por su derecha, porque él podía sentir la presión del ángel del Señor parado allí. Bill tomaba la mano derecha de una persona con su izquierda. Aquellos que tenían enfermedades relacionadas con microbios hacían que su mano se hinchara y se pusiera roja cada vez. Después de la oración, él sabía que estas personas estaban sanas si su mano regresaba a la normalidad. Para aquellos con otros problemas, la fe golpeaba tan fuertemente en los corazones de ellos que una oración sencilla en el Nombre de Jesús era a menudo todo lo que se requería para alcanzar lo que antes hubiera parecido imposible.

Esa noche, milagros acontecieron en centenares de vidas. Bill oró por los enfermos, uno por uno, hasta ya muy avanzada la media noche. Para la hora que finalmente se detuvo, su brazo izquierdo se sentía tan entumecido que una vez de vuelta en el cuarto del hotel, tuvo que mantenerlo bajo agua corriente durante media hora para lograr recuperar la sensibilidad dentro de sus músculos.

A la mañana siguiente después del desayuno, mientras Bill estaba orando en su habitación del hotel, oyó por casualidad una conversación apenas en el exterior de su cuarto. Un hombre estaba diciendo, "Pues, tan sólo deseo hablar una palabra con el Hermano Branham. Soy un reportero y tengo algo que mostrarle."

Un empleado del hotel, asignado para vigilar la puerta de Bill, contestó, "No puedo remediar quién sea Ud. Mis órdenes son el no permitir que nadie entre allí. Es la hora de la oración."

Yendo hacia la puerta, Bill invitó a pasar al reportero. El reportero se introdujo ansiosamente. Sacó una fotografía y se la ofreció. "Hermano Branham, mire aquí."

Tomando la foto, Bill estudió sus contenidos. Era una fotografía en blanco y negro de la reunión de la noche anterior. Bill se veía a sí mismo de pie detrás del púlpito. Arriba de él pulsaba aquella luz sobrenatural y a la izquierda estaba el Reverendo Adams.

"Hermano Branham," dijo el reportero, "tengo que admitir que anoche empecé como un escéptico. Pensaba que toda esta plática respecto a un ángel y sanidad era tan sólo psicología. ¡Pero aquí está en la foto! Fíjese en las cuatro luces separadas igualmente apenas abajo del balcón. Esas eran las únicas luces detrás de Ud. Eso significa que esta luz brillando arriba y alrededor de su cabeza tiene que ser sobrenatural."

Bill asintió con la cabeza. "Se parece definitivamente a la luz que vi."

El reportero dijo, "Yo mismo pertenezco a la iglesia Bautista, pero deseo al Espíritu Santo en la manera que Ud. lo ha recibido."

Antes que Bill pudiera responder, hubo un toque en la puerta. Esperando que fuera una recamarera, Bill se sorprendió cuando resultó ser la administradora del hotel. Ella entró, nerviosamente haciendo girar una llave alrededor de su dedo. Bill le mostró la foto del ángel del Señor.

"Esa es la razón que vine a verle," dijo ella. Hermano Branham, yo estuve allí anoche y también vi esa luz. Mire—" Ella parecía inquieta, como si tuviera dificultad en encontrar las palabras apropiadas. "Hermano Branham, yo—yo deseo nacer de nuevo."

En respuesta, Bill levantó la persiana de la ventana y le señaló algunas lomas afuera de la ciudad. "Ve aquel camino blanco bajando por aquellos pinos. Hace unos cuantos días permanecí como cuatro horas allá, orando fervientemente que Dios permitiera que Su ángel visitara esta ciudad y conmoviera los corazones de la gente como nunca antes. Ahora ha sucedido. No es difícil nacer de nuevo. Es tan sólo una simple cuestión de rendir su vida completamente a Jesucristo."

Los tres se arrodillaron en el piso del cuarto del hotel, y tanto la administradora y el reportero nacieron de nuevo dentro de la familia de Dios.

Una hora más tarde un joven vino a la puerta con un telegrama de otro ministro, el Reverendo G. Brown, pidiéndole a Bill que viniera a celebrar reuniones en Little Rock, Arkansas. El joven que entregó el telegrama se quedó en la entrada como si tuviera algo más que decir. Bill le preguntó si había algo más. El joven dijo, "Mi papá ha tenido algo mal en su espalda durante años. Anoche él fue sanado, y hoy está diferente. Es como si yo tuviera un papá nuevo. Yo también deseo conocer a Jesús."

"Dios bendiga tu corazón, hijo. Entra aquí y cierra la puerta. Tú puedes encontrar a Jesús aquí mismo. No es difícil."

El joven se puso de rodillas, puso su gorra en el piso, y entregó su corazón a Cristo.

Por todo el resto de su semana en Camden, las multitudes crecían cada vez más a medida que las personas testificaban de sus sanidades a amigos y vecinos y los exhortaban a venir y ver por sí mismos cómo Dios estaba visitando su ciudad con un ángel. Noche tras noche Bill oraba por una interminable fila de personas hasta que el reloj pasaba la media noche. Para la hora que Bill celebró el último culto de sanidad de la semana el Sábado, él se sentía exhausto.

El Reverendo Adams había programado que Bill predicara en una iglesia local el Domingo por la mañana. Ya que sería tan sólo predicación, y no el orar por los enfermos, Bill sintió que tenía fuerza suficiente para hacerlo. Desde luego, vinieron más personas a la iglesia de las que podían acomodar en el interior.

Después del culto, cuatro policías fornidos ayudaron a Bill y al Reverendo Adams a avanzar a través de la multitud hacia el automóvil rojo del pastor. La gente se apresuraba para ver a Bill, algunos tratando de tocarle, los oficiales conteniéndolos. El corazón de Bill parecía despedazarse ante la gran cantidad de lisiados y madres con niños enfermos de pie en una llovizna, teniendo hambre de ser sanados. Él deseaba tocar a cada uno de ellos y orar por ellos hasta que la respiración dejara su cuerpo, pero sabía que no podía hacerlo. Después de un breve descanso, él tenía obligaciones que cumplir en Little Rock.

Por encima del murmullo de la multitud, Bill escuchó a alguien gritando, "¡Tenga misericordia! ¡Tenga misericordia!" Miró alrededor y vio a un anciano de color y a una mujer de pie sobre un pequeño montículo detrás de la iglesia— muy alejados de la multitud de puros blancos. (En este entonces, las leyes *Jim Crow* todavía estaban vigentes en el Sur, prohibiéndole a la gente negra mezclarse con la gente blanca en lugares públicos.) Este anciano negro sostenía su gorra en las manos, permitiendo que las gotas de la lluvia le mojaran un ralo borde de cabello en la coronilla de su cabeza. Él continuaba con su sonsonete lastimoso, "¡Misericordia! ¡Misericordia! ¡Tenga misericordia!"

"Pobrecita persona," pensó Bill, mientras se ponía en marcha. De pronto se detuvo abruptamente y miró hacia atrás al anciano. Algo poco común estaba ocurriendo. Bill podía sentirlo, como una presión apretando contra su piel, zumbando sus sentidos. Era una sensación buena, no mala, y Bill percibía que estaba relacionada de alguna manera con aquel hombre de color clamando por él en la cima de aquella elevación. Bill se puso en marcha en dirección de aquel anciano.

Uno de los policías en su escolta preguntó, "¿A dónde va, reverendo?"

"El Espíritu Santo quiere que yo me acerque a donde está aquel hombre de color," respondió Bill.

El oficial le advirtió, "No haga eso, hombre. Con todas estas personas blancas tirando de Ud., Ud. provocará un disturbio racial. Este es el Sur."

Bill desestimó el peligro. "No puedo remediar lo que son las leyes de Uds. El Espíritu Santo me está diciendo que vaya a platicar con aquel hombre."

Los cuatro policías siguieron a Bill hasta aquel montículo a donde estaban aquel hombre y mujer de color. A medida que Bill se acercaba escuchó a la mujer decirle al hombre, "Amorcito, aquí viene el pastor."

Bill subió muy cerca, mientras los oficiales formaban un anillo alrededor de ellos para que no se acercara la multitud. "¿Puedo servirle en algo, tío?" preguntó Bill.

El hombre irguió la cabeza en el ángulo equivocado para mirarlo. Bill se dio cuenta que el anciano estaba ciego. El hombre tartamudeó, "¿Es—es Ud. el Pastor Branham?"

"Sí, tío."

El anciano alzó las manos y poco a poco palpó el rostro de Bill. "Oh, Ud. es un hombre joven."

"No muy joven," dijo Bill. "Tengo 37 años."

"Pastor Branham, ¿dispone de un momento para escucharme?"

"Adelante, tío."

"Yo he estado percibiendo una pensión por ceguera durante diez años. Vivo como a 200 millas [321.86 kilómetros] de aquí. Nunca escuché de Ud. en mi vida hasta esta mañana. Desperté como a las tres en la habitación —desde luego, no puedo ver nada— pero al mirar, parada allí delante de mí yo podía ver a mi madre anciana.

Ahora ella ha estado muerta durante muchos años; pero cuando estaba viva, ella tenía la religión como la que Ud. tiene. Mi mamita nunca me dijo una mentira en su vida. Esta mañana ella se paró allí y dijo, 'Hijito mío, levántate, ponte tu ropa, y ve a Camden, Arkansas. Pregunta por alguien con el nombre de Pastor Branham, y recibirás la vista.' Así que aquí estoy, pastor. ¿Puede Ud. ayudarme?"

Sintiendo el corazón dolerle con simpatía, Bill puso una mano a través de los ojos del anciano y oró, "Padre Celestial, yo no entiendo el que su madre haya venido a él en un sueño, pero te pido en el Nombre de Jesús que le devuelvas la vista."

La multitud estaba empujando. Los policías estaban teniendo dificultades para contenerlos. Bill sabía que tenía que llegar al automóvil tan pronto como pudiera, así que se dio la media vuelta para irse.

El anciano sonrió y comenzó a asentir con la cabeza, diciendo tranquilamente y con satisfacción, "Gracias, Señor, gracias."

Su esposa lo miró, con los ojos muy abiertos. "Amorcito, ¿sí ves?"

"Claro, que veo. Yo te dije que si llegaba aquí, vería. Mira." Él señaló hacia el automóvil que era el destino de Bill. "Ves aquel automóvil allá. Es rojo."

Su esposa exclamó, "¡Oh, Jesús!" mientras los dos se abrazaban el uno al otro en gozo.

Apretujando su aro protector, los cuatro policías escoltaron a Bill apresuradamente a través de la multitud emocionada y lo introdujeron en la seguridad del sedán rojo.

Bill y el Rev. Adams en el púlpito. La Luz alrededor de la cabeza de Bill.

Capítulo 32
Desafiando a la Locura
1946

DESPUÉS DE CAMDEN, William Branham celebró una campaña de sanidad de una semana de duración en Pine Bluff, Arkansas, luego siguió su camino hacia Little Rock, la capital del estado. El Reverendo Brown había rentado un auditorio grande no lejos del edificio de gobierno de la capital. Para este entonces la reputación de Bill se había difundido hasta allí de forma oral que las multitudes acudiendo a las reuniones de Little Rock eran mayores de las que estuvieron en Camden. El auditorio se llenó a su capacidad rápidamente, con muchas personas que se quedaron de pie en el exterior.

En la primera noche Bill explicó la comisión del ángel y compartió los testimonios de Camden y Pine Bluff. Luego les pidió a aquellos que deseaban oración que formaran una fila a su derecha. Centenares de personas se pusieron de pie de inmediato y gradualmente, con una gran cantidad de confusión, formaron una fila. Una y otra vez el organista tocaba la melodía de "Sólo Creed," mientras estas personas pasaban al frente una a la vez por oración.

Cuando una persona se paraba delante de él, Bill apretaba la mano derecha del paciente con la propia mano izquierda de él. Si esa persona tenía una enfermedad, instantáneamente Bill sentía las vibraciones vibrando hacia arriba de su brazo parecido a una corriente eléctrica de bajo voltaje. Entonces su mano izquierda se hinchaba hasta ponerse roja como si estuviera infectada y una serie de chichones blancos aparecían a través del dorso de su mano. Dependiendo de la forma de estas ronchas Bill podía decir qué enfermedad tenía la persona. Hablando por el micrófono de modo que la audiencia pudiera escuchar, él identificaba el problema:

úlcera, tuberculosis, cáncer, etc. Su diagnóstico siempre era correcto. Luego oraba, reprendiendo a los demonios en el Nombre de Jesucristo. Tan pronto como los demonios abandonaban al paciente, la mano de Bill volvía a su tamaño y color normal. Entonces él declaraba sano al paciente, y se daba media vuelta a recibir a la siguiente persona en la fila.

Al llegar a este punto un murmullo espontáneo de asombro a menudo se escapaba de los labios de aquellos que observaban. Estos hombres y mujeres nunca habían visto antes nada parecido. Aquí estaba la evidencia visible de Dios en sus medios. Ello inspiraba a muchos a verter lágrimas reverentes.

Bill estaba tan asombrado por su don como lo estaba cualquier otro. Antes de su comisión, nunca le había ocurrido que microbios vibraran con vida. Ahora no solamente podía sentir las vibraciones, él podía observar las reacciones físicas que ellos causaban en su mano izquierda— tanto la hinchazón roja y los pequeños chichones blancos los cuales formaban un modelo de acuerdo a cada enfermedad. Cuanto más Bill usaba este don, más aprendía acerca de los aspectos de los demonios. Por ejemplo, ya sabía que la razón que estas ronchas circulaban en el dorso de su mano era por causa de que la vida demoníaca de la enfermedad se alborotaba por la presencia del ángel.

El significado espiritual de estas vibraciones inducidas por microbios o virus también estaba llagando a ser más claro. En sus ratos libres entre los cultos, Bill estaba leyendo y releyendo el Nuevo Testamento, intentando entender los ministerios de sanidad de Jesús, Pedro y Pablo (y por consiguiente entender el suyo.) Comparando las Escrituras con sus propios pensamientos respecto a la medicina moderna, le parecía a él que las enfermedades tienen dos aspectos— uno físico y el otro espiritual. El nivel físico era el verdadero microbio o virus que un científico médico podía ver a través de un microscopio. Pero ¿de dónde procedían aquellos microbios o virus? No de Dios naturalmente. Los microbios y virus estaban extrayendo su vida de la vida dada por Dios de la persona que invadían. Al leer los relatos Bíblicos del propio ministerio de sanidad de Jesús, Bill reconoció que los microbios o virus eran los aspectos físicos de los poderes demoníacos. Así como cualquier criatura viviente tiene un aspecto físico y espiritual en su vida, así es de igual manera con cada enfermedad. Los doctores en medicina se interesaban en la fisiología de una enfermedad, en tanto que Bill estaba ocupándose de la demonología. La señal en su mano estaba captando las vibraciones de esa vida demoníaca la cual estaba atacando a la vida dada por Dios en un ser humano.

Bill sabía que la hinchazón de su mano no podía sanar a nadie, pero sí podía fundamentar fe. El ver a una enfermedad revelada sobrenaturalmente podía elevar la fe de una persona al punto donde él o ella podían creer a Dios por su sanidad. Jesús dijo, "*Si puedes creer, al que cree todo lo es posible.*"[45] Y era Jesús llevando a cabo la sanidad tanto en aquel entonces y ahora.

Desde luego, no todas las enfermedades de las personas necesitaban una señal sobrenatural para revelarlas. Algunos problemas eran obvios. Un hombre tenía un gran bocio rojo sobresaliendo de su cuello. Tan pronto como Bill le pidió a Jesús la sanidad del hombre, el bocio se volvió blanco, cayó al piso, y rodó entre los pies de Bill. El reportero de un periódico destelló su cámara y al día siguiente apareció una fotografía de este milagro en la página principal.

Un anciano lisiado, que había cojeado en muletas durante años, fue sanado a la vista de todos y se marchó de la plataforma llevando sus muletas sobre su cabeza, mientras él expresaba a voz en grito alabanzas a Jesucristo. Cuando comenzó el culto la noche siguiente, este hombre estaba sentado allá cerca del frente con un letrero en su espalda que se leía: JESUCRISTO ES EL MISMO AYER, Y HOY Y POR LOS SIGLOS. Mientras Bill salió al estrado, este hombre se puso de pie y gritó, "Oiga, predicador, deseo preguntarle algo."

Bill reconoció al hombre. "¿Qué es, papá?"

"Soy Nazareno, y cuando le escuché a Ud. predicar por primera vez pensé que Ud. también era Nazareno. Luego cuando vi cuántas personas Pentecostales están en las reuniones, pensé que seguramente Ud. debía ser un Pentecostal. Entonces le escuché decir que Ud. es un Bautista. No lo entiendo."

"Eso es fácil, papá," respondió Bill. "Soy un Pentecostal-Nazareno-Bautista." Después que la muchedumbre dejó de reír ante su pequeña broma, Bill dijo, "Ya en serio, yo tan sólo represento al Señor Jesucristo en Su misericordia. La Escritura dice que por un Espíritu todos somos bautizados en un cuerpo y nos convertimos en

---

[45] Marcos 9:23; también Mateo 19:26; Marcos 10:27; Lucas 1:37

un pueblo.[46] Jesús no va a preguntarnos si somos Metodista o Bautista. Él va a juzgarnos por lo que está en nuestros corazones."

Noche tras noche centenares de personas pasaban adelante a raudales por oración. Pesado como era en el cuerpo de Bill, él continuó orando por el enfermo y el que sufre hasta la una, dos, y algunas veces las tres de la mañana. Entonces el Reverendo Brown lo guiaba, entumecido y en un ofuscamiento de agotamiento, a su habitación del hotel donde él cogía media docena de horas de sueño irregular.

Una mañana el Reverendo Brown lo despertó ante una emergencia. "Hay un tal Sr. Kinney en la planta baja procedente de Memphis, Tennessee. Parece que su amigo el Sr. D—,[47] quien es el administrador de correos allá en Memphis, se está muriendo con neumonía asmática. El Sr. Kenney voló aquí para pedirle a Ud. que viniese a orar por el Sr. D—. El Sr. Kinney ya le ha hecho la reservación de un asiento para que Ud. vaya en avión a Memphis esta mañana. Ud. podrá regresar para la hora que comience la reunión esta noche. Iré a la planta baja y lo subiré."

Bill se vistió y se acababa de poner el saco cuando escuchó el sonido de un viento fuerte. Él supuso que era en el exterior, y pensó, "Vaya, hoy está tremendamente ventoso." Entonces vio esa luz sobrenatural en su habitación, suspendida en el aire, girando y pulsando con energía. Bill se puso de rodillas junto a la cama. Pronto él escuchó decir la voz del ángel, *"No vayas allá. Su hora ha llegado."* Luego la luz se desvaneció. Bill se incorporó y se quitó el saco.

Unos cuantos minutos después el Reverendo Brown regresó con un hombre que se miraba fatigado e inquieto. "Hermano Branham, me llamo Kinney. Mi amigo el Sr. D— está inconsciente ahora, pero yo tengo fe que Dios puede—"

Bill lo interrumpió. "Señor, el Espíritu Santo se acaba de encontrar conmigo hace unos cuantos minutos y me previno de no ir con Ud., pues así dice el Señor, 'El hombre va a morir.'"

"¿Quiere decir Ud. que no existe esperanza?"

---

[46] I Corintios 12:12-27

[47] En esta biografía cada vez que un apellido es dado en este formato (D—) significa que William Branham no da el nombre cuando él relató la historia. La letra ha sido seleccionada por el autor arbitrariamente por conveniencia al describir los eventos.

"Probablemente él esté muerto cuando Ud. regrese. Pero yo me mantendré orando respecto a eso. Llámeme en la mañana y hágame saber la condición de él— cuando él fallezca o si él ya falleció cuando Ud. llegó allá. No se preocupe de llamarme esta noche porque estaré en el culto hasta las dos o tres de la mañana."

Esa noche, después de varias horas de oración constante por el enfermo, el Reverendo Brown dijo, "Hermano Branham, avíseme cuando necesite un pequeño descanso. Quiero mostrarle algo en el sótano del auditorio. Es un caso como el que Ud. nunca antes ha visto."

Cansado del esfuerzo, Bill aceptó con beneplácito una justificación para descansar su mente por un momentito. "Estoy listo para un descanso ahora," dijo. Mientras las personas en la fila de oración conservaban sus lugares y esperaban, el Reverendo Brown guió a Bill al sótano, donde se encontraron con un hombre joven de pie en el escalón del fondo de la escalera. Él se miraba como un típico agricultor de Arkansas, vestido con una camisa azul decolorada y pantalones de pechera. El hombre estaba mirando hacia dentro del sótano con ojos vidriosos y desanimados. Bill miró también, y se sobresaltó por lo que vio. En toda su vida Bill nunca había visto nada realmente como esto. En el centro de un cuarto de sótano grande, estaba tirada sobre el piso descubierto, una mujer musculosa vestida con una camiseta blanca y pantalón corto negro. Bill supuso que ella debería tener 30 o 35 años de edad. Ella estaba acostaba boca arriba con sus piernas y brazos directamente hacia arriba en el aire. Sus piernas estaban embarradas con sangre de numerosas cortadas.

Mirando hacia atrás al hombre en los escalones, Bill preguntó incrédulamente, "Hermano, ¿ella es su esposa?"

"Sí, Hermano Branham."

"¡Qué cosa! ¿Qué le pasa?"

"Cuando tuvo su último bebé, el doctor cree que eso le produjo menopausia prematura. Él le dio algunas inyecciones, pero no le sentaron bien y se volvió loca. Ella ha estado en un manicomio durante dos años. Yo vendí mi hacienda para reunir dinero suficiente para auxiliarla, pero no ha funcionado nada de lo que los doctores han intentado. Hermano Branham, tengo cuatro hijos en casa. Cuando oí tocante a una mujer loca de Mississippi que fue sanada la otra noche en sus reuniones, vendí mi mula para reunir el dinero suficiente para traer en una ambulancia a mi esposa aquí."

"¿Por qué están sangrando las piernas de ella?"

"La institución dijo que podíamos llevárnosla tan sólo por una noche. Pero cuanto trataron de ponerla en la ambulancia, no pudieron lograrlo. Así que yo llevé a cuatro hermanos de mi iglesia conmigo y nos las arreglamos para introducirla en un automóvil. Entonces en el camino hacia aquí, todos los cuatro varones no podían mantenerla quieta y ella desprendió a patadas el vidrió del asiento trasero. Cuando la metimos en el edificio, ella nos estaba arrojando a todas partes. Finalmente la introdujimos al sótano y la acostamos boca arriba. Ella tan sólo permaneció así, con sus manos y piernas en el aire."

Bill miró con lástima a la mujer loca, acostada boca arriba en el centro del piso, sus brazos y piernas sangrantes directamente hacia arriba en el aire. Bill le dijo a su esposo, "Me acercaré y le tomaré la mano y veré si puedo sentir algunas vibraciones."

El terror se apoderó de los ojos del hombre. "Hermano Branham, no vaya allí. Ella le mataría."

Ignorando la advertencia, Bill se dirigió a la mujer loca, quien observaba su acercamiento con mirada profunda y calculadora. "Buenas noches," dijo Bill, tendiéndole su mano hacia la mano derecha de ella.

Justo mientras la mano de él estaba ciñendo la muñeca de ella, de pronto ella le dio la vuelta a la palma de su mano y más bien sujetó la muñeca de él, dándole a él un tirón brusco y fuerte que casi lo arranca de sus pies. Ella no podía haber pesado más de 170 libras [77.41 kilogramos], pero parecía poseer cuatro veces la fuerza de una mujer en promedio. A medida que lo acercaba hacia ella, Bill temía que ella le fracturara sus huesos. Él tiró con impulso violento su pie y la tomó por los hombros y le dio un puntapié. Su mano se zafó y él corrió de vuelta a los escalones del sótano.

La mujer loca lo persiguió, todavía sobre su espalda, arrastrando su cuerpo rápidamente por el piso de concreto, mirándose como una culebra gigante, todo el tiempo produciendo ruidos intermitentes inhumanos. A medio camino de los escalones, ella cambió su dirección y más bien se dirigió hacia un banco de madera recargado contra la pared. Golpeó la esquina de ese banco tan fuerte con la cabeza que la madera que se astilló en pedazos. La sangre se mezcló con su cabello. Ella recogió un tarugo de madera y se lo arrojó a su esposo, fallándole por pulgadas y tirando el yeso de la pared detrás de él.

"Hermano Branham," dijo con sollozos el esposo, "¿existe alguna esperanza para ella?"

"Mire, hermano," dijo Bill, poniendo su brazo sobre el hombro del hombre. "La única cosa que yo sé decirle— cuando aquel ángel se encontró conmigo, él me dijo que si yo era sincero y podía hacer que la gente me creyera, entonces Él sanaría al enfermo. ¿Tiene Ud. la fe sencilla para creer que Jesucristo, el Hijo de Dios, echa fuera demonios?"

Armándose de valor, el hombre contestó, "Sí la tengo."

Cuando la mujer poseída escuchó esto, dijo a gritos estridentes, "¡William Branham, tú no tienes nada que ver conmigo! Yo la traje aquí." Entonces la mujer comenzó a arrastrarse sobre su espalda en dirección a Bill.

"¿Qué es esto?" preguntó el esposo, muy sorprendido. "¡Esa mujer ni siquiera conoce su propio nombre! Ella no ha hablado una palabra en dos años."

"Esa no era ella," dijo Bill. "Ese fue el demonio que la está sujetando en su posesión. Él sabe que va a tener que irse de la mujer si Ud. únicamente cree al Señor Jesucristo ahora mismo. Vamos a estar de acuerdo en oración."

La mujer gritó estridentemente otra vez, "¡Tú no tienes nada que ver conmigo!" mientras Bill inclinaba su rostro y oraba, "Padre Celestial, en el Nombre de Tu Hijo Jesucristo haz que ese demonio la deje."

La mujer cayó silenciosa. En el siguiente momento se colapsó completamente sobre el piso como si no tuviera vida. Su esposo preguntó, "¿Qué haré ahora?"

"Tan pronto como haya terminado el culto, llévela de vuelta a la institución. Si Ud. cree, eso tiene que suceder. Avíseme cómo evoluciona."

A LA MAÑANA SIGUIENTE, la luz del sol hizo que se abrieran los ojos de Bill. Él dio vuelta a su cabeza en la almohada para ver la ventana del hotel y se sobresaltó al ver a una mujer sentada junto a su cama. Su cabello canoso estaba recogido hacia atrás apretadamente en un moño, y ella traía puesto un traje café claro con una blusa blanca. Ella no lo estaba observando a él, sino que estaba de lado con la mirada en la pared de modo que él podía ver su perfil. Ella se miraba triste.

Nervioso, Bill pensó, "¿Cómo se introdujo esa mujer en mi habitación? La puerta está cerrada y aquí está la llave puesta sobre el buró."

Levantándose sobre sus codos, dijo perplejamente, "¿Señora?" Luego Bill vio a un varón sentado junto a la pared, apenas más allá de la mujer. Él era un varón alto de cabello canoso, que traía puesto un traje café claro y luciendo una corbata rojo vivo. También él se miraba triste. La mujer volteó el rostro para mirar al varón y los dos se sonrieron el uno al otro.

"¿Qué es esto?" pensó Bill. Él se incorporó completamente en la cama. Cuando lo hizo, de pronto ya no estaba acostado en la cama en modo alguno, sino que estaba de pie en una plataforma en una iglesia que él no reconocía. Se mordió con fuera el dedo para comprobar si estaba soñando. El dolor le garantizó que estaba completamente despierto. Entonces supo que se trataba de una visión.

La iglesia desapareció progresivamente y Bill estaba de vuelta en la cama. Él observó a la mujer y al varón canoso. Ellos le sonrieron, asintieron con sus cabezas, y parecían reír entre dientes como si ahora estuvieran felices. Luego ambos se desvanecieron en la nada.

Cerrando los ojos, Bill dijo en voz baja, "Dios, no entiendo esto, así que por favor muéstrame lo que significa." Él tenía la impresión que estas dos personas aparecerían en la fila de oración esa noche. Eso había ocurrido varias ocasiones anteriormente: él veía una visión de una persona antes del culto, luego más tarde esa noche cuando él reconocía a la persona viniendo por la fila de oración, él sabía que Dios iba a hacer algo especial en la vida de esa persona. Una visión de este tipo generalmente le mostraba a Bill exactamente lo que iba a acontecer en al servicio de oración. Esta visión, por otra parte, había concluido como un misterio.

Levantando su Biblia del buró, Bill preguntó, "Señor, ¿dónde me pondrás a leer Tu Palabra esta mañana?" Entonces abrió su Biblia al azar. Las páginas se separaron en II de Reyes, el capítulo 20. Bill leyó donde el Señor envió al profeta Isaías con el Rey Ezequías a decirle que su tiempo había terminado; la enfermedad que él tenía le quitaría la vida. El Rey Ezequías volteó su rostro hacia el muro y oró fervientemente por más plazo. El Señor escuchó la oración de Ezequías y habló a Isaías, diciendo, "Ve y dile a Mi siervo Ezequías que le concederé 15 años más."

En ese momento sonó el teléfono. Bill lo levantó, pensando que debía ser el Pastor Brown. En vez de eso resultó ser el Sr. Kinney de Memphis. Este caso se le había ido completamente de la memoria a Bill, pero ahora se acordaba. "Pues, Hermano Kinney, ¿qué tipo de noticias tiene Ud. para mí?"

La voz del Sr. Kinney se debilitaba con pesadez. "Hermano Branham, no nos acostamos en toda la noche por estar con él. Él está a punto de dejarnos en cualquier momento ahora."

"Dígame, Hermano Kinney, ¿el Sr. D— trae puesto alguna vez un traje café claro y una corbata rojo vivo?"

"Pues, sí, él se viste de esa manera todo el tiempo. ¿Por qué?"

"¿Y la Sra. D— trae puesto alguna vez un traje café claro con una blusa blanca?"

"Ella trae puesto ese vestido ahora mismo. ¿Cómo lo supo? Hermano Branham, ¿los conoce Ud.?"

"Sí. Dígale a la Sra. D— que venga al teléfono."

El Sr. Kinney titubeó. "Ya le dije a ella lo que dijo Ud."

"Deseo hablar con ella," insistió Bill. Pronto una voz de mujer temblorosa y muy turbada vino a la línea. Bill dijo, "Hermana D— Así Dice El Señor, 'Su esposo vivirá.' ¿Cree Ud. Eso?"

La Sra. D— no contestó. Bill podía escuchar algún tipo de conmoción en el fondo; entonces el Sr. Kinney estaba de vuelta al teléfono. "¿Qué le dijo a ella, Hermano Branham? La mujer se desmayó."

"Le dije que su esposo va a vivir. Yo lo estaba describiendo a él porque lo vi en una visión hace unos cuantos momentos. Voy en avión a Memphis en el próximo vuelo. Encuéntreme en el aeropuerto."

Cuando Bill llegó al hospital en Memphis, la hermana del Sr. D— lo encontró en la sala. Ella estaba toda enojada y disgustada, hablando con descaro, "¡Ni pensarlo! Un predicador santurrón viniendo aquí para orar por mi hermano moribundo. Creo que es una desgracia."

Bill pasó de largo, pensando, "Satanás no puede echar suficientes demonios del infierno para detener eso ahora. Está concluido, por cuanto es 'así dice el Señor.' " Él encontró a una enfermera saliendo del cuarto. "¿Hay allí algunos doctores o enfermeras?"

"Sí," dijo ella, "hay dos doctores."

"Por favor pídales que salgan."

Los doctores se fueron, mirando de una manera muy agria. Bill instantáneamente reconoció al hombre languideciendo dentro de la tienda de oxígeno como el mismo que él había visto en la visión esa mañana. El Sr. D— estaba acostado boca arriba, con la mirada fija directamente hacia arriba con ojos con lodo y firmes. Bill penetró a la tienda de oxígeno y cogió la mano del hombre. Su propia mano se hinchó al palpitar de las vibraciones de la neumonía. "Hermano D—, ¿puede oírme?"

La Sra. D— dijo, "Mi esposo ha estado inconsciente durante dos días, Hermano Branham."

Bill miró a la mujer de edad. Ella se miraba exactamente como él la había visto en la visión. "Ud. no duda nada de lo que le dicho a Ud., ¿verdad?"

"No, no dudo."

Desviando su atención de vuelta hacia el hombre moribundo, Bill oró, "Amado Dios, yo sé que estas son las personas que vi esta mañana en una visión. Ahora en el Nombre de Jesucristo, por favor sana a este hombre." Incluso con los ojos cerrados, él sabía que la hinchazón en su mano estaba menguando, porque la palpitación se detuvo. Entonces Bill sintió al hombre sujetar su mano. Bill abrió sus ojos para ver al Sr. D— humedeciendo sus labios con la lengua.

La Sra. D— estaba parada al pie de la cama con los ojos cerrados, todavía orando.

Bill dijo, "Sr. D—, ¿me conoce?"

El hombre ladeó la cabeza ligeramente y dijo, "Sí, Ud. es el Hermano Branham."

Ahora su esposa levantó bruscamente la cabeza en asombro. Entonces, cuando la realidad la sorprendió, se metió en la tienda de oxígeno, gritando, "¡Papá! ¡Papá!"— colmándolo de abrazos y besos.

Sin otra palabra, Bill salió del cuarto y tomó el siguiente avión de vuelta para Little Rock.

Dos días después el Sr. D— comió huevos con jamón como desayuno y fue dado de alta del hospital. En otro día él estaba de vuelta en su trabajo de administrador de correos.

Capítulo 33
Una Fila de Oración de Ocho Días de Duración
1946

DURANTE EL RESTO del verano y dentro del otoño de 1946, William Branham predicó por todo Arkansas sin una interrupción. A causa de que cada reunión era una cartelera para la próxima reunión, las multitudes se hacían más numerosas y las filas de oración más extensas en cada escala. Bill se obligaba, cada noche orando por cada enfermo hasta la una, dos, y a menudo tres de la mañana. Él sentía una compulsión que lo impulsaba a compensar el tiempo perdido, para de alguna manera reparar el error que había cometido diez años atrás cuando Dios lo llamó a salir hacia el evangelismo y él se había negado. Aun cuando estaba en excelente condición física derivada de sus muchos años de andar a pie las regiones apartadas inspeccionando líneas de corriente eléctrica, todavía el esfuerzo constante y la falta de sueño estaban infligiendo una pérdida grave sobre su cuerpo. Él sencillamente se estaba agotando.

Podría haber sido diferente si durante el día él pudiese haber dormido mientras necesitara recuperar sus energías, pero eso rara vez ocurría. Siempre parecía haber una necesidad especial que Bill no podía resignarse a rechazar— como la ocasión que Bill estaba predicando para el Pastor Johnson en Corning, Arkansas. Después de clausurar el culto a las tres de la mañana, Bill se colapsó en la cama en la puerta próxima a la casa pastoral, completamente agotado. Unas cuantas horas después el sonar del teléfono lo despertó. Él oyó decir a la Sra. Johnson, "No podemos levantarlo, señor. Lo acabamos de poner en cama." Evidentemente el grupo en el otro extremo de la línea era persistente.

Finalmente Bill fue dando traspiés hacia la sala y dijo débilmente

"Permítame hablar con él."

"Hola, Hermano Branham, me llamo Paul Morgan," dijo el hombre en una voz cansada pero determinada. "Soy empleado de oficina del condado aquí en Walnut Ridge, el cual está a 70 millas [112.65 kilómetros] de donde Ud. está. Mi hija de 12 años de edad se está muriendo de neumonía. ¿No podría venir Ud. y orar por ella?"

El teléfono estaba cerca de una ventana, permitiendo a Bill ver el exterior. El día se miraba nublado. Una llovizna continua caía sobre más de un centenar de personas apretadas unos contra otros en pequeños grupos en el césped. Bill sabía que ellos estaban esperando verlo. "Sr. Morgan, yo estaría encantado de venir si pudiera, pero, mire, hay madres de pie en el exterior ahora mismo esperando que yo ore por sus bebés. Ellos han estado de pie allí toda la noche en la lluvia. ¿Cómo podría yo dejarlos para venir y orar por su hija?"

"Yo aprecio eso," dijo el Sr. Morgan, "pero esas madres no tienen bebés que se están muriendo. Los mejores especialistas que puedo conseguir dicen que mi hija puede vivir únicamente como por tres horas más. Hermano Branham, ella es mi única hija. Por favor venga a orar por ella."

Pensando en retrospectiva en la muerte de su propia Sharon Rose, Bill dijo, "Estaré allí tan pronto como pueda."

Cuando colgó el teléfono, el Pastor Johnson protestó, "Hermano Branham, Ud. no puede ir allá. Ud. está casi muerto."

"Intentaré dormir en el asiento trasero en el camino."

El Reverendo Johnson iba a toda velocidad por el camino mojado a 70 millas por hora [112 kilómetros] mientras Bill estaba acostado en el asiento trasero, durmiendo en períodos intermitentes. Él no podía ponerse cómodo. Sus ojos le lastimaban y le dolía la cabeza. Levantándose recargó la cabeza en la ventanilla. De pronto comenzó a sentir hormigueo en la piel y sintió aumentarse la presión en los tímpanos. Entonces vio al ángel del Señor sentado junto a él en el asiento trasero. Despertándose completamente de golpe, Bill aspiró su respiración; sus ojos se ampliaron y sus músculos se agarrotaron con temor.

Apenas arriba del ángel giraba aquella luz sobrenatural— o más correctamente, parte de aquella luz, pues ella estaba girando a través del toldo del automóvil, la mitad adentro y la mitad afuera. Como de costumbre, el ángel tenía cruzados los brazos y estaba mirando a Bill con un rostro severo. Pero cuando habló, la voz del ángel se oía afectuosa y tranquilizante: *"Dile a Paul Morgan, 'Así dice el Señor...'* " Tan pronto como el ángel terminó sus instrucciones, se desvaneció.

En el hospital Bill vio algo que nunca antes había visto. En vez de usar una tienda de oxígeno, una enfermera estaba parada junto a la cama y periódicamente ponía una mascarilla de goma sobre la nariz de la niña, la cual metía oxígeno a la fuerza dentro de sus pulmones. Cada vez que el oxígeno avanzaba, la niña daba unos cuantos respiros cortos, poco profundos y dificultosos. La enfermera dijo, "Tendré que mantener circulando este oxígeno. Es la única manera que podemos mantenerla viva. Ella no está respirando por sí misma."

El Sr. Morgan puso sus brazos alrededor de Bill y dijo sollozando, "Hermano Branham. Yo he procurado vivir correctamente. No sé la razón que Dios me está quitando a mi hija."

"No se emocione, Hermano Morgan," dijo Bill tranquilizándolo. "No tema. Tengo una palabra para Ud. de parte del Señor. Primero oraré por su hija." Imponiendo sus manos en la niña, Bill pidió la sanidad de ella en el Nombre de Jesucristo. La enfermera comenzó a poner la mascarilla de goma otra vez sobre la nariz del paciente. Bill alargó su mano y la detuvo. Allí hubo un momento ansioso de espera. Luego la niña dio otro respiro poco profundo por sí misma. La enfermera miró a Bill, de una manera interrogante. Bill le indicó con la mano que esperara. La niña dio otro respiro por sí misma, y luego otro. Dentro de un minuto quedó claro que ya no era necesaria la máscara de oxígeno.

Bill se volteó hacia los padres. "Muchos especialistas han anunciado que su hija se está muriendo, pero así dice el Señor, 'Sr. Morgan, su hija sanará.' Y aquí está la palabra suya de parte del Señor (recuerde esto todos los días de su vida), las aguas están corriendo claras, por delante.'"

Aun cuando Bill no tomó ningún descanso antes que comenzara el culto de la noche, él seguía sintiendo que las excursiones de día como esta bien valían la pena— porque a tres días a partir de entonces, la hija de Paul Morgan estaba bastante bien para regresar a la escuela.

LLEGÓ una ocasión después aquel otoño de 1946 cuando Bill se dio cuenta que no podía sostener un esfuerzo tan constante indefinidamente. Él decidió que después de las ocho noches programadas para Jonesboro, Arkansas, él tendría que tomar algún tiempo libre.

El Reverendo Reed patrocinó la campaña de Jonesboro, organizando a un número de iglesias locales que cooperaran. Juntos rentaron el auditorio más amplio de la ciudad. Con todo y eso casi no había espacio suficiente para acomodar a todas las personas que vinieron. Millares sobre millares entraban a raudales de todo el Sur y el Medio Oeste. Por 50 millas [80.47 kilómetros] en los alrededores de Jonesboro no se podía encontrar un motel vacío o habitación de hotel. Aquellos que no podían encontrar otros alojamientos dormían en tiendas de campaña, o debajo de camiones, o dentro de sus automóviles. Una estimación por el periódico local señaló la multitud en 28,000 personas. Cuando comenzaron las reuniones, muchos millares se quedaron de pie afuera del auditorio, esperando una oportunidad para entrar.

Bill comenzó el primer servicio en Jonesboro con su ya acostumbrado saludo hogareño. "Si Ud. alguna vez está necesitado, tan sólo llámeme, y si quizás puedo, vendré a donde Ud., pase lo que pase. O si Ud. está cerca de Jeffersonville, Indiana, pase y véame. Yo vivo cerca de mi iglesia en las Calles 8ª. y Penn. Yo les amo, y haré todo lo que pueda para ayudarles." Y entonces Bill hizo una declaración valerosa. "Por cuanto está será mi última semana en Arkansas por un tiempo, tengo el propósito de permanecer aquí mismo en el púlpito hasta que cada persona enferma haya pasado por la fila de oración."

En eso, Bill notó que una mujer sentada cerca del frente, le hacía señas con la mano enérgicamente. "¿Hay algo en lo que le pueda servir, hermana?" preguntó él.

"¿No me reconoce?" dijo ella con una gran sonrisa abierta en su rostro.

"No, no creo reconocerla."

"La última vez que Ud. me vio fue en Little Rock. Según me dicen mis piernas estaban todas ensangrentadas y yo había perdido la cabeza."

Ahora Bill ya la reconocía. Era la mujer por la que él había orado en el sótano del auditorio municipal de Little Rock. Apenas hacía unos cuantos meses ella estaba tan loca que había desprendido a patadas el vidrio del asiento trasero de un automóvil y se había arrastrado sobre su espalda por el piso del sótano. Ahora estaba sentada tranquilamente con su esposo, con sus cuatro hijos sentados al lado de ellos. Su esposo testificó, "Después que Ud. oró por ella aquella noche, se sentó tranquilamente en el automóvil de regreso hasta la institución. En un plazo de tres días la declararon completamente sana y la dejaron irse a casa."

El iniciar el culto con un testimonio tan dramático produjo que la fe de la audiencia se remontase hacia expectativas celestiales. Ellos observaban mientras la señal en la mano de Bill revelaba las enfermedades sobrenaturalmente, y se maravillaron cuando vieron cómo es que la oración discreta de Bill cambiaba la situación. Pronto nada parecía imposible. Formando una fila a la diestra de Bill, la gente iba a raudales hacia delante por oración como un río que nunca se secaba. Ellos venían hora tras hora. Tan pronto como una persona había recibido oración y se sentaba, alguien más salía de su asiento y se incorporaba al final de la fila. La multitud conseguía la ineludible sensación que Jesucristo estaba parado cerca de este hombre corto de estatura sobre la plataforma y todos querían un turno en la Presencia de Cristo.

No se había fijado una hora de clausura de los cultos, así que la reunión sencillamente no terminaba. Bill oró toda la santa noche por el enfermo, haciendo pausa ocasionalmente para beber un trago de jugo de naranja. Alguna ocasión ya bien entrada la mañana se acostaba al lado del púlpito y dormitaba durante unas cuantas horas. Cuando despertaba, el organista todavía estaba tocando suavemente, "Sólo Creed, sólo creed, todo es posible, sólo creed"; y la fila de oración todavía estaba en orden, con el siguiente paciente esperando su turno para oración.

Bill tomaba sus alimentos al lado del púlpito, a fin que pudiese continuar orando por el enfermo por todo el día. Aquellos que fueron lo suficientemente afortunados para entrar en el auditorio en el primer día ahora estaban poco dispuestos a irse. Muchos de ellos conservaban sus asientos día tras día, mandando a alguien que les trajese de vuelta algunos emparedados cuando tenían hambre. También le hablaban por teléfono a sus amigos y parientes contándoles acerca del fantástico movimiento de Dios que ellos estaban atestiguando y exhortándolos a que vinieran a ver los milagros por sí mismos. Eso hizo que viniera más gente a Jonesboro por toda la semana. Aquellos afuera del auditorio esperaban pacientemente en una prolongada y confusa fila junto a la puerta principal, esperando una oportunidad de entrar. Lentamente— muy, muy lentamente la fila avanzaba poco a poco a medida que la gente en el interior del auditorio salía en pequeños grupos, permitiendo que algunas personas más en el exterior entraran en grupos pequeños. Cuando la gente salía, ellos describían los asombrosos milagros que estaban ocurriendo en el interior. Poca de la gente en la fila en el exterior del edificio abandonaba el área, incluso cuando durante a media semana comenzó a llover.

Noche y día Bill oraba por una interminable fila de enfermos y afligidos. Los milagros fluían tan inagotablemente. Una mañana como a las cuatro, una mujer de 35 años de edad se acercó delante de Bill en la fila de oración, sosteniendo un pañuelo sobre su nariz con su mano izquierda. Bill supuso que estaba llorando. La tomó de la mano derecha con su izquierda, y las vibraciones revelaron su enfermedad. Él dijo, "Ud. tiene cáncer, ¿verdad que sí, señora?"

La mujer apartó su mano del rostro. Ella no tenía nariz en lo absoluto; el cáncer ya se la había devorado.

"¿Cree Ud.?" preguntó Bill.

La voz de ella temblaba con desesperación. "Hermano Branham, ¡tengo que creer! Es mi única esperanza."

"Entonces, hermana, yo puedo ayudarle. Porque el ángel que se encontró conmigo dijo que si yo era sincero y podía hacer que la gente me creyera, entonces nada podría hacer frente a mi oración, ni siquiera el cáncer." Mientras Bill oraba en el Nombre de Jesucristo, él se dejó compadecer por la difícil situación de esta joven mujer condenada a muerte. Pronto la palpitación violenta en su brazo desapareció y él supo que ella estaba sana.[49]

En la octava y final noche de la campaña de Jonesboro, Bill interrumpió la constante fila de oración el tiempo suficiente para ir a

---

[48] Varios meses después Bill estaba ministrando en Texarkana, Texas, cuando esta mujer pasó adelante a decir, "Hermano Branham, ¿me reconoce?"

"No, hermana, no creo reconocerla," dijo Bill.

"¿Se acuerda que en Jonesboro Ud. oró por una mujer cuya nariz había sido devorada por el cáncer?"

Entonces Bill se acordó, "No es Ud. esa mujer, ¿verdad?"

"Sí, sí soy," respondió ella. "No únicamente se ha ido el cáncer, pero como Ud. puede ver, mi nariz ha vuelto a crecer."

la estación de ferrocarril a encontrar a su esposa. Ellos no se habían visto el uno al otro durante meses. Ella había viajado allí para ver la última noche de la reunión de él y luego acompañarlo de vuelta a Jeffersonville para su ya muy necesario descanso.

De regreso al auditorio, el auto de ellos tuvo que detenerse a muchas cuadras de distancia de su destino. Aquí las calles y los estacionamientos para automóviles estaban atiborrados de automóviles, camiones, bicicletas, y tiendas de campaña. Bill y Meda comenzaron a caminar. Meda finalmente vio la enorme multitud esperando afuera del edificio, muchos sosteniendo periódicos sobre su cabeza para protegerse de la llovizna. Aun cuando Bill le había descrito esto a ella por teléfono, ella no estaba preparada para la realidad. "Billy, ¿todas estas personas vinieron a escucharte?"

"No," contestó él, "ellos vinieron a ver a Jesús."

Meda deslizó su mano en la de él y cantó, "Del Norte y del Sur vendrán, del Este y del Oeste, los blancos también, sí, miles vendrán, rodeando la mesa allá." Bill se le unió: "Con Cristo se gozarán, las bodas al celebrar, y jamás se cansarán, de aquel tan feliz hogar." Bill nunca había tenido mucho de cantante— su voz tendía a ser áspera y él tenía dificultad en mantenerse en un tono— pero a él le encantaba cantar. Juntos él y Meda cantaron el coro, "Muy pronto Jesús vendrá, Él viene–no tardará..."

Una cuadrilla de ujieres se encontró con ellos, asistiéndoles a través de la multitud que daba empellones e introduciéndoles al edificio. Apenas dentro de la puerta, Bill notó a un hombre agitando una gorra azul para atraer su atención. Bill avanzó lo suficientemente cerca para preguntar, "¿Me está Ud. llamando, señor?"

El varón sujetaba su sombrero nerviosamente, "¿No es Ud. el Hermano Branham?" preguntó él.

"Sí, yo soy. Pero no debería de orar por nadie aquí afuera o provocaré una trifulca. Si Ud. puede introducirse en la fila de oración yo—"

"Oh, no estoy buscando oración por mí mismo," explicó el hombre. "Soy el conductor de una ambulancia. Hoy traje a una paciente de edad desde Missouri— muy enferma. Ella se está muriendo allí en mi ambulancia. Creo que ella ya podría estar muerta. No puedo encontrar un doctor en ninguna parte y no sé qué hacer. ¿Podría Ud. venir a ella?"

"Señor, ellos no creerían en mi palabra para declararla muerta. Ud.

necesita llamar a un agente funerario."

El conductor lo apremió. "Desearía que Ud. saliera. El esposo de ella está desesperado y tal vez Ud. pudiera calmarlo."

Bill sabía dónde estaba estacionada la ambulancia. Los agentes de tránsito habían designado un área determinada exclusivamente para ambulancias. "Ni siquiera creo poder llegar hasta la mujer. Debe haber 2,000 personas entre nosotros y aquellas ambulancias."

"Nosotros le ayudaremos," se ofreció uno de los cuatro ujieres.

De esta manera Bill estuvo de acuerdo en ir. Con muchos empujones pidiendo disculpas y una gran cantidad de dificultad, llegaron finalmente a la hilera de ambulancias estacionadas allí contra un bordillo. Los cuatro ujieres permanecieron en el exterior mientras Bill y el conductor abrían la puerta y saltaban dentro de la ambulancia. Allí, un anciano estaba de rodillas sobre el cuerpo flácido de una mujer arrugada. La camisa del hombre estaba parchada; sus overoles estaban desteñidos. Sus calcetines se miraban a través de las suelas de sus zapatos. La barba crecida de una semana cubría su rostro cansado. Él estaba en una posición encorvada, moviendo la cabeza ligeramente de un lado a otro, sollozando, "Oh, madre, madre, ¿por qué me dejaste?"

La manera en que el hombre sujetaba su andrajoso sombrero de paja le recordaba a Bill de su propio papá. "¿Qué pasa, señor?"

El anciano alzó la vista. "¿Es Ud. el doctor?"

"No, soy el Hermano Branham."

"Oh, Hermano Branham— pobrecita madre." Él bajó la vista de vuelta hacia la mujer inmóvil en la camilla. "La he perdido, estoy seguro. Ella dejó de respirar hace un rato. Ella deseaba verlo a Ud. con ansia antes que muriera. Era una esposa tan buena conmigo. Crió a mis hijos y cavaba con el azadón aquellos campos al lado mío y me ayudaba en cada paso del camino. Ella contrajo cáncer en sus órganos femeninos hace unos cuantos años. La llevamos a St. Louis a fin de que los doctores pudiesen operarla, pero de nada sirvió. Ella continuaba empeorándose." Miró de vuelta a Bill y su voz demostró su amarga desilusión. "Esta mañana estaban escuchando el radio, y oímos a un hombre pararse allí y testificar que él había estado ciego durante diez años y después que Ud. oró por él, fue sanado completamente. Pensé que tal vez un milagro como ese nos podría ocurrir. No nos sobraba ningún dinero porque gasté todos mis ahorros en la operación. Pero salí y vendí algunas colchas que ella había hecho y algunas zarzamoras que había envasado, y alquilé esta ambulancia para traerla a Jonesboro." Él miró con tristeza de vuelta a su esposa. "Ahora ella está muerta, no sé lo que voy a hacer sin ella. Estaré tan solitario."

Tan reconfortantemente como él podía, Bill dijo, "Pues, papá, la única cosa que puedo hacer por Ud. es ofrecer oración."

Bill no sabía si la mujer estaba muerta o no. Ella naturalmente se miraba muerta. El conductor de la ambulancia le había extraído sus dientes postizos y sus labios se habían hundido muy adentro. Ella tenía lo que parecía agua fangosa en los ojos. Su frente se sentía fría y pegajosa al tacto de Bill. Él tomó su mano izquierda y buscó su pulso. No pudo encontrarlo. Y como una prueba adicional que ella debía estar muerta, la mano izquierda de Bill no podía detectar ningunas vibraciones derivadas del cáncer.

Inclinando su rostro, Bill dijo calmadamente, "Amado Señor Jesús, ruego que tengas misericordia de este hermano; ayúdalo y bendícelo. Y a esta mujer que recorrió todo este camino creyendo que—"

Bill pensó que sintió a la mujer apretar la mano de él. Abriendo los ojos, la observó detenidamente. Ella se seguía mirando como un cadáver. Debió haber sido su imaginación, o tal vez la contracción de los músculos de la mujer muerta. Bill cerró los ojos y continuó su oración, pero unos cuantos momentos después sintió que ella le apretaba la mano otra vez. En esta ocasión él supo que había vida. Él abrió los ojos y observó el rostro de ella. La piel sobre la frente de ella se arrugó. Ella abrió los ojos y alzó la vista hacia él.

Bill no dijo una palabra. El anciano tenía todavía cerrados sus ojos, apretándose las manos, su rostro alzado en dirección al techo. La mujer alzó ligeramente la cabeza y dijo a Bill, "¿Cómo se llama Ud.?"

"Soy el Hermano Branham."

El anciano movió bruscamente la cabeza alrededor y clamó en asombro, "¡Madre!" Luego le echó los brazos alrededor de ella y lloriqueó con gozo, "¡Madre! ¡Madre!"

Mientras volvía el color a las mejillas de la mujer, Bill notó que su mano izquierda todavía no podía detectar ningunas vibraciones procedentes del cáncer en el cuerpo de ella. Eso significaba que la

---

[49] Bill vio a esta mujer de nuevo ocho años después. En 1954 ella estaba robusta, saludable, y bien.

enfermedad ya no estaba.[49]

Los gritos del anciano habían atraído la atención de algunas personas afuera de la ambulancia, quienes estaban ahora apretando sus cabezas contra el vidrio. El conductor le dijo a Bill, "Creo que han comprendido quién es Ud. Ud. va a tener dificultades para regresar al edificio."

Bill sabía que el conductor tenía razón. Él había estado lo suficientemente seguro para llegar aquí, porque estas personas nunca lo habían visto antes. Pero la mayoría de ellos había estado esperando días para entrar por oración. Tan pronto como supieron que él estaba en sus medios, las noticias se propagaron como un fuego impulsado por el viento y él tendría un tiempo difícil para ingresar de vuelta al auditorio.

Una idea le llegó a la mente. Le dijo al conductor, "Si Ud. Se para con su espalda hacia esa ventanilla y se quita el saco lentamente, para que oculte el interior de esta ambulancia tan sólo el tiempo suficiente para que yo salga por esta otra puerta. Si puedo alejarme de aquí sin ser visto, entonces estaré bien. Nadie en el exterior me conoce. Puedo avanzar por la orilla de la multitud al estacionamiento trasero. Ud. tendrá que decirles a los ujieres que se encuentren conmigo allá atrás. No creo que pueda pasar por la multitud e introducirme al auditorio sin la ayuda de ellos."

"Les diré," dijo el conductor. Él volteó su espalda hacia la ventanilla que tenía varios rostros presionando contra ella. Luego se extendió, lentamente sacando el brazo del saco, cubriendo con efectividad las pequeñas ventanillas. "Póngase en marcha," dijo él.

Bill salió sin hacer ruido a la parte lejana y se fue deprisa hacia la fila de autobuses hasta que llegó a la parte trasera del estacionamiento. Lámparas de gran intensidad iluminaban la llovizna que caía sobre las cabezas de varios millares de hombres, mujeres y niños que se estaban agolpando en las puertas traseras del auditorio. Bill se sentía completamente anónimo, ya que nadie aquí lo había visto antes. Así que en vez de esperar que los ujieres lo auxiliaran, Bill intentó abrirse por sí mismo camino a través de la multitud.

Una voz ronca dijo con aspereza, "¡Deje de empujar!"

"Perdóneme," dijo Bill, y se mantuvo intentando abrirse camino hacia delante empujando.

Un hombre grande de apariencia áspera se dio la media vuelta para mirarle de frente. "Ya dije, '¡Deje de empujar!'" dijo refunfuñando.

"Sí, señor," dijo Bill tímidamente. "Discúlpeme."

Retrocediendo hacia la orilla de la multitud, Bill se preguntaba qué debía hacer. Los ujieres no estaban por ninguna parte a la vista. Él escuchó una voz femenina gritando, "¡Papito! ¡Papito!" Bill buscó el origen del clamor y vio a una jovencita de color, como de 17 años de edad, abriéndose camino empujando a través de la mase de gente blanca. Obviamente estaba ciega; sus ojos estaban blancos con cataratas. Aún así, a causa de la ley *Jim Crow* que segregaba a los blancos de los negros, nadie cerca estaba dispuesto a ayudarla.

La jovencita estaba andando a tientas su camino a través de la multitud en la dirección general de Bill. Bill avanzó a través de la orilla de la multitud hasta que él estaba directamente en la ruta de la jovencita. Pronto ella tropezó con él.

"Discúlpeme," dijo ella, "pero estoy ciega y he extraviado a mi papá. ¿Podría Ud. ayudarme a encontrar el autobús de Memphis?"

Bill miró a una larga hilera de autobuses que estaba alineados en un extremo del estacionamiento. "Sí, sí puedo ayudarte,"dijo él.

"¿Qué estás haciendo aquí?"

"Mi papito y yo venimos a ver al sanador," respondió ella.

"¿Cómo escuchaste de él?"

"Esta mañana yo estaba escuchando el radio, y llevaron a un hombre allí y dijeron de cómo es que durante años él no podía hablar una palabra, y ahora él puede hablar. Otro hombre dijo que él había estado recibiendo una pensión por ceguera durante 12 años y ahora él podía ver tan bien que podía leer su Biblia. Eso me dio esperanza otra vez por mi vista. Cuando yo era una niña contraje estas cataratas en mis ojos. El doctor me dijo que cuando fuera de mayor edad, él podía quitármelas; pero ahora que soy de mayor edad, me dice que ya han cubierto el nervio óptico y él no puede quitarlas. Así que no tengo oportunidad a menos que pueda llegar al sanador. Pero esta noche es la última noche que él estará aquí, y mi papito y yo ni siquiera pudimos acercarnos al edificio. Y ahora he extraviado a mi papito, y ni siquiera puedo regresar al autobús. Bondadoso señor, ¿podría Ud. ayudarme por favor?"

"Sí, señorita, lo haré. Pero primero me gustaría preguntarte tocante a este sanador del que estás hablando. ¿Crees tú que Dios enviaría a un ángel y sanaría a la gente hoy día?"

"Sí, señor, lo creo."

"¿Me quieres decir que lo crees, aún cuando tenemos tantos

buenos doctores y hospitales por ahí?" Bill se sentía un poquito avergonzado de aprovecharse de la ceguera de ella en este sentido, pero él quería probar la fe de ella.

Ella se dio prisa en responder. "Ninguno de estos doctores pueden ayudarme. Señor, si Ud. me llevara de la mano y me guiara al sanador, entonces podré encontrar a mi papito por mí misma."

Bill ya no podía seguir con su simulación. "Hermana, tal vez yo soy el que tú debías de ver."

Ella asió la solapa de su saco y la sujetó como un tornillo de banco. "¿Es Ud. el sanador?" exigió ella.

"No, señorita. Yo soy el Hermano Branham, el predicador, Jesucristo es el sanador. Ahora si quitaras tus manos de mi saco—" y él cogió las muñecas de ella y las apartó.

La jovencita se aferraba con todas sus fuerzas. Ella lo tenía y no iba a permitir que él se alejara. "Tenga misericordia de mí, Hermano Branham," imploraba.

"Hermana, ¿me permitirías tomarte de la mano mientras oro?" Bill tuvo éxito al soltar por la fuerza una de las manos de la jovencita. Él sintió las vibraciones de las cataratas subiendo por su brazo mientras comenzaba a orar. "Amado Jesús, un día Tú cargaste esa cruz rugosa golpeteando por la calle; sangre corriendo de Tus hombros; Tu pequeño y frágil cuerpo tambaleándose bajo la carga. Un hombre de color con el nombre de Simón de Cirene se acercó al lado Tuyo, levantó la cruz y te ayudó a llevarla.[51] Y ahora una de las hijas de Simón está tambaleándose aquí en oscuridad; estoy seguro que Tú entiendes..."

La jovencita sintió un escalofrío. "Algo acaba de pasar por mí," dijo ella, su cuerpo temblando. "Mis ojos se sienten tan fríos."

Bill sintió las vibraciones de su brazo disminuyéndose; la vida demoníaca acababa de salir de las cataratas. "Hermana, cierra tus párpados por un momento. Allí está. Las cataratas se están encogiendo. En unos cuantos momentos podrás ver. No digas nada al respecto o me reconocerán. No quiero que la gente sepa que estoy aquí. Ahora abre lentamente los ojos. Jesús te ha dado tu vista."

Sus párpados parpadearon para abrirse. Ella alzó la vista y se quedó boquiabierta, "¿Esas son luces?"

"Sí. ¿Puedes contarlas?"

---

[50] Mateo 27:32; Marcos 15:21; Lucas 23:26

"¡Hay cuatro! ¿Son esas personas que están pasando?" Antes que Bill pudiera contestar, ella exclamó al máximo de su voz. Los rostros voltearon en dirección a ella. Exclamó otra vez, "¡Alabado sea Dios! ¡Puedo ver! ¡Puedo ver! ¡Yo estaba ciega y ahora veo!"[52]

La gente comenzó a avanzar en dirección a Bill y la jovencita. En ese instante el grupo de ujieres doblaron una esquina del edificio, divisaron a Bill, y vinieron a su rescate. Antes que los ujieres lo apresuraran a alejarse, un hombre con una pierna torcida, que estaba apoyándose en una muleta, exclamó, "Sé que Ud. es el Hermano Branham. Tenga misericordia de mí. He estado de pie aquí durante ocho días. Tengo cinco hijos en casa, y estoy lisiado. Creo que Ud. es un buen muchacho. Si Ud. le pide a Dios por mí, Él lo hará."

Bill dijo, "Entonces en el Nombre de Jesucristo, déme su muleta."

Sin vacilación el hombre lisiado le dio a Bill su bastón de fabricación casera. Instantáneamente su pierna torcida se enderezó y pudo sostenerlo plenamente. Golpeando su zapato en el asfalto, el hombre gritaba, "¡Estoy sano! ¡Estoy sano!"

Emocionadamente la multitud se apresuró. Los cuatro ujieres, protegiendo a Bill lo mejor que podían, se abrieron paso por la fuerza de vuelta hacia el auditorio mientras las personas lo suficientemente cerca se esforzaban tan sólo para tocar la ropa de Bill mientras pasaba. A ellos no les importaba que el saco de Bill estuviese parchado y remendado.

---

[51] Años después Bill se encontró con esta mujer otra vez. Ella estaba trabajando como una camarera y le dijo que ella nunca había tenido ya más dificultad con su vista desde el día de su sanidad en 1946 en Jonesboro, Arkansas

Capítulo 34
El Sobresalto Al Regreso
1946

EN JONESBORO durante aquel otoño de 1946, William Branham permaneció en la plataforma durante ocho días y noches seguidos, orando por un flujo constante de enfermos y necesitados. Él tomaba sus alimentos en la plataforma y dormitaba detrás del púlpito mientras aquellos en la fila de oración estaban esperando pacientemente que despertara y volviera a asumir su trabajo. Para el fin de semana, la frente de Bill le daba punzadas con fatiga. El dorso de sus manos estaba en carne viva donde él se había arrancado los vellos, intentando mantenerse despierto. Con todo y eso él no quería parar. Deseaba orar allí hasta que hubiera orado por cada persona enferma que pasara por las puertas— pero no podía. Las noticias de sanidades y milagros eran como un imán, atrayendo a más millares de personas a Jonesboro por toda la semana. Cuando Bill finalmente paró a la octava noche de aquella campaña de sanidad en Jonesboro, la fila de oración estaba más extensa de lo que estaba cuando él había principiado.

Bill se sentía exhausto, físicamente y mentalmente. El Pastor Reed lo llevó a dormir, pero Bill estaba tan nervioso que no podía quedarse dormido. Él se revolvía de un lado a otro debajo de las colchas durante horas. Al fin, antes que luchar con eso, él decidió que más valía regresar manejando a casa a Jeffersonville y desplomarse en su propia cama, donde esperanzadamente él pudiera dormir tranquilo durante días.

Después de unas cuantas horas de manejo, Bill tenía dificultades por mantener sus párpados abiertos. Para evitar quedarse dormido detrás del volante, él golpeaba su pierna contra la portezuela hasta que el revestimiento de madera estaba deformado con abolladuras.

Una vez él dio una cabezada. Un claxon resonante lo despertó bruscamente, dándole apenas tiempo suficiente para dar un viraje de vuelta hacia su carril de la carretera. Tembloroso, paró el automóvil y se detuvo a fin de que pudiera recuperarse. Meda estaba todavía profundamente dormida en el asiento trasero. Bill salió, esperando que una caminata pudiera refrescarlo. En alguna parte él se perdió hasta el agotamiento. Cuando finalmente regresó a sus sentidos, se encontró parado en un pasto para vaca con su mano extendida, diciendo entre dientes, "Solo crea, hermana. Eso es todo lo que tiene que hacer. Tan sólo creer." Él sacudió su cabeza violentamente, pensando, "¿Qué es lo que me pasa? Parezco estar desuniéndome."

Al llegar a Jeffersonville al final de la noche, se detuvieron en la casa de los padres de Meda para recoger a sus hijos. Rebekah tenía ahora cinco meses de edad. Bill no la había visto durante tres meses, así que no era sorprendente que ella no lo reconociera. Cuando él intentó tenerla en sus brazos, ella comenzó a llorar y batallaba para regresar a su madre. Eso lastimaba. "Ella no me conoce," se quejó él.

Tranquilizando a Rebekah con el vaivén de su cuerpo, Meda inclinó la cabeza a una fotografía de Bill apuntalada en una mesita esquinera. "Tengo esa misma fotografía de ti puesta en nuestro tocador. Todos los días se la señalo y le digo, 'Ese es tu papito.'"

Bill miró la fotografía, luego al rostro de él en el espejo de pared. "Con razón no me reconoce. He bajado 20 libras [9.07 kilogramos]; he perdido una gran cantidad de cabello; incluso mis hombros se han caído. No me miro igual en lo absoluto."

Otro sobresalto les aguardaba cuando se acercaron a su propia casa— automóviles alineaban ambos lados de la calle por varias cuadras, y había casi 200 personas esperándolo en su patio.

"¿De qué se trata todo esto?" preguntó Meda.

Bill se sonrojó. "A cualquier parte que iba yo les daba nuestra dirección y les decía a las personas que pasaran si estaban cerca de Jeffersonville y necesitaban oración. No creí que estuvieran aquí tan pronto."

Bill oró por la multitud hasta bien entrada la noche en su patio de enfrente. Finalmente la última persona se fue. Meda ayudó a Bill a meterse a la cama. Eran las 2 a.m. Él se acostó allí tranquilamente, siendo introducido en un limbo de medio dormir. De pronto se despertó de una manera repentina. Sus piernas estaban acalambradas.

Meda estaba sentada en el filo de la cama. "Bill, ¿sabes lo que estabas haciendo?"

"Pensé que estaba durmiendo."

"Tenías el brazo alrededor de la almohada y estabas diciendo entre dientes, '¿Quién sigue? Ahora si Uds. tan sólo creyeran— porque el ángel me dijo que si yo podía hacer que la gente me crea...' Bill, estoy preocupada por ti."

En el exterior un automóvil se acercó. Se oía como un automóvil antiguo; el motor funcionaba en vacío toscamente, haciendo que los guardafangos golpetearan de las vibraciones. Pronto vino un toque en la puerta principal. Meda tocó con sus dedos los párpados de Bill y dulcemente los cerró. Ella dijo, "Les diré que regresen mañana. Vete a dormir, querido."

Bill podía oír la voz de un hombre en la cocina diciendo, "El bebé ha estado enfermo durante mucho tiempo. No dejará de llorar. Llora día y noche. El doctor no puede comprender lo que pasa." Bill podía oír al bebé haciendo un ruido extraño— una especie de sonido jadeante, como que estaba intentando llorar pero no le queda energía para provocarlo. El ruido ni siquiera parecía humano. Bill oyó decir a Meda, "Pues, acabo de poner a Bill a dormir, así que no quiero despertarlo ahora mismo." Entonces Bill oyó decir a otra mujer, "Venimos desde el norte de Ohio. Hemos viajado todo el día y toda la noche para llegar aquí."

Bill pensó, "¿Cómo puedo dormir con ese pobrecito bebé sufriendo allí en la habitación contigua, cuando tal vez una oración pudiera ayudarlo?"

Él salió tambaleándose, vestido en sus pijamas. Un bebé de diez semanas de nacido estaba acostado en la mesa de la cocina, envuelto en una sábana. Su rostro pequeño se deformaba mientras débilmente intentaba llorar. Bill puso a todos de rodillas y juntos volvieron sus voces hacia Aquel que tenía el poder para liberar a aquel niño que sufría— Jesucristo. El bebé dejó de llorar; su rostro se relajó. Para el momento que la pareja se fue diez minutos después, el bebé estaba arrullando y riéndose.

Antes que Bill tuviera tiempo de deslizarse de vuelta en la cama, se acercó otro automóvil. Bill escuchó pasos corriendo hacia la casa. Alguien daba golpes en la puerta principal. Bill permitió la entrada a un joven nervioso a la cocina. El joven dijo, "Hermano Branham, mi hermana tiene apendicitis. Ella está en mal estado. Está programada para una operación en Louisville más tarde esta mañana, pero ahora su condición está tan mal, papá no cree que ella pueda hacer el viaje hacia el hospital. Es un camino montañoso— muy accidentado. Vivimos como a 35 millas [56.35 kilómetros] al oeste de aquí— cerca de Milltown. Sabemos lo que Dios hizo por Georgie Carter, así que papá me envió a ver si Ud. podría venir y orar por mi hermana. ¿Vendrá Ud.?"

Sin un segundo de vacilación, Bill dijo, "Sí. Permítame cambiarme de ropa muy rápidamente. Entonces le seguiré en mi automóvil."

Meda comenzó llorar. "Cariño, te quedarás dormido en alguna parte."

"No, estaré bien, amorcito," Bill la tranquilizó.

La confianza de él se fue para abajo después de una docena de millas. Sus párpados se sentían tan pesados como plomos. Algunas veces él mismo se pellizcaba para mantener sus sentidos; algunas veces se mordía el dedo; incluso escupía en sus dedos y limpiaba el escupitajo en sus ojos, tratando de evitar el sueño. El joven tenía razón respecto a la terrible condición de los caminos, especialmente las últimas ocho millas [12.88 kilómetros], donde el camino se reducía a un solo carril siguiendo la hilera de la cerca arriba a la montaña. Al menos no tenía que preocuparse ahora respecto a quedarse dormido, siendo que el camino lo lanzaba bruscamente cada vez que su llanta pegaba con una roca o caía en un bache.

Todas las luces estaban encendidas en la pequeña hacienda mientras los dos automóviles se acercaban y se estacionaban. Después de conocer al padre y a la madre, Bill fue guiado al lecho de una jovencita como de 18 años de edad. Su piel estaba pálida y gotas de sudor relucían en sus sienes. Ella le mostró a Bill su costado hinchado.

El padre de la jovencita dijo, "Ella no ha comido en tres días. Hoy ni siquiera pudo retener líquido. Ella debía ser operada más tarde esta mañana. Una ambulancia debía de venir en unas cuantas horas para llevarla, pero se ha empeorado tanto esta noche que me temo que no pueda realizar el viaje."

Bill estaba familiarizado con la apendicitis, habiendo observado a su amigo Sam Adair operarlo en pacientes varias veces. Si el apéndice de esta jovencita estaba a punto de reventarse —y naturalmente parecía que así era— entonces lo más probable era que ella no sobreviviría a las 40 millas [64.37 kilómetros] hasta New

Albany. Tan solo aquellas primeras ocho millas la matarían.

La muchacha preguntó nerviosamente, "Oh, Hermano Branham, ¿cree Ud. que viviré?"

Eligiendo sus palabras cuidadosamente, Bill contestó, "Creo que vivirá, *si* Ud. tiene fe suficiente. ¿Cree Ud. que Jesucristo puede sanarla?"

La respuesta de ella salió precipitadamente en un arranque nervioso. "Oh, sí, yo creo. Mi iglesia dice que los días de los milagros ya pasaron, pero a mi no me interesa lo que dice mi iglesia; yo creo. Georgie Carter fue sanada; yo también sanaré. Tengo miedo de la operación."

Habiendo visto millares de sanidades y milagros por los seis meses pasados, Bill vio a través de la confesión nerviosa de fe de la muchacha a la duda y el temor que estaba debajo. "Hermana, no es mi intención herir sus sentimientos, pero Ud. *no* cree. Ordinariamente habría tiempo suficiente para que yo le permitiera tomar esa pequeña fe que Ud. tiene y permitirle intentar creer para su sanidad. Pero esta es una emergencia. Ud. tiene que creer ahora mismo o— seré honesto con Ud.— Ud. no vivirá para ver el hospital."

Ni la muchacha ni los padres de ella apreciaron la franqueza de él, pero Bill no podía evitar eso. La situación era urgente. Él decidió que tenía que intentar algo radical a fin que ella captara la idea. Bill estaba sentado en un lado de la cama de la muchacha— el lado más cercano al centro de la habitación. Sus padres y unos cuantos vecinos estaban sentados en el otro lado de su cama— el lado más cercano a la pared. En el centro del techo estaba un foco eléctrico. Un cordel colgaba de la cubierta del foco, suspendiendo un brazalete rojo y blanco a la mitad entre el techo y el piso. Bill no sabía la razón que este brazalete estaba colgando allí, a menos que tal vez era usado para distraer al bebé que había en la casa. Ahora él suponía que este brazalete serviría bien a su propósito. Bill dijo, "Todos Uds. adultos necesitan hacer girar sus sillas y mirar hacia la pared." Entonces él le dijo a la jovencita, "¿A qué distancia cree Ud. que está ese brazalete?"

"Como a 15 pies. [4.57 metros] ¿Por qué?"

"Ud. me está diciendo que tiene fe para creer todas las cosas. Deseo que Ud. me lo pruebe. Quiero que Ud. mire directamente a ese brazalete colgando allí en medio del aire, y quiero que Ud. lo haga girar una y otra vez en el cordel; luego quiero que lo haga balancearse de un lado a otro; entonces detenerlo. Si Ud. puede hacer eso, entonces sabré que tiene suficiente fe para un milagro."

La sorpresa de la jovencita se mezcló con su desilusión. "Oh, Hermano Branham, ¡qué cosa! ¿Por qué me pide que haga algo así? Nadie puede hacer eso."

"Oh, sí," dijo Bill. "Cualquiera que cree puede. Jesús dijo, 'Todo es posible si puedes creer.'"

Ella permanecía escéptica. "Pero Jesús estaba hablando de cosas espirituales. Esto es material. ¿Podría Ud. hacerlo?"

"Sí, señorita."

"¿Podría yo verlo hecho?"

"Si Ud. desea. Tan sólo mantenga su vista en ese brazalete." Bill clavó sus propios ojos en el objeto y concentró su fe. Ya él había visto a Dios ejecutar tantos milagros que sabía que todo era efectivamente posible por medio de la fe. En un momento el brazalete comenzó a dar vueltas al final de su cordel. Luego comenzó a balancearse de un lado a otro como un péndulo. Luego se detuvo.

La jovencita quedó boquiabierta. "Hermano Branham, ¡eso es espiritismo!"

"Pensé que Ud. podría decir algo así. No, no es espiritismo; es fe. Ahora los espiritistas usan eso muchas veces para gastar bromas— hacer añicos vasos de vidrio, doblar cucharas, y demás; pero sigue siendo tan sólo fe."

La jovencita no podía comprender lo que él estaba diciendo. "Yo pertenezco a la Iglesia de Cristo. Nosotros hablamos donde la Biblia habla y callamos donde la Biblia calla. Y no hay nada parecido en la Biblia."

"Claro, está en la Biblia," dijo Bill. "Se acuerda una mañana cómo Jesús se acercó a una higuera buscando algún fruto. Cuando no encontró ninguno, Él la maldijo. El árbol comenzó a marchitarse. Cuando Él pasó de vuelta en la tarde, el árbol se había marchitado a muerte. Pedro hizo un comentario ante cuán rápidamente había sucedido, y Jesús respondió al decir que no sólo podía uno hacer lo que Él hizo con la higuera, sino que si Ud. le decía a este monte que se moviera— y no dudase en su corazón— pronto eso vendría a suceder.[52] ¿No lo dijo Él? Claro que lo dijo. Yo sé que su pastor está

---

[52] Mateo 21:18-22; Marcos 11:12-14

tratando de justificar la incredulidad de él al decir que ese era un monte de pecado del que Jesús estaba hablando, pero eso fue en el Monte de los Olivos. Y Él dijo que tan sólo se requería fe como un grano de mostaza. Ahora si esa pequeña cantidad de fe pura puede mover un monte, ¿cuánta fe más pequeña Ud. necesitaría para mover ese brazalete?"

La jovencita se quedó tranquilamente contemplando. Su respiración era profunda y dificultosa del dolor que estaba soportando. Bill decidió probar otro enfoque. "Mire, hermana, hubo un ángel que vino a mí hace más de cinco meses y me dijo que muy atrás antes que yo naciera, fui preordenado por Dios para llevar un don de sanidad Divina a la gente. Yo me paré cara a cara con un ser sobrenatural, y él me dijo que si yo podía hacer que la gente me creyera y era sincero cuando orara, que nada haría frente a la oración. Por lo tanto si Ud. creyera con todo su corazón, eso es lo que moverá a Dios. Su fe le habrá salvado. No lo que Ud. ha desarrollado en su mente, sino lo que Ud. realmente cree."

Entonces la jovencita contestó, "Hermano Branham, sé que hay algo arriba donde jamás he alcanzado. Dios ten misericordia de mí. Intentaré creer en Él con todo mi corazón."

Cogiendo la mano derecha de ella, Bill observó su propia mano izquierda ponerse roja de lo hinchado hasta el latido de vibraciones invisibles. Él había tocado la apendicitis antes y estaba familiarizado con el grupo de pequeñas ronchas que se formaban en el dorso de su mano. Solo por la intensidad de las vibraciones, él podía deducir que este caso era grave. Mientras le pedía al Señor Jesús que interviniera, la pulsación en su brazo izquierdo desminuyó, luego desapareció. Su mano izquierda volvió a normalidad. Bill dijo, "Dios le bendiga, hermana. Su fe le ha salvado."

Entre el gozo y el alivio que pasaron por la habitación, Bill se sentó e instantáneamente se quedó dormido. Unas cuantas horas después despertó con la luz del sol en su rostro.

El padre le dio los buenos días y le dio un apretón de manos entusiastamente a Bill en agradecimiento. "Llamé a la ambulancia y les dije que no había necesidad de que vinieran, ya que mi hija está completamente sana."

La jovencita se había levantado de la cama ahora, sentada en la mesa de la cocina, comiéndose un helado. "Me siento importante, Hermano Branham. Toda la hinchazón ha desaparecido de mi costado y no queda ni una pizca de dolor. Y tengo tanta hambre."

Bill con su esposa Meda y la pequeña Rebekah.

Capítulo 35
Rechazando Un Cheque por
$ 1, 500,000 dólares
1947

AHORA QUE William Branham había regresado a casa a Jeffersonville, descubrió que había adquirido una nueva serie de responsabilidades. Las cartas estaban llegando a raudales de todos los Estados Unidos y Canadá. Al principio Bill y Meda batallaban para responder a esta correspondencia por sí mismos. Pero todos los días el cartero arrojaba otra valija gigante llena de cartas en el porche y pronto Bill se dio cuenta que la tarea era demasiada para él. Él rentó una oficina pequeña y contrató al Sr. y la Sra. Cox — miembros de su congregación— como secretarios. Con la ayuda de ellos. Bill separaba la correspondencia en dos montones. El primero y más grande grupo de cartas procedían de personas describiendo sus problemas y necesidades y pidiéndole que orara por ellas. Bill consideró estas peticiones como tan solo otra parte de su comisión y él oraba fervientemente por cada una. El segundo montón de cartas procedía de ministros invitándolo a venir a celebrar campañas de sanidad en sus localidades. Bill ponía aparte estas invitaciones y oraba tocante a dónde Dios deseaba que él fuera la próxima vez.

Eventualmente él planeó un itinerario que lo mantendría ocupado hasta a mediados de 1947. Primero, mientras los estados Norteños todavía estaban bloqueados por la nieve, él viajaría por el Sur, comenzando en Louisiana y avanzando en dirección al oeste hacia Texas, Arizona y California. Después en la primavera él se pasaría varios meses más cerca de casa, antes de dirigirse hacia el norte hacia Saskatchewan y Alberta, Canadá.

Aunque no se había recuperado completamente de su agotamiento, Bill se sentía impaciente en regresar a la obra para la cual Dios lo había llamado. Él comenzó en Shreveport, Louisiana, donde él fue programado para celebrar cinco cultos para el Reverendo Jack Moore, pastor de una iglesia Pentecostal independiente conocida como Tabernáculo *Life* [Vida].

Cuando el Reverendo Moore transportó a Bill a su iglesia para el primer culto, Moore se quedó perplejo al encontrar a su amplio tabernáculo tan atestado de desconocidos que él y su invitado tuvieron dificultad para llegar adentro. Simple propaganda verbal había atraído a familias de todo Louisiana y Arkansas. Jack Moore decidió que se necesitaba más espacio, así que para la segunda noche rentó un auditorio de preparatoria. Sin embargo, después de únicamente dos cultos en el auditorio de la preparatoria decidió mudar los cultos de vuelta al Tabernáculo *Life*, por causa de que las personas estaban apareciendo tan temprano en la preparatoria, que estaban interrumpiendo el horario de clases.

Esta fue una semana como la que Jack Moore nunca antes había visto— cinco noches de milagros y maravillas. Después él escribiría al respecto, diciendo, "Las personas se quedaron humilladas y enternecidas, porque supieron que Jesús de Nazaret había pasado por nuestros términos en Su siervo... Sí, los días Bíblicos estaban aquí de nuevo. Aquí estaba un hombre que *practicaba* lo que nosotros *predicábamos*. Yo digo esto, no para ensalzar a ningún humano, sino únicamente para enfatizar que nuestra profunda gratitud por nuestro hermano [Hermano Branham] se deriva del hecho que su ministerio parecía traer más cerca de nosotros a nuestro Amante Señor [Jesús], y familiarizarnos con Sus obras vivas, Su personalidad, y Su deidad que nada lo había hecho antes..."[53]

Sintiendo que él tenía que saber más acerca de este ministerio fenomenal, Jack Moore dejó su iglesia en las manos de un pastor asociado a fin de que pudiera viajar con William Branham por el resto del año.

Después de Louisiana, Bill voló a Texas, celebrando reuniones en Houston durante 15 noches seguidas antes que el evangelista avanzara hacia Texarkana y San Antonio. Durante su primera noche en San Antonio sucedió algo que conmovió a Bill hasta el fondo de su espíritu. El culto acababa de iniciar; el dirigente de alabanzas

---

[53] *William Branham, Un Hombre Enviado de Dios*, por Gordon Lindsay, 1950, Págs. 103-104 [en inglés]

introdujo a Bill a la audiencia; la multitud esperaba reverentemente y con expectativa. Mientras Bill andaba por la plataforma hacia el púlpito, un hombre sentado en la plataforma se puso de pie y habló en un lenguaje desconocido, las palabras ininteligibles disparando fuerte y rápidamente como una ametralladora. Cuando terminó, la audiencia permaneció quieta. Otro hombre se puso de pie en la parte de atrás del auditorio y vociferó, "Así dice el Señor, 'El varón que está andando por la plataforma va avanzando con un ministerio que fue ordenado por el Dios Todopoderoso. Así como Juan el Bautista fue enviado para precursar la Primera Venida de Jesucristo, de igual manera es enviado este varón a precursar Su Segunda Venida.' "

Bill se sentía aturdido y suficientemente débil para que se le doblaran las rodillas. Se sujetó del púlpito para sostenerse mientras hablaba en el micrófono, "Señor— Ud. en la parte de atrás que acaba de dar una profecía— ¿Ud. conoce a este hombre aquí en la plataforma que habló en lenguas?"

El hombre en la parte de atrás se puso otra vez de pie. Él se miraba como un vaquero. "No, señor, no lo conozco."

"¿Sabe Ud. algo concerniente a mí?"

"Nunca he escuchado de Ud. antes de hoy."

"¿Cómo vino para estar aquí esta noche?"

"Las personas para las que trabajo venían a las reuniones y me pidieron que viniera con ellos, así que vine."

Dirigiéndose al hombre detrás de él en la plataforma que había hablado en lenguas, Bill preguntó, "¿Conoce Ud. a aquel hombre que dio la profecía?"

"No, no lo conozco."

"¿Qué está haciendo Ud. aquí esta noche?"

"Soy un comerciante local. Leí en el periódico acerca de un 'sanador Divino' y así que vine para ver de lo que se trataba."

Habiendo estudiado I de Corintios 12 al 14, Bill sabía que la "interpretación de lenguas" estaba enumerada como un don del Espíritu Santo. Sin embargo, Bill desde hacía mucho tenía la impresión que mucho de lo que la gente Pentecostal llamaba "lenguas" no era otra cosa que emoción, fanatismo, y carnalidad. Esta "interpretación" no encajaba en cualquiera de estas tres categorías. Esta parecía genuina, pues este desconocido había repetido lo que Bill había escuchado aquel día en 1933 cuando él había estado bautizando en el Río Ohio y aquella estrella había aparecido por encima de la cabeza. ¡Eso fue 14 años atrás! Bill se estremeció, preguntándose si habría más para su ministerio que tan sólo orar por el enfermo.

DESPUÉS DE TEXAS, Bill viajó hacia Phoenix, Arizona. La tensión continuó demoliéndolo. Se sentía como más que tan solo largas horas de estar de pie y muy poco dormir. Cuando Bill estaba orando por los enfermos, él en realidad sentía las fuerzas demoníacas contra las que él estaba luchando. Se sentía tan cansado como cavar un pozo en un terreno rocoso con un pico y pala. Cada vez que Bill tomaba la mano derecha de un paciente con su izquierda, permitiendo que la enfermedad hiciera vibrar su brazo hasta su corazón, Bill sentía desmoronarse alguna de su propia energía— energía que no recuperaba después del sueño de una noche.

Bill aprendió respecto a los demonios al igualar lo que él leía en la Biblia con lo que él experimentaba mientras oraba por el enfermo. Él leyó en el Nuevo Testamento cómo los demonios que eran echados fuera de una persona podían buscar otro huésped.[54] Él había observado el mismo fenómeno en sus reuniones. Mientras un paciente en la plataforma era liberado de locura, era posible que un incrédulo irreverente en la audiencia pudiera repentinamente ser atacado con la misma enfermedad. En una reunión hubo un grupo de personas que estaban siendo irrespetuosos— mofándose y haciendo silbidos. Bill estaba orando por un joven azotándose en el piso en un ataque epiléptico. (Cualquier epiléptico que venía a la presencia del ángel del Señor, siempre entraba en ataque.) Bill oró por el joven, quien fue liberado de inmediato. Tan pronto como las vibraciones se fueron de la mano izquierda de Bill, ese grupo de una docena de incrédulos estuvo enloquecido con ataques epilépticos. Después de eso, Bill siempre era precavido. Cada vez que detectaba un caso difícil, le pedía a la audiencia que inclinaran sus rostros y oraran con él. Él descubrió que incluso los incrédulos estarían seguros en sus reuniones si eran respetuosos.

Una noche en Phoenix, una niña se acercó a través de la fila de oración. Bill tomó la mano de la niña y sintió las vibraciones reveladoras de la epilepsia. La niña se sacudió en ataque, cayendo a

---

[54] Mateo 8:28-32 y 12:43-45

la plataforma y agitándose incontrolablemente. La audiencia se quedó boquiabierta. Bill permaneció tranquilo y le pidió que todos inclinaran sus rostros. Cuando él inclinó su propio rostro para orar, detectó una interrupción en el flujo de fe. Echando una mirada sobre la multitud, vio a una persona que no había bajado el rostro. Bill dijo en el micrófono, "Allí está un hombre a mi derecha con su rostro alzado. Señor, incluso si Ud. no cree, por favor incline su rostro y sea reverente. Estos poderes demoníacos pueden ir de uno a otro."

El hombre no inclinó el rostro. Uno de los ujieres se dirigió hacia él y habló con él, luego se acercó a la plataforma y le dijo a Bill, "Es el Sr. K—, uno de los funcionarios públicos de Phoenix. Él dice que no hay nada con esta cosa sino un buen caso de psicología. Insiste en que no tiene que bajar la cabeza."

Bill habló otra vez por el micrófono, "De acuerdo, señor. Yo se lo pedí. Eso es todo lo que puedo hacer." Luego Bill se volvió a la niña, que todavía estaba retorciéndose en el piso, produciendo ruidos guturales quedamente. Bill oró, "Dios, no permitas que sufra esta niña inocente a causa de la incredulidad de ese hombre. Bendice a la niña y libérala." La niña se calmó y pronto abrió los ojos. Su guardián corrió hacia el frente a ayudarla a levantarse y juntos abandonaron la plataforma alabando a Dios.

El Sr. K— sonrió desafiante como para decir que él había comprobado su argumento— él no tuvo que inclinar su rostro. Desafortunadamente, esa sería una victoria efímera.

En la última noche de Bill en Phoenix, él le prometió a la multitud que procuraría orar por cada uno en el edificio que deseara oración. Eso hubiera sido imposible de alcanzar si tuviera que coger la mano de cada persona de modo que las vibraciones pudieran revelar cada enfermedad. Esta noche él probó algo diferente. Él la llamó una fila de oración rápida. Las personas en la fila de oración se mantendrían avanzando en un paso lento e ininterrumpido mientras Bill tan sólo les imponía la mano en los hombros mientras pasaban, pidiéndole al Señor Jesús que los sanara.

De los muchos milagros que tuvieron lugar esa noche, tal vez el más asombroso fue aquel que le ocurrió a Haddie Waldorf, una mujer muriéndose de cáncer en el corazón, hígado y colon. Siendo que sus doctores la habían desahuciado, ella ahora estaba intentando desesperadamente llegar a este varón que declaraba que había un ángel parado junto a él cuando oraba por el enfermo. El esposo de

Haddie y un interno del hospital la llevaron a la reunión en una camilla. Mientras esperaban en la fila de oración, ella sintió que la vida se le estaba yendo gradualmente. Le dijo a su esposo, "Aún si muero, de todos modos pásame." Ellos estaban muy lejos atrás. Mientras la fila avanzaba lentamente, se quedó callada en la inconsciencia. Pronto su pecho dejó de moverse. El interno buscó el pulso de Haddie y no pudo encontrarlo, así que recorrió la sábana sobre el rostro. Pero el Sr. Waldorf, con determinación inflexible, mantuvo su lugar en la fila exactamente igual. Se necesitó casi una hora para que el Sr. Waldorf llevara a su esposa al frente. Alguien le dijo a Bill que un cadáver se acercaba. Bill detuvo la fila a fin de poder orar por más tiempo por este caso. La mujer se sentía fría al toque de él. Cuando Bill le pidió a Dios que le devolviera la vida a Haddie Waldorf, no únicamente la respiración refluyó dentro de sus pulmones, pero pronto ella se había incorporado, y después, ella incluso salió del edificio con su propia fuerza.[55]

Aquella prolongada fila de oración en Phoenix estuvo llena de sanidades y milagros. Aun cuando Bill mantenía cortas sus oraciones, eso todavía le tomó hasta las tres de la mañana para tocar a todos los enfermos que pasaban. De acuerdo a la estimación de Jack Moore, en aquella noche de Febrero de 1947, Bill oró por 2,500 personas.

ANTES DE MARZO, Bill estaba abriéndose camino allá en la costa de California. Su primera reunión en Los Angeles excedió una amplia iglesia en Monterey Park, impulsando a las iglesias que cooperaban a mudar las reuniones al Auditorio Municipal en Long Beach.

A la segunda noche de la campaña, tres hombres y una joven pasaron por la fila de oración cargando en una camilla a una mujer inconsciente. Bill sujetó la flácida mano derecha del paciente y sintió una vibración familiar. "Es cáncer," dijo él.

La joven contestó. "Sí. Se llama Melikian. Ese es su doctor y yo soy su hija. Recientemente fue a St. Louis y se le quitaron ambos senos, intentando detener su propagación; pero no sirvió de nada.

---

[55] La Sra. Haddie Waldorf continuó acudiendo a las reuniones de William Branham hasta el fallecimiento de él en 1965. Él a menudo la saludaba en la audiencia y hacía mención de este milagro.

Ahora Dios es su única esperanza."

Bajando la cabeza, Bill le pidió a Dios un milagro. Las vibraciones en su mano cesaron. Él estaba a punto de declararla sana cuando lo recorrió una sensación extraña, y él dijo sin pensar, "Así dice el Señor, 'En tres días esta mujer esta mujer estará de compras en las calles.' "

El doctor de ella parado cerca —evidentemente él había venido consigo para hacer el favor a la familia— se enojó indignadamente, "¡Ni pensarlo, Reverendo Branham! Esta mujer evidentemente se está muriendo. ¿Cómo puede Ud. darle a sus familiares falsas esperanzas como esa?"

Bill respondió con tranquilidad, "Doctor, si esa mujer no está sana y andando por las calles en tres días, Ud. puede poner un letrero en mi espalda que diga que soy un profeta falso y Ud. puede llevarme por el centro en el capó de su automóvil."

Alrededor del fin de la semana, Bill despertó de su sueño agotado al sonido de pesados golpes en la puerta de la habitación del hotel. En el pasillo estaba el oficial de iglesia cuya tarea era guardar la intimidad de Bill. Detrás de él estaban dos desconocidos bien vestidos. "Lamento molestarle, Hermano Branham, pero estos dos varones necesitan verle. Sé que Ud. tiene que tener algún descanso, pero el asunto es tan extraordinario, que pensé..."

"Pasen. ¿En qué les puedo servir?"

Los dos varones entraron y el portavoz fue directo al grano. "Somos agentes del Sr. Melikian."

"¿Melikian?" Bill repitió el nombre, intentando recordar dónde lo había escuchado antes.

"El Sr. Melikian dirige la *Vinería Mission Bell*. Su esposa fue sanada de cáncer en sus reuniones más antes esta semana."

Ahora Bill se acordó de la mujer inconsciente en la camilla. "¿Cómo está?"

"Sr. Branham, su recuperación ha asombrado a todos, especialmente a su doctor. El día después que Ud. oró por ella estuvo consciente y se incorporó en la cama. Al tercer día fue de compras con su hija, así como Ud. dijo que sería. El Sr. Melikian está tan agradecido con Ud. que nos envió aquí a entregarle este cheque por $ 1, 500,000." [Un Millón Quinientos Mil Dólares]

El hombre ofreció el cheque. Bill no se movió. El hombre dijo, "Sr. Branham, no se trata de una broma. Es un cheque perfectamente válido y está extendido a nombre de Ud." Él extendió el trozo de papel.

Bill seguía sin tomar el cheque. Él estaba pensando en su familia viviendo en aquella choza de dos habitaciones en Jeffersonville; pensando en su esposa acarreando agua de media cuadra para la casa, luego acarreando el agua sucia hacia fuera otra vez porque no había instalación sanitaria adentro; pensando en cuán fría y con corrientes de aire estaba la casa en el invierno, y cómo Meda rellenaba con trapos viejos alrededor de las puertas y ventanas para no dejar entrar el viento. Sería fabuloso darle a su esposa y sus hijos algo mejor; sin embargo...

Durante tantos años Bill había batallado para entender su llamamiento en el Señor. Cuando él se apartó de la voluntad de Dios en 1937, había sufrido tan terriblemente que ahora ni siquiera $ 1, 500,000 dólares podían tentarlo a desviarse de sus convicciones. Sabía que él no había sanado a la Sra. Melikian del cáncer; el Señor Jesucristo la había sanado. Así que ¿cómo podía aceptar cualquier recompensa por algo que él no había hecho? Pero aún más allá de esto, Bill se había fijado en tres trampas principales que a menudo habían sido la ruina de hombres que habían empezado a vivir para Dios— mujeres, popularidad y dinero. Cualquier ministro que jugara con uno de estos tres peligros era probable que resbalara y cayera. Bill había resuelto hacía tiempo mantenerse a distancia de todos los tres, a pesar de lo que le costara.

"Caballeros," dijo con firmeza, "ni siquiera deseo mirar ese cheque. Díganle al Sr. Melikian que agradezco las atenciones, pero no puedo aceptar su dinero."

DESPUÉS DE SU ÚLTIMA fila de oración en Long Beach, California, la cual concluyó a las dos de la mañana, Bill se tambaleaba entumecido e inconsciente hacia un automóvil que lo esperaba. Jack Moore y Young Brown pasearon a Bill por el centro durante una hora, platicando con él, tratando de conseguir que reaccionara. Bajaron el vidrio de su ventanilla para permitir que la lluvia le salpicara el rostro. Finalmente Bill volvió en sí lo suficiente para desear irse a dormir.

Lo llevaron a su hotel. Cuando salieron del elevador hacia una pequeña sala de espera, una cantidad de personas se le amontonaron, mencionando el nombre de Bill, deseando hablar con él. Moore y Brown estaban empujándolo a través del grupo cuando una mujer se tiró en el piso enfrente de Bill sujetándose de la pernera de su pantalón. Jack Moore se agachó para quitarla, pero Bill le hizo señas con la mano para que se apartara, diciendo, "Al menos escuchemos lo que tiene que decir."

Aún con esa garantía, la mujer no se soltaba de la pernera del pantalón de Bill. Los ojos de ella revelaban su desesperación. "Hermano Branham, soy la Sra. K—. Mi esposo y yo estuvimos en sus reuniones en Phoenix. Cuando Uds. estaban orando por aquella niña epiléptica, mi esposo se negó a inclinar el rostro. Al día siguiente él tuvo una sensación extraña por todo su cuerpo. Él pensó que era tan sólo su imaginación gastándole una broma. Luego dos días después la policía lo encontró vagando sin objetivo alguno por el centro de Phoenix. Su mente se ha desconectado. Él no sabe quién es o lo que está haciendo."

Ahora Bill notó a un hombre de pie allá atrás del grupo— sus ojos estaban hundidos, su rostro demacrado, su cabello y ropa desaliñados, sus mejillas cubiertas con una barba desaseada. "¿Es aquel su esposo?" preguntó Bill.

"Sí, Hermano Branham," la Sra. K— se lamentó. "He intentado cada noche introducirlo en la fila de oración, pero nunca pude hacerlo. Ahora estoy desesperada. Se tiene que hacer algo. No come. Incluso tengo que darle de beber agua en la boca." Ella dejó caer su cabeza en el zapato de Bill.

Dirigiéndose a Jack Moore, Bill dijo, "Introduzca al Sr. K— en mi habitación de modo que podamos tener privacidad."

Jack Moore tomó la mano del Sr. K— y lo guió tan fácilmente como si fuera un niño sin inteligencia. Bill trató de seguirlo, pero la Sra. K— no lo soltaba de su pierna; ni podía ella ser disuadida a soltar su asimiento. Finalmente Moore y Brown levantaron a Bill y lo llevaron a su habitación, arrastrando a la Sra. K— detrás. Después de cerrar la puerta, al fin la persuadieron a soltarse de la pierna de Bill.

"Hermana," dijo Bill, "hace como un año un ángel del Señor se encontró conmigo y me dijo que yo había de llevar un don de sanidad Divina a la gente del mundo. Él me dijo que si yo era sincero y podía hacer que la gente me creyera, entonces nada podría hacer frente a mi oración. Yo he descubierto que eso es cierto; no existe aflicción, sin importar cuán mala sea, que no fuera sanada si dispongo de tiempo suficiente para orar por esa persona. "¿Cree Ud. en mí?"

"Sí, Hermano Branham, creo."

El Sr. K— se quedó muy quieto, ni siquiera parpadeaba; la vista de él fija en una mirada perdida. Pero cuando Bill se le acercó, se echó para atrás y gruñó como un animal. Para mayor seguridad, Moore y Brown sostenían los brazos del Sr. K— mientras Bill imponía sus manos sobre el hombre y comenzaba a orar. La victoria no vino fácilmente. Durante 45 minutos Bill luchó con aquel demonio de locura. Finalmente el Sr. K— parpadeó y miró en derredor de la habitación con el comportamiento de un hombre que acababa de despertar en un sitio inesperado y se estaba preguntando dónde estaba él y por qué. Después que su esposa le explicó, el Sr. K— echó sus brazos alrededor del cuello de Bill y lo abrazó como a un hermano extraviado durante mucho tiempo. Él abandonó el hotel con su mente tan aguda como siempre, aunque ahora bastante favorable hacia el Evangelio de Jesucristo.

CUANDO WILLIAM BRANHAM llegó a Oakland, California, a mediados de Marzo de 1947, él escuchó acerca del Pequeño David Walker, un "niño" predicador que estaría celebrando cultos evangelísticos en la ciudad en las mismas noches que Bill estaría orando por los enfermos. A causa de que fue removida su curiosidad, Bill clausuró temprano en su primera noche a fin de poder ir a escuchar predicar al Pequeño David. Bill fue impresionado favorablemente. Aunque el Pequeño David era tan sólo un adolescente enjuto, él manejaba la Palabra de Dios con una sabiduría y fuerza mucho más allá de la edad que tenía.

Después de la reunión, Bill fue al frente a presentarse. Durante la conversación de ellos, los dos evangelistas compararon el tamaño relativo de las multitudes acudiendo a sus reuniones. El Pequeño David había estado predicando ya en Oakland durante varias noches, y su edificio nunca estaba a más de un tercio de lleno. (Su auditorio acomodaba a 7,000, pero sus multitudes nocturnas estaban llegando a alrededor de 2,500.) Por otra parte, Bill estaba celebrando reuniones en un auditorio que acomodaba únicamente a 3,000, y en su primera noche la multitud había estado cercana a 7,000. El Pequeño David sugirió que ellos se intercambiaran los auditorios. Lo hicieron, y resultó bien para ambos. Bill deseaba pagarle al Pequeño David la diferencia en la renta entre el auditorio más grande y el más pequeño, pero el muchacho no quiso tomarlo, diciendo, "Tal vez algún día Ud. podrá echarme la mano."

En este entonces, Jack Moore, quien todavía estaba siguiendo las campañas de Branham, voló hasta Ashland, Oregon, a persuadir a su amigo Gordon Lindsay a que viniera a ver por sí mismo este

ministerio fenomenal. Moore era exuberante mientras le narraba a
Lindsay respecto al poder de Dios que él estaba atestiguando todas
las noches: la hinchazón en la mano de Bill; las enfermedades siendo
reveladas; el ciego, sordo y cojo siendo liberados; y los demonios
siendo expulsados. Él convenció a Lindsay que esto era algo que
valía la pena salir de su camino para verlo. Juntos manejaron hasta
California y alcanzaron la reunión de Bill en Sacramento. El culto
esa noche sacudió a Gordon Lindsay hasta la raíz de su fe. De 41
años de edad, Lindsay había sido ahora un ministro del evangelio
completo durante 23 años: los últimos cinco años como un pastor en
Ashland, Oregon; pero antes de eso, se había dedicado 18 años como
un evangelista viajando por todos los Estados Unidos y Canadá. En
todos esos años, en todas esas reuniones, nunca había visto el poder
del Espíritu Santo tan palpablemente desplegado como lo vio aquí en
Sacramento esta noche. Ello lo inspiró hasta el punto máximo de fe
que nunca antes había conocido. Cuánto deseaba el poder compartir
esta experiencia con sus amigos. Mientras pensaba en todos los
pastores y congregaciones que él conocía por toda la nación, una
idea se formó en su mente. Al día siguiente, Gordon Lindsay se
encontró con Bill y compartió estas ideas. Era el principio de una
amistad que tendría consecuencias de largo alcance para ambos.

De Sacramento Bill avanzó hasta Santa Rosa, California. El
Sábado por la noche, los ujieres estaban teniendo dificultades para
impedir que un joven eludiera la fila de oración. Ellos pensaban que
él no quería esperar su turno. La conmoción que creó esto estaba
distrayendo a Bill de orar por los enfermos. Bill oyó por casualidad
que el joven les decía a los ujieres, "No deseo estar en la fila de
oración. Tan sólo quiero hacerle una pregunta a este ministro."

Dando pasos hacia la orilla de la plataforma, Bill dijo, "¿Qué es lo
que desea, señor?"

El joven preguntó, "¿Cómo se deletrea su nombre?"

Eso sorprendió a Bill como una razón rara para que produjera
semejante alboroto. Él contestó, "B-R-A-N-H-A-M."

El hombre bajó la vista hacia un pedazo de papel en su mano,
luego se dio la media vuelta y gritó entusiasmadamente hacia la
multitud, "Madre, ¡ese es! ¡Ese es!" La madre pasó al frente y
explicó, "Mi esposo y yo somos evangelistas para las Asambleas de
Dios. Yo tengo el don de hablar en lenguas y mi esposo tiene el don
de interpretación. Hace veintidós años yo estaba orando en lenguas

cuando una interpretación vino a través de mi esposo, profetizando de una noche como esta noche. Yo lo escribí y ha estado puesto en un tronco durante todos estos años. Cuando escuché acerca de sus reuniones, lo extraje; pero deseábamos asegurarnos que Ud. es ese."

Ella tomó el papel de la mano de su hijo y se lo entregó a Bill. Se leía:

Así dice el Señor, "En los últimos días, antes de la venida del Señor, Yo enviaré a Mi siervo William Branham a la Costa Oeste."

"¡Hace veintidós años!" pensó Bill. Eso habría sido en 1925, cuando él tenía únicamente 16 años de edad. Un escalofrío le recorrió la espina dorsal. Aquí, en esta vieja profecía se situaba otra confirmación que su ministerio estaba preordenado por Dios para algo especial.

CERCA DEL FIN de Abril de 1947, Bill regresó a Phoenix, esta ocasión para celebrar una reunión específicamente para la población de habla Hispana de la ciudad. Era la primera ocasión que él alguna vez había conducido un culto a través de un intérprete.

Durante el día, Bill conoció a un misionero Cristiano que estaba trabajando entre los Indios Apaches en la Reservación India de San Carlos, a 50 millas [80.47 kilómetros] al este de Phoenix. Este misionero había traído con él a tres Indios enfermos para que acudieran a la reunión de Branham, esperando que estos Indios pudieran entrar en la fila de oración y ser sanados. El misionero invitó a Bill a celebrar una reunión en la reservación. Bill le prometió que si el Señor sanaba a esos tres Indios esta noche, él celebraría una reunión para los Apaches.

Aquella noche Bill hizo un desafío audaz. Ya estaba tan convencido de la buena voluntad de Jesucristo para sanar a la gente, que la propia fe de Bill tenía pocos límites. (¿No le había dicho el ángel que si él era sincero y podía hacer que la gente le creyera, *nada* podría hacer frente a su oración?) Después de todos los milagros que había visto en el año pasado, Bill no tenía miedo de abordar los casos más difíciles que pudiera encontrar. De hecho él los recibía bien, sintiendo que todos ellos eran aún más la prueba que su Dios podía hacer cualquier cosa. Ahora, delante de estas personas de habla Hispana, él dijo, "Tráiganme a alguien que esté lisiado o afligido; tráiganme el peor caso que puedan hallar. Yo les garantizo, esa persona será sanada antes que termine de orar."

Alguien subió a una niña Mexicana lisiada que nunca había andado en su vida. Ella estaba horriblemente deformada— su espalda estaba encorvada y sus piernas estaban encogidas e inútiles. Sin una mueca de desagrado de duda Bill comenzó a orar por la liberación de la niña. Pasaron cinco minutos sin ningún cambio... luego diez minutos... luego quince. Bill no estaba preocupado. Él sabía que Dios lo haría. Cuánto tiempo se requiriera no era importante. Pasaron veinte minutos... luego treinta. Bill continuó suplicándole a Dios silenciosamente que liberara a esta niña de su prisión. Pasó una hora... luego una hora y media. La gente en la audiencia se inquietaba más mientras trataba de aferrarse a la misma confianza que el hombre de corta estatura sobre la plataforma parecía poseer. Después de una hora y cuarenta y cinco minutos de oración, la niñita Mexicana gritó. Su espalda se metía mientras ella ponía derecha su espina dorsal por primera vez en su vida. La audiencia se enloqueció con alivio y emoción mientras esta niña una vez lisiada se paró sobre sus piernas larguiruchas y bajó de la plataforma sujetándose de la mano de Bill.

En respuesta, la gente se metía a la fuerza en una fila de oración para su propio turno. Usando a un intérprete, Bill oró por el enfermo y el necesitado durante diez horas más. Estas personas de habla Hispana se extendieron hacia Jesucristo con semejante fe inocente que ocurrieron muchos milagros. Entre los centenares que fueron sanados estaban aquellos tres Indios Apaches que el misionero había traído de la reservación.

Fiel a su palabra, Bill viajó unos cuantos días después al este para un culto de sanidad de una noche en la Reservación India de San Carlos. La iglesita de madera era demasiado pequeña para que cupieran los cientos de cientos de Indios que se reunieron para escuchar predicar a Bill, así que el misionero improvisó un micrófono y un amplificador a varias bocinas al aire libre. Las familias extendieron sus sábanas en el suelo y se sentaron a escuchar. Bill comenzó a hablar así como el sol se estaba ocultando. Una mujer Apache desempeñó el papel de intérprete.

A causa de su amor de toda la vida por el Oeste Norteamericano,

Bill había leído y pensado mucho en lo referente a la difícil situación de los Indios. Tal vez era la gota de sangre India en sus propias venas lo que le daba tal empatía ahora. Esta noche, mientras abría su corazón a sus hermanos y hermanas rojos, él sintió su sermón más profundamente que de costumbre. Él les dijo a los Indios cuán apenado estaba él por la manera que los antecesores de ellos habían sido tratados por los hombres blancos. Y él sabía que incluso hoy en día, el mejor interés de los Indios rara vez era considerado por el gobierno de los Estados Unidos. "Pero hay Alguien que siempre les dará a Uds. un trato justo," les dijo, "y ese es el Señor Jesucristo."

Cuando Bill terminó de predicar, les pidió a aquellos que tenían necesidad de oración que formaran una fila a su derecha. Ningún Indio se puso de pie. Desconcertado, Bill le preguntó a su intérprete qué es lo que pasaba. Ella no sabía. Probablemente todos ellos eran escépticos.

Regresando a la misión, el misionero trajo de regreso a algunos de sus ayudantes que habían accedido a acercarse por oración. Primero vino una India con un portador de bebés atado con una correa a su espalda. La mujer no hablaba nada de Inglés. Tan pronto como Bill tomó su mano derecha con la izquierda de él, sintió la pulsación de una vibración demoníaca. Se sentía algo parecido a una descarga eléctrica a medida que subía rápidamente por el brazo hasta su corazón. El dorso de su mano se hinchó hasta tornarse rojo, y ronchas blancas se movían por la piel. Bill dijo por el micrófono, "Señora, Ud. tiene una enfermedad venérea."

La mujer lo miró con el tipo de sorpresa que preguntó, "¿Cómo lo sabe?" Luego ella admitió que la declaración de él era cierta.

Todavía sujetándole la mano, Bill explicó el don de sanidad a su audiencia, describiendo cómo es que la señal en su mano captaba las vibraciones de cualquier enfermedad causada por microbio. Luego inclinando su rostro y cerrando los ojos, Bill le pidió a Jesucristo que liberara de su aflicción a esta mujer. Cuando él abrió los ojos, su mano izquierda estaba normal. Aquellos cerca del frente pudieron verlo. Ella fue sanada. Gruñidos de asombro murmuraron a través de las filas de escépticos.

Enseguida una madre subió a su hija. Bill tomó la mano de la niña, luego se dirigió a su intérprete y dijo, "No sé qué es lo que tiene. No es una enfermedad causada por microbio, porque no siento la reacción de la presencia de otro microbio aparte del germen de vida.

Siendo que la madre no hablaba Inglés, la intérprete Apache tuvo que preguntarle lo que tenía su hija. Entonces la intérprete le explicó a Bill, "Ella sorda... muda. Fiebre muchos años atrás hacerla así."

Bill tomó en sus brazos a la niña y oró, "Señor Jesús, por favor haz algo de modo que estas personas entiendan."Cuando terminó de orar, él sabía que había sido sanada. La instó a que intentara hablar. La niña mascullaba algunos sonidos ininteligibles. Bill dijo disculpándose, "Oh, pronto hablará mejor."

La intérprete dijo sonriendo, "Ella hablar mucho bien ahora mismo."

Luego otra madre trajo a su hijo pequeño. Bill lo tomó de la mano, pero no sentía ningunas vibraciones. Cuando le preguntó a la madre cuál era la enfermedad del niño, la madre sujetó el cabello de su hijo y le dio un tirón hacia atrás a su cabeza, poniendo de manifiesto bizquera. Cada vez que Bill veía un niño bizco, se acordaba de su hija Sharon Rose, y cómo es que, cuando se estaba muriendo de meningitis espinal, sus ojos se habían cruzado del dolor. Bill le pidió a la multitud que inclinaran su rostro. Luego tomó en sus brazos a este pequeño Apache a fin de que la cabeza del niño descansara sobre su hombro, apartando su rostro de él. Con toda la sinceridad que poseía, Bill le pidió a Dios la liberación del niño. Cuando él sintió que el Espíritu Santo había sanado al niño, Bill le pidió a los Indios que levantaran el rostro. Sin verificarlo primero, Bill le dio la media vuelta al niño para que mirara hacia la multitud. Los Apaches murmuraron su aprobación. Los ojos del niño estaban ahora perfectamente alineados. A través de la intérprete, Bill le pidió al muchacho que moviera sus ojos de un lado a otro para demostrar su sanidad. Eso era convincente. El polvo se levantaba mientras centenares de Apaches salían en desbandada para formar una fila a la derecha de Bill a fin de que también ellos pudieran recibir oración.

Bill se maravillaba ante la fe sencilla de los Apaches. Cuando aquellos Indios vieron lo sobrenatural en sus medios, ellos abrieron su corazón de par en par a eso y recogieron los beneficios. Una anciana jorobada cojeaba hacia delante en muletas hechas de palos de escoba. Su cabello estaba adornado con listones de cuero, y su piel morena estaba arrugada por los años en el sol y el viento. Cuando alzó la vista hacia Bill, las lágrimas se derramaban por las arrugas en su rostro. Bill percibió la fe, amor y respeto de ella. Antes que pudiera orar por ella, ella se enderezó y le entregó sus muletas a él. Entonces se alejó de la plataforma sin ayuda.

A lo largo de la noche Bill oró por una prolongada fila de Apaches. Cerca del amanecer notó que muchos de los Indios que venían por la fila de oración estaban mojados de la cintura para abajo. Él le preguntó a la intérprete, quien le explicó, "Al principio ellos pensar que tú ser un impostor. Cuando ver que se enderezaron los ojos del niño, muchos viajar millas... vado del río... ir por seres queridos... traerlos de regreso para oración."

Dos Indios, que estaban mojados de la cintura para abajo, llevaron cargando a un anciano en una camilla hecha de madera toscamente cortada. La noche estaba fresca. Bill le preguntó al primer Indio, "¿No tienes miedo de contraer neumonía?"

El hombre contestó, "Jesucristo tendrá cuidado de mí. Traje a mi papá. Yo creo que Jesucristo lo sanará."

Imponiendo sus manos sobre el anciano, Bill oró, "Que Jesucristo le sane y le cure." Los dos jóvenes alejaron al hombre de la plataforma. Después que Bill había orado por varias personas más, escuchó algunos gritos. Cuando buscó con la vista el origen, vio al anciano de pie de pie por sí solo, gritando y agitando en el aire su camilla de madera.

A la mañana siguiente los Indios le preguntaron a Bill si a él le gustaba cazar. Bill sabía que su reservación tenía anuncios que impedían que los no Indios cazaran en la propiedad Apache, así que él consideró un honor esta invitación. "Sí, me encanta cazar." Montando jacas,* se fueron a caballo hasta un cañón. La cacería fue espléndida. Los pavos silvestres volaban tan espesamente que Bill podía haberlos atrapado con la mano.

[* Las *jacas* son caballos de poca alzada.]

Bill y el Pastor Richardson en el púlpito en Sacramento, California en Marzo de 1947.

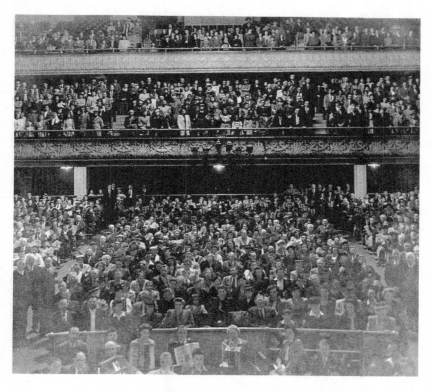

En Oakland, California, el 12 de Abril de 1947.
De pie en el pasillo de izquierda a derecha Harry Morse, W. E.
Kidson y William Branham.

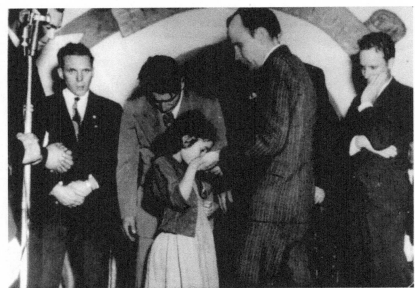

Bill orando por los enfermos en la iglesia Apostólica hispana e interpretándole al Español José *Little Joe* Ramírez.

Bill predicando en la iglesia Apostólica hispana en Phoenix, Arizona.

Capítulo 37
La Reprimenda del Ángel
1947

EN MAYO DE 1947, William Branham se vio involucrado en el milagro más sobresaliente que él había visto todavía. Él estaba celebrando una semana de reuniones de carpa en Vandalia, Illinois. Como de costumbre la multitud desbordó la carpa dentro del estacionamiento. En la primera noche Bill pronuncio el mismo desafío que había estado haciendo en cada ciudad desde su reunión Hispana en Phoenix el mes anterior. Él dijo, "Tráiganme el peor caso que puedan encontrar y denme el tiempo suficiente para orar por esa persona, y yo les garantizaré que Jesucristo sanará a esa persona antes que abandone la plataforma."

Pasó una mujer guiando a un joven de 16 años de edad. Ella se inclinó y le dijo a Bill en el oído. Dirigiéndose al micrófono, Bill anunció, "La madre dice que su hijo nació ciego."

Un murmullo tenso se alzó de la audiencia, como si se estuvieran preguntando, "¿Podríamos estar pidiendo demasiado de Dios?" Pero Bill creía que Dios lo haría. Él había visto tantos milagros en el año pasado que sabía que con Dios, verdaderamente, todo era posible para aquellos que creyesen. Imponiendo sus manos sobre el hombro del joven ciego, él oró por un milagro en el Nombre de Jesús.

Los minutos pasaron hasta entrar en media hora... luego una hora... luego hora y media... sin ningún resultado. La lluvia era abundante sobre el techo de lona de la carpa. La multitud se ponía más inquieta. No cabía duda que muchos se estaban preguntado cuánto tiempo este evangelista podría mantenerse orando ante semejante imposibilidad aparente. Al fin y al cabo, el joven había *nacido* ciego. Pero la fe de Bill nunca flaqueaba ni él aminoraba su sencilla oración. Él mantenía en mente las palabras del ángel: "*Si eres sincero y puedes hacer que la gente te crea, nada podrá hacer frente a tu oración, ni siquiera el cáncer.*"

Después de una hora y cuarenta y cinco minutos de oración, el niño comenzó a parpadear. Él movió repentinamente su cabeza hacia la izquierda, luego hacia la derecha. Con un grito, se zafó del agarrón de Bill, echándose para atrás hacia los brazos de su madre. Ella lo abrazaba apretadamente, mientras él, chillando con emoción incontrolable, agitaba los brazos en toda dirección, primero señalando a las luces, luego a diferentes objetos alrededor de él. ¡Él podía ver!

La multitud se agitaba con fe en el poder de Jesucristo para sanar. Centenares de milagros ocurrieron al mismo tiempo— lisiados abandonaron las sillas de ruedas, o arrojaron sus muletas, o se levantaban de las camillas. Nada parecía imposible.

Después de que terminó el culto, los ujieres estaban recogiendo todas las sillas de ruedas desechadas y muletas y las tiraban en un montón. Bill, quien todavía estaba parado detrás del púlpito, observaba este proceso con gozo y satisfacción. Una mujer y un joven regresaron dentro de la carpa, andando por el pasillo de aserrín en dirección a él. Era el joven que había nacido ciego. Ahora él estaba llevando a su madre por los escalones que daban a la plataforma.

Los ojos del joven estaban húmedos de emoción. "Le dije a mi mamá que yo deseaba ver cómo era el hombre que me abrió los ojos."

Bill sonrió, "Ojalá que lo veas a Él algún día, porque fue el Señor Jesucristo quien te abrió los ojos."

El joven puso su mano detrás de la corbata de Bill y la arrancó del pecho de Bill. "Estas cosas por *aquí*, ¿son lo que Uds. llaman rayas?" La madre de joven, de pie detrás de él, se deshacía en lágrimas de gozo.

A la hora que Bill regresó a su habitación del hotel eran las dos de la mañana. Él estaba compartiendo una habitación con su hijo Billy Paul y su hermano Donny. Donny Branham de veinte años de edad, el hermano menor de Bill, estaba ayudando a Bill en las reuniones al repartir las tarjetas de oración antes de cada culto y ayudando a organizar y dirigir a la gente que se ponía en fila para la oración. Billy Paul de once años de edad había venido con ellos para divertirse. Siendo que las clases casi habían terminado, Bill iba a permitir que su hijo siguiera a través del verano.

Esta habitación del hotel en Vandalia tenía dos camas dobles. Donny y Billy Paul ya estaban dormidos en una. Poniéndose sus pijamas, Bill se metió en la otra cama y pronto se quedó dormido.

No habían pasado muchos minutos cuando algo lo despertó bruscamente.

"Cielos, ¿ya amaneció?" se preguntó, mirando un resplandor de luz aumentando en el cuarto oscurecido. "Se siente como que me acabo de dormir. Oye, espera un momento. La ventana está en el otro lado del cuarto. Esa es tan sólo una pared allí."

La luz estaba aumentando. Ahora se parecía más a una nube luminiscente, sin bordes definidos. Bill supo que se trataba de un espíritu; pero qué clase de espíritu era, él todavía no podía saberlo. Cuando estaba orando por los enfermos, tantos demonios eran echados fuera y desconectados de sus huéspedes que no era raro que algunos de estos espíritus lo siguieran de vuelta a su hotel después que terminaba el culto. Entonces él sentía la presión de ellos en la habitación durante horas y algunas veces escuchaba ruidos que sonaban como tintineo de campanas.

Saliendo de debajo de sus colchas, Bill se arrodilló junto al costado de la cama, cerró sus ojos, y oró. Su corazón latía violentamente del terror de lo sobrenatural. Él sentía la presión del espíritu acercándose más. Al momento que llegó a la pata de la cama, supo que se trataba del ángel del Señor— él lo sabía porque era la misma sensación que había experimentado en la cueva el año anterior cuando el ángel se había encontrado con él y le dio su comisión. Eso se sentía diferente de los espíritus demoníacos con los que él luchaba en las filas de oración. Aquellos espíritus se sentían malignos y amenazantes; este Espíritu se sentía santo e inspiraba admiración reverente.

Bill dijo, "Oh, Padre Celestial, ¿qué has mandado que me diga Tu ángel? Tu siervo escucha."

No vino una respuesta inmediatamente. Bill esperó. Aun cuando mantenía los ojos cerrados, sabía que él ángel todavía estaba allí. Él podía sentir la presencia del ángel al pie de su cama. Después de cinco minutos, el ángel se deslizó más cerca hasta que se cernía sobre la cama justo enfrente de Bill. Entonces, tan claramente como siempre había escuchado a alguien hablarle en su vida. Escuchó la voz del ángel grave y resonante decir: *"Tu comisión fue orar por el enfermo. Tú estás restringiendo demasiado del don de sanidad para la ejecución de milagros. Si continúas con esto, sucederá que la gente no creerá a menos que vean un milagro."*

Estas palabras no eran habladas ásperamente, sin embargo partían como con un puñal el corazón de Bill. Él pensó en el desafío que había estado haciendo en las reuniones durante el mes pasado: "Tráiganme el peor caso que puedan encontrar y les garantizaré que Jesucristo lo sanará..." Bill no sabía que estaba desagradando al Señor al hacer ese desafío; únicamente había querido exaltar el poder de Jesucristo delante de la gente. Pero las buenas intenciones no justificaban eso. Bill dijo humildemente, "Nunca volveré a hacer eso, así que ayúdame Señor."

Él sintió al ángel alejándose de él. Abriendo los ojos, Bill vio que se había detenido a la mitad del cuarto entre la cama y un pequeño lavabo en la esquina. Él estaba suspendido en el aire, girando y palpitando con todos los colores del arco iris. Bill lo observó durante un rato. Él se sentía aliviado, como si su pecado estuviese perdonado. Entonces, sin reflexionar, dijo, "¿Tiene inconveniente mi Señor de que le vea mi hijo?"

Esta no era una petición que carecía de sentido. Desde que Bill había comenzado a viajar por los Estados Unidos, Billy Paul había llegado a estar obsesionado con la posibilidad de perder a su padre. A menudo al despedirse, Billy Paul imploraba, "Papito, no me dejes. Mi mamá no está y ¿qué más tengo en la tierra aparte de ti? Tengo miedo que te vayas y nunca regreses." Desde luego, Bill intentaba tranquilizarlo. No obstante, eso siempre ponía a pensar bien a Bill respecto a irse. Entonces pensaba en lo que dijo Jesús— *"Cualquiera que no está dispuesto a dejar todo y seguirme no es digno de ser mi discípulo"* —y Bill se iba de todos modos.[56] Sin embargo no era fácil dejar a su hijo en semejante angustia. Ahora— de rodillas al lado de su cama en Vandalia, Illinois, con esa luz sobrenatural suspendida en medio del aire y Billy Paul dormido en la cama contigua— se le ocurrió a Bill que si su hijo podía ver al ángel del Señor una vez, tal vez Billy Paul comprendería cuán importante era para su papito el dejarlo en ocasiones para realizar la obra del Señor.

Aunque el ángel no contestó directamente a la pregunta de Bill, tampoco se iba. Bill dio esto por hecho de que no había inconveniente. Sin querer cambiar de sitio en le cuarto, Bill intentó

---

[56] Mateo 10:37-38; Lucas 14:26-27

despertar a Billy Paul con un susurro fuerte, "Billy. Psst... ¡Billy!" El niño no se movía, así que lo intentó con su hermano. "Donny. ¡Donny!" No obtuvo respuesta. Bill levantó su almohada y la arrojó en la cama contigua. Ella dio en la cabeza de Donny, haciéndolo moverse lo suficiente para apartar la almohada de su cara. "¡Donny!" Bill susurró otra vez.

Él regresó un balbuceo, "Sí, ¿qué quieres?"

"Donny, despiértame a Billy Paul."

Amodorrado, Donny se sentó a la mitad de la cama para poder sacudir a Billy Paul. "Billy, despierta. Tu papá te llama."

Billy Paul se volcó y medio levantó los párpados. ¿Qué quieres, papito?"

Mientras Donny estaba de vuelta acostándose, él vio ese fuego sobrenatural ardiendo en el aire. Él gritó de terror y se dio vuelta al lado de la cama lejos del ángel. Eso despertó completamente de golpe a Billy Paul. Cuando el niño vio la luz, soltó su propio grito. Saliendo a gatas de la cama, Billy Paul se echó en los brazos de su padre, chillando, "¡No dejes que me atrape, papito! No dejes que me atrape."

Bill abrazó a su tembloroso hijo cerca de su corazón y lo tranquilizó, "Querido, eso no te hará daño. Ese es el ángel del Señor que guía a tu papito. Él acaba de terminar de hablar conmigo y yo le pedí si tú podrías verlo para que no te preocuparas por tu papito cuando él tenga que dejarte para ir a realizar la obra del Señor."

Billy Paul miró otra vez a la luz sobrenatural. En esta ocasión vio a un varón vestido de blanco de pie en el piso con sus brazos cruzados y su mirada fija clavada gravemente en dirección a él. De pronto el varón se recogió en sí mismo en una niebla blanca, la cual salió disparada del cuarto a la velocidad de la luz. Por extraño que parezca, allí parecía estar un resplandor crepuscular a manera de arco iris que pendía en el cuarto donde había estado el ángel.

A la mañana siguiente Bill se paró en la ventana de su habitación del hotel y miró hacia abajo sobre la calle de abajo. Una escolta de policía estaba guiando a un camión para ganado cargado con sillas de ruedas, muletas, camillas, y aparatos ortopédicos para piernas— reliquias dejadas del culto de sanidad de la noche anterior. Detrás del camión marchaba la gente que había tirado estos artefactos. Ellos estaban cantando el tema musical de Bill, "Sólo creed, sólo creed, todo es posible, sólo creed."

Bill lloraba de alegría, pensando en cómo la fe de todas estas personas había sido inspirada la noche anterior por *un* milagro— un jovencito que había nacido ciego recibiendo su vista. Cierto, una hora y cuarenta y cinco minutos era un tiempo prolongado para orar por una persona mientras había centenares más esperando oración. Pero ¿este desfile no mostraba que el esfuerzo valió la pena?

La noche anterior Bill pensó que había entendido la amonestación del ángel. Esta mañana él no estaba tan seguro que realmente entendió.

Bill y su familia. Billy Paul tenía la edad de esta foto cuando vio al ángel del Señor.

Capítulo 38
La "Fila Milagrosa"
1947

DONDEQUIERA QUE William Branham celebraba una campaña, veía enormes multitudes y resultados espectaculares. En Junio de 1947, pasó dos semanas más en Jonesboro, Arkansas, Una vez más, así como lo tuvieron el año anterior, millares de personas convergieron en la ciudad de todo el Sur. Esta ocasión Bill procuró conservar su energía. En vez de orar día y noche por los enfermos como lo había hecho el año anterior, él clausuraba cada culto antes de la una o dos de la mañana. No obstante, el agotamiento continuaba atormentándolo. Aparte de la disminución física que procedía de la lucha contra los demonios cada noche, a menudo no podía obtener ningún descanso durante el día. O sus nervios no le permitían dormir, si no se presentaba una situación que necesitaba su atención inmediata.

Una mañana su anfitrión, el Pastor Young Brown, tocó a su puerta y dijo, "Hermano Branham, me disgusta el despertarle, pero esta es una emergencia. Necesito hablar con Ud."

"Pase, Hermano Brown."

"Esta mañana recibí una llamada de un padre en El Dorado, Arkansas. Se llama Myrick. Evidentemente su hija está casi muerta de cáncer y él deseaba saber si Ud. iría a orar por ella."

"El Dorado está bastante lejos de aquí, ¿verdad?"

"Sí, está como a 230 millas [370.3 kilómetros]. Tengo una avioneta *Cessna* preparada para llevarle, si Ud. está dispuesto a ir."

Sintiendo que el Espíritu Santo deseaba que fuera, Bill dijo, "De acuerdo— puedo estar listo para partir en 30 minutos."

Cuando la avioneta privada aterrizó en El Dorado, un doctor estaba esperando en el campo de aviación para encontrarse con Bill y conducirlo al hogar de los Myrick. En el camino, el doctor entró en algunos detalles. "Laddie Myrick tiene 28 años de edad. Hermano Branham, esa pobrecita mujer ha tenido mala suerte. Fue lisiada por la polio cuando era niña y ahora este cáncer la ha consumido. Hace dos semanas le abrí el costado y extraje seis libras [2.72 kilogramos] de cáncer. Ahora todo ha crecido de vuelta. Hasta donde puedo ver, no existe esperanza para ella en lo absoluto."

Quince personas— padres, hermanos, tías, tíos, y primos— estaban de pie en el patio esperando que Bill apareciera. Después de saludarse de mano, todos se amontonaron en la cocina. Bill preguntó, "¿Laddie sabe qué es lo que tiene?"

"No," respondió su padre. "Nunca se lo hicimos saber. Pensamos que sería mejor así. No se lo diga, Hermano Branham."

"No puedo prometer eso." Bill podía ver que el padre no estaba manejando bien esto. "Ahora, no llore. Eso únicamente provocará que flaquee su fe. Ud. tiene que ser fuerte y creer que el Señor Jesús puede sanar a su hija. ¿Es Ud. un Cristiano?"

"No, Hermano Branham. Laddie es la única del grupo que es una Cristiana. Supongo que somos demasiado viles. Supongo que esa es la razón que Dios se la está llevando de nosotros."

Bill aprovechó esta oportunidad. "Si Dios permitiera que esta jovencita viviera, ¿cada uno de Uds. me promete que se arrepentirán de sus pecados, entregarán sus corazones a Jesucristo, serán bautizados, y vivirán una vida Cristiana?"

Estuvieron de acuerdo unánimemente. Bill entró solo a la recámara. Laddie se miraba tan pálida e hinchada; ella en verdad se miraba como una mujer con únicamente días para vivir. Bill se presentó.

Laddie dijo, "Hermano Branham, entiendo que Ud. puede decirle a las personas lo que anda mal con ellas."

"Sí, señorita; con la ayuda y la misericordia de Dios, puedo."

"Hermano Branham, ¿me dirá Ud. lo que anda mal conmigo? Ellos no me lo dicen."

"Sí, señorita." Con su mano izquierda cogió la mano derecha de ella y sintió las vibraciones del cáncer, fuertes y mortales. "Es cáncer," dijo él, "pero su doctor ya me dijo eso. Él dice que el momento de su partida está en los próximos dos o tres días. ¿Está Ud. preparada?"

Una sonrisa sosegada y hermosa arrugó sus labios hinchados.

"Hermano Branham, estoy preparada. Soy una Cristiana y no hay nada entre mi alma y mi Salvador. Pero sí deseo que mis familiares pudieran ser salvos. He tratado de guiarlos a Cristo, pero no pude."

Bill dio palmaditas en el dorso de la mano de ella y dijo, "Tal vez esta es la oportunidad que Ud. ha estado esperando. Todos ellos le aman tanto. Cada uno de ellos prometió que si Ud. sanaba, servirían a Dios."

Poniéndose de rodillas junto al costado de la cama, Bill comenzó a orar, todavía sosteniendo la mano hinchada de Laddie. Después de unos cuantos minutos se detuvieron las vibraciones del cáncer.

Laddie se estremeció y dijo, "Hermano Branham, acabo de sentir algo frío pasar por mí. No sé lo que ha ocurrido pero me siento diferente. Tan sólo sé que voy a estar sana otra vez."

"Sí, Hermana Laddie," Bill coincidió. "El Señor Jesús ha matado la vida del cáncer."

GRADUALMENTE la condición de Laddie Myrick mejoró. Su familia llamó a eso un milagro— de igual manera lo llamaron sus amigos, vecinos, y el doctor. Pero William Branham prefirió llamarlo una sanidad. Él sentía que un milagro era diferente que una sanidad, aún cuando Dios era responsable por ambos. En una sanidad Dios influenciaba las leyes de la naturaleza para restaurar la sanidad de una persona. Por lo tanto una sanidad ocurría fuera del tiempo reglamentario, de acuerdo con las leyes naturales de la fisiología y la bioquímica. Un milagro, por otra parte, ocurría instantáneamente, en desafío evidente a todas las leyes naturales. Por ejemplo, cuando un tal Reverendo Shepherd pasó por la fila de oración en Jonesboro con un gran cáncer en el exterior de su cuello, Bill reprendió al demonio en el Nombre de Jesús, y el cáncer se volvió blanco inmediatamente, se desprendió de su cuello, pegó en la plataforma, y rodó entre los pies de Bill. El Sr. Shepherd se agachó, lo levantó, y abandonó la plataforma regocijándose. Unos cuantos días después pasó a testificar concerniente al poder sanador Jesucristo, levantando el cáncer preservado en un frasco de alcohol y señalando al hoyo en su cuello donde había estado el cáncer. Esto era definitivamente un milagro— una imposibilidad científica, sin embargo allí estaba. Pero en cuanto a la recuperación de Laddie Myrick, tan milagroso como parecía, Bill la llamó una "sanidad" por cuanto se requirieron varias semanas antes que ella estuviera completamente sana.

Siendo que el resultado de una sanidad era a menudo el mismo como aquel de un milagro, Bill consideró a uno tan bueno como el otro. Sin embargo, no todos los que colaboraban con él se sentían del mismo modo. El Reverendo Kidson, quien organizó las campañas de Agosto de Bill en Canadá, creía que si la gente podía atestiguar varios milagros al principio de cada culto de sanidad, eso elevaría la fe de todos en el edificio. Así que en cualquier momento que se formaban las filas de oración— primero en Saskatoon, Saskatchewan, luego en Edmonton, Alberta, y finalmente en Calgary— el Sr. Kidson fue por la larga fila de personas y escogió dos o tres casos difíciles para que subieran al frente de la fila. Algunas ocasiones sería una persona sorda, o alguien que estaba ciego o bizco, o alguien más que estaba lisiado gravemente— cualquiera cuya liberación pudiera ser vista fácilmente por la audiencia y calificado como un milagro.

Al principio de la campaña en Calgary, Alberta, el Reverendo Kidson decidió que sería interesante descubrir lo que sucedería si la fila de oración se componía principalmente de personas lisiadas. Él anunció sus intenciones de tener tal servicio de oración el Viernes por la noche. Promocionándola como una "fila milagrosa," él definió a un "lisiado" como cualquiera con una incapacidad física externa.

Cuando Bill oyó del plan, se sintió incómodo. La amonestación del ángel le volvió a la memoria, *"Tú estás restringiendo demasiado del don de sanidad para la ejecución de milagros."* Bill le había prometido a Dios que él nunca más retaría a la gente a traerle el peor caso que pudieran encontrar. Hablando estrictamente, tenía que cumplir su promesa— él ya no hacía ese desafío. No obstante, había sabido que el Hermano Kidson estaba subiendo hacia el frente de las filas algunos de los peores casos y Bill no había objetado. ¿Qué quería decir exactamente el ángel con "restringiendo"? Mientras Bill se preguntaba lo que haría, pensó en todos aquellos años cuando él había sido un desechado entre los hombres. Ahora tenía partidarios y amigos por toda la nación, el Hermano Kidson entre ellos. Si el Hermano Kidson tenía confianza en él, ¿no debería él corresponder a esa confianza? Bill decidió que él llevaría a cabo esta "fila milagrosa" y ver cómo resultaba.

Aquel Viernes por la noche tenía que ser una de las reuniones Cristianas más asombrosas desde los días cuando Jesús hizo un recorrido por Galilea, "sanado toda enfermedad y dolencia entre la gente."[57] Más de 600 personas entraron en la "fila milagrosa." Niños sordos oyeron a sus padres; ojos bizcos fueron enderezados y ojos ciegos vieron la luz; los cojos anduvieron otra vez, echando a un lado sus bastones y muletas; personas introducidas en camillas ayudaron a sacar cargando sus propias camillas. Todos los que entraron en la fila de oración recibieron su milagro. Después de atestiguar este espectáculo asombroso, ¿quién en el auditorio podía dudar que Jesucristo estuviera vivo?

Un caso fue un joven Ucraniano llamado Bardanuck, que había nacido con una pierna tres pulgadas [7.62 centímetros] más corta que su otra pierna. Para compensar eso, él ahora usaba un elevador de zapato especial con una suela de tres pulgadas. Pero era tan grande su fe, que trajo un nuevo par de zapatos con él mientras se acercaba para la oración. Él tenía los zapatos nuevos atados por sus agujetas y colgando alrededor del cuello para que viera la audiencia. Después de la oración, se alejó con sus zapatos nuevos puestos, dejando el par viejo sobre la plataforma.

Otro caso sobresaliente involucraba a un varón de 33 años de edad que se había pasado la mayoría de su vida en una silla de ruedas. El hombre estaba terriblemente minusválido; sus brazos y piernas estaban secos e inútiles. Su madre era su guardián y ella lo había llevado a todas las reuniones Canadienses de Bill— primero en Saskatoon, luego en Edmonton— intentando desesperadamente que su hijo entrara en una fila de oración, pero sin éxito. En Calgary se le acabó su dinero disponible y ella pensó que tendría que regresar a casa, derrotada. Pero cuando escuchó que el Reverendo Kidson anunció que habría una "fila milagrosa" el Viernes por la noche compuesta de sólo gente lisiada y minusválida únicamente, ella empeñó su anillo de bodas para recaudar el dinero necesario para quedarse hasta el fin de semana.

Ahora era Viernes por la noche y este joven estaba esperando su turno en la "fila milagrosa." Únicamente una persona más estaba enfrente de él— una niña de nueve años de edad sufriendo de encorvamiento de la espina dorsal. Donny Branham ayudó a la niña

---

[57] Mateo 4:23

a subir los escalones hacia la plataforma.

Bill impuso su mano izquierda en el muslo de la niña y le pidió al Señor Jesús que tuviera misericordia de ella. Él sentía a su mano ponerse caliente; entonces parecía como si una sobre tensión de energía serpenteara por la pierna de ella. En el siguiente momento la espina dorsal de la niña se enderezó con una serie de chasquidos. Mientras la audiencia estallaba en emoción y admiración, Bill puso su Biblia en la coronilla de la cabeza de la niña y la hizo que caminara de un lado a otro sobre la plataforma. Ella balanceó la Biblia con tanta destreza como un ejecutante de circo, su espina dorsal recta y verídica.

Ahora era el turno de este hombre joven en una silla de ruedas. Donny Branham subió al cuadriplégico* en la plataforma. Bill le echó un vistazo a las extremidades encogidas de este hombre y enseguida le resultó simpático. Durante 35 minutos le suplicó al Señor que liberara a este hombre de su condición lastimosa. Luego, en un parpadeo momentáneo, Bill sintió irse el poder demoníaco que ataba.

El hombre joven también lo sintió y batallaba para mover sus extremidades. Un brazo se levantó en parte; una pierna se meneó; luego el otro brazo subió más alto que el primero. Él se retorció de excitación mientras sentía la nueva vida vertiéndose dentro de sus extremidades muertas, pero no se levantó de su silla de ruedas esa noche.

LA NOCHE SIGUIENTE fue el último culto de Bill en Calgary. Jack Moore inició la reunión y dirigió el servicio de alabanzas mientras Bill oraba entre bastidores, esperando escuchar su tema musical, "Sólo Creed," el cual era siempre su señal para salir. En este Sábado por la noche el Reverendo Moore hizo algo que nunca antes había hecho, y nunca lo haría otra vez— él divulgó el secreto de William Branham, la cara de este evangelista que la audiencia nunca veía, pero que Jack Moore había observado de cerca durante siete meses. Moore describió la manera que el Reverendo Branham ayunaba y oraba durante días anteriores a cada campaña, y

---

[*_Cuadriplégico_: Persona que padece parálisis en las cuatro extremidades causada por una lesión medular a niveles cervicales.]

cómo es que él iría hasta el final de su energía si pensaba que podía ayudar a alguien, cualquiera. Moore le relató a la audiencia cuán cuidadoso era el Reverendo Branham respecto al dinero y cómo es que él había rechazado obtener cualquier beneficio económico derivado del don que Dios le había dado. Luego Moore le describió a la multitud cómo es que el Reverendo Branham y su familia vivían en una choza de dos habitaciones sin instalación sanitaria interior. Les dijo cuán mal cerraban las puertas, y cómo es que en el invierno Meda Branham ponía sábanas sobre las puertas para acabar con el viento a fin de que sus hijos no contrajeran neumonía. Entonces Jack Moore le pidió a la gente que le dieran una "ofrenda de amor" a este valeroso evangelista que trabajaba exclusivamente para el beneficio de ellos, sin consideración de sí mismo. Esta ofrenda sería con el único propósito de comprarle al Reverendo Branham una casa nueva: La gente respondió generosamente de lo más hondo de su amor y gratitud.

Cuando Bill llegó a la plataforma, él no sabía nada de esto. Pero él percibió cuán cargada estaba la fe de la gente. Antes que iniciara la fila de oración de la noche, invitó al joven que la noche anterior había estado confinado en una silla de ruedas a que pasara adelante ahora y diera su testimonio. Durante muchos años este hombre había sido un cuadriplégico. Esta noche él andaba lentamente por el pasillo empujando su silla de ruedas enfrente de él. Él le narró a la audiencia cómo un escalofrío había recorrido a través de él cuando William Branham oró por su liberación. Aunque la noche anterior él había logrado un poquito más que menear sus extremidades, esta mañana pudo alimentarse y rasurarse. Emocionado por este cambio completo, él continuó explorando sus límites. Antes de mediodía pudo ponerse de pie y andar por ahí arrastrando los pies, sujetándose de mesas y sillas como sostén. Su condición mejoraba cada hora.

Aquel Sábado por la noche más de 2,000 personas pasaron por la fila de oración. Con convicción sujetando sus corazones, la gente no únicamente recibía sanidad, sino centenares recibían salvación, volviéndose de sus pecados para abrazar a Jesucristo como el Dios vivo.

A la mañana siguiente Bill se quedó asombrado cuando Jack le dijo lo que había hecho la noche anterior y cuánto dinero él había recaudado para que Bill se comprase una casa nueva. La primera reacción de Bill fue rechazar la ofrenda. "Nada traje a este mundo y es seguro que nada me llevaré. Tengo un hogar ahora, de modo que, ¿por qué necesito uno nuevo?"

Jack era insistente, "Si no es para Ud., entonces es para su esposa. No es justo tratarla así cuando Ud. tiene los medios para no privarla de eso."

"Pero yo no tengo los medios."

"Sí, sí los tiene. Ud. tiene veintiocho mil dólares. Son suyos porque la gente se los dio a Ud."

"Oh, devuélvalo, Hermano Jack."

"Ahora ¿cómo voy a hacer eso? Todos se han ido a casa."

Bill tuvo que estar de acuerdo con ese argumento. Contra su voluntad aceptó la ofrenda.

Bill en un hogar en Arkansas en 1947.

Capítulo 39
Las Montañas Rocallosas de Colorado
1947

DESPUÉS DEL FINAL de sus campañas de verano de 1947, William Branham esperaba con ansia el llegar a casa, ver a su familia, y tomar un bien necesitado descanso. Pero cuando entró en Jeffersonville, se sorprendió al ver que ambos lados de su cuadra estaban tan embotellados con automóviles que ni siquiera podía encontrar un sitio para estacionarse. Una mirada hacia su casa le explicó la razón. Había personas por todas partes— arremolinándose en el patio de enfrente y por las banquetas, sentados en sus automóviles, y de pie en el porche principal. Todos estos desconocidos evidentemente estaban esperándolo que llegara a casa. A Bill no le quedaba energía suficiente para detenerse y platicar con ellos. Él se siguió de largo manejando.

Durante cinco días Bill permaneció con una familia de su iglesia, mientras consideraba y oraba respecto a qué hacer. Finalmente algunos de los diáconos del Tabernáculo Branham fueron ahí y platicaron con las personas que ocupaban ilegalmente ese sitio, explicando la necesidad de Bill de descanso y privacidad. La multitud se dispersó y Bill pudo llegar a casa.

Había estado bien por más de un año desde que el ángel del Señor se había encontrado con él y lo comisionó para que llevara un don de sanidad Divina a las gentes del mundo. Los resultados de esa comisión estaban desarrollándose más allá de sus imaginaciones más extravagantes. Dentro de un corto año su ministerio había surgido de los orígenes más humildes hasta tocar las vidas de decenas de miles de personas en América del Norte. El desarrollo tan desenfrenado no vino sin un precio alto. El tremendo agotamiento de un año de esfuerzo constante lo estaba alcanzando. Prolongadas noches de

oración, muy poco dormir, el constante cambio de ciudad a ciudad—
todos estos contribuyeron a la fatiga de Bill. Sin embargo parecía
haber algo más involucrado, algo espiritual de lo cual Bill tenía
dificultades para entender.

Durante las campañas, cuando la mano izquierda de Bill se
hinchaba debido a las vibraciones de un demonio, era más que tan
sólo una reacción física a una enfermedad. Se trataba de una guerra
espiritual. Aunque el poder de Jesucristo siempre resultaba mayor,
no obstante estos demonios no se iban sin una pelea. Bill sentía el
impacto de cada batalla. Cuando se detenían las vibraciones de la
enfermedad, Bill sentía menguar parte de su propia fuerza. Para el fin
de cada culto de sanidad él estaría tambaleándose, casi inconsciente.
Al día siguiente, sin importar cuánto sueño él conseguía meterse con
dificultad, él se seguía sintiendo agotado. Luego comenzaría la fila
de oración de la noche siguiente y Bill se pasaba otras cuatro o cinco
horas peleando contra demonios mientras oraba por los enfermos. Él
no tenía oportunidad de recuperar su fuerza y su condición
temblorosa se estaba empeorando progresivamente.

Él sabía que necesitaba un descanso de su riguroso calendario. Tal
vez si tomaba un par de meses de descanso, podría recuperar su
energía. Bill se pasó gran parte de Septiembre planeando su nuevo
hogar. Él compró un solar en Ewing Lane 208 en Jeffersonville,
luego contrató a un contratista local para que llevara a cabo la
construcción.

Después que todos estos arreglos estuvieron en orden, Bill tomó su
correspondencia. Él se pasó muchos días solo en los bosques,
presentándole una petición a Dios en favor de las miles de peticiones
de oración que se habían acumulado en su ausencia. También había
centenares de cartas de ministros, todos rogándole que viniese a
celebrar campañas de sanidad en sus áreas. Obviamente él no podía
complacer a todas ellas. Cuanto más oraba al respecto, más le
agradaba una idea que Gordon Lindsay le había propuesto con varios
meses de antelación.

El Reverendo Lindsay había propuesto arreglar una gira a través
del Pacífico Noroeste. Lindsay sugirió que estas reuniones fueran
organizadas en torno a un intrépido concepto nuevo. Considerando
que el ministerio único de Bill atraía a Cristianos de una amplia
variedad de denominaciones, el Reverendo Lindsay deseaba
organizar tantas denominaciones diferentes como fuera posible

dentro de un solo patrocinio cooperativo. La idea emocionó a Bill, pues desde que el ángel del Señor se había encontrado con él y le había dado su comisión, él había esperado que su ministerio pudiera ayudar a unificar la fragmentada comunidad Cristiana. Pensó en la visión que había visto en 1933 donde él estaba de pie entre dos huertos, cosechando manzanas y ciruelas de ambos huertos. Eso fue cuando el Señor le había dicho que "hiciera la obra de evangelista." Bill siempre entendió que eso significaba que él había de predicar el Evangelio en todas las denominaciones, y nunca unirse a ningún grupo en particular. Así que se alegró de permitir que el Reverendo Lindsay proyectara una serie de reuniones en el Pacífico Noroeste para la primera parte de Noviembre.

EN OCTUBRE DE 1947, Bill se tomó unas vacaciones. Viajando hacia el oeste hasta Colorado, rentó caballos de carga y cabalgó allá en lo alto dentro de las Montañas Rocallosas para dedicar varias semanas a la cacería, acampar y a comunicarse con su Hacedor. Aunque el año anterior lo había traído en contacto directo con decenas de millares de personas, en su corazón él permanecía un hombre de la soledad. Aquí entre los altos valles y los elevados picos de las Montañas Rocallosas de Colorado, Bill podía andar libre de las muchedumbres y asuntos urgentes. Las mañanas escarchadas en derredor de un fuego de campamento le daban vigor y las tardes cálidas, con sus brisas suaves susurrando en los pinos, tranquilizaban sus gastados nervios.

Un día Bill divisó un nido de águila puesto dentro de una hendidura, muy arriba sobre la cara de un precipicio vertical. A través de sus binoculares nivel diez de magnificación, él observaba a una madre águila instruyendo a su nidada en el arte de la supervivencia. Cinco pajaritos cubiertos de pelusa se treparon en su lomo. Enganchando sus picos a sus alas, se sujetaban temiendo por sus vidas mientras ella los levantaba del nido y los bajaba con toda seguridad hacia el prado cubierto de hierba mil pies [304 metros] abajo. Desprendiéndoselos, los dejó para que jugaran, mientras ella se elevaba por las corrientes de los aires hasta la roca más alta que pudo encontrar. Aquellos cinco aguiluchos estaban muy felices de retozar en aquel prado suave. Corrían por ahí en círculos, gorjeando, picoteando bichos, y topándose el uno con el otro. Se miraban tan despreocupados y felices.

"Eso me recuerda un avivamiento Pentecostal," pensó Bill. "Eso se parece a un hombre en el viejo nido del mundo: él no conoce otra cosa que lo que le da el diablo. Pero un día él acepta el amor de Jesucristo. En ese instante Dios lo levanta y lo pone en un prado verde sombreado. Él está libre y regocijándose."

A través de sus binoculares, Bill siguió observando las avecitas y sus despreocupadas travesuras. Él pensó, "Me pregunto ¿por qué no tienen miedo? ¿Acaso no saben que hay coyotes por ahí?"

Acordándose de la madre águila, dio un giro a sus binoculares allá hacia la percha de ella. No se había movido, excepto su cabeza, la cual volteaba en sacudidas cortas mientras su vista aguda se percataba de cada movimiento en el valle. "Ya entiendo," pensó Bill. "Si un coyote se pone en camino hacia uno de esos aguiluchos, esa madre lo azotaría hasta matarlo."

Entonces Bill reconoció una aplicación espiritual. "Pues, ¡alabado sea Dios! Así es. Jesucristo me sacó del nido del mundo, entonces escaló las murallas de la gloria y ahora está sentado en las alturas, velando por Su heredad. Un creyente no tiene necesidad de jamás tener miedo."

Mientras Bill observaba a la madre águila, él la vio alzar la cabeza hacia un lado como si notara algo fuera de lugar. Bill observó el horizonte y vio lo que le atañía. Una tormenta estaba entrando rápidamente del norte; nubes negras estaban saliendo del horizonte. Al primer fragor del trueno, la madre águila chilló y se soltó de su percha, dirigiéndose directamente hacia la pradera abajo. Cuando se posó, echó sus alas y chilló otra vez. Sus aguiluchos inmediatamente llegaron corriendo para enganchar sus picos y garras en las alas de ella. El viento estaba soplando con más intensidad cada minuto. Cargada pesadamente con su cría, la madre águila emprendió el vuelo, utilizando las corrientes de aire hábilmente para elevarse hasta una altura al mismo nivel que su nido. Luego, abriéndose paso por un vendaval de 50 millas [80.40 kilómetros] por hora, ella voló directamente hacia la hendidura de la roca.

Bill dejó caer los binoculares en su pecho y lloró, pensando, "Algún día glorioso cuando haya terminado este avivamiento, Jesús vendrá de la gloria y desplegará sus grandes alas de poder de modo que todos Sus aguiluchos puedan enganchar sus picos y alejarse volando con Él hacia la seguridad sempiterna."

Esa noche, por medio de la luz de su fuego de campamento, Bill buscó la palabra "águila" en su concordancia y siguió las referencias a través de la Biblia. Un pasaje en particular lo fascinó— en Éxodo 19:4, el Señor comparó el ministerio de Moisés con las alas de un águila. Ahora ¿por qué Dios compararía a Sus profetas con un águila? Tal vez era porque un águila podía volar más alto y ver más lejos que cualquier otra criatura sobre la tierra. Sí, ese era el llamamiento de todos los profetas de Dios. El Señor les dio una habilidad para ir más alto y ver más lejos en las esferas espirituales que nadie más, permitiéndoles ver el pasado y el futuro, así como la verdad y la falsedad.

Bill había visto porciones del futuro— y aquellas visiones momentáneas siempre se habían vuelto realidad. ¿Eso significaba que él tenía algo en común con Moisés? Cuando el ángel se encontró con él en la cueva, el ángel dijo, *"Así como al profeta Moisés le fueron dadas dos señales para probar que él era enviado de Dios, de igual manera a ti te serán dadas dos señales."*

Bill pasó a Éxodo 3 y leyó donde Dios se encontró con el pastor Moisés, ordenándole que llevara un mensaje de liberación de vuelta a los Israelitas todavía esclavizados en Egipto. En Éxodo 4 Bill leyó:

> *Entonces Moisés respondió diciendo: He aquí que ellos no me creerán, ni oirán mi voz; porque dirán: No te ha aparecido Jehová.*
>
> *Y Jehová dijo: ¿Qué es eso que tienes en tu mano? Y él respondió: Una vara.*
>
> *Él (Jehová) le dijo: Échala en tierra. Y él (Moisés) la echó en tierra, y se hizo una culebra; y Moisés huía de ella.*
>
> *Entonces dijo Jehová a Moisés: Extiende tu mano, y tómala por la cola. Y él extendió su mano, y la tomó, y se volvió vara en su mano.*
>
> *Por esto creerán que se te ha aparecido Jehová, el Dios de tus padres, el Dios de Abraham, Dios de Isaac y Dios de Jacob.*
>
> *Le dijo además Jehová: Mete ahora tu mano en tu seno. Y él metió la mano en su seno; y cuando la sacó, he aquí que su mano estaba leprosa como la nieve.*
>
> *Y (Jehová) dijo: Vuelve a meter tu mano en tu seno. Y él*

(Moisés) *volvió a meter su mano en su seno; y al sacarla de nuevo del seno, he aquí que se había vuelto como la otra carne.*

Si aconteciere que no te creyeren ni obedecieren a la voz de la primera señal, creerán a la voz de la postrera.

Evidentemente que Dios sabía cuán indecisos estarían los Israelitas para creer que Moisés era un profeta enviado de parte del gran "YO SOY." Aquellas dos señales sobrenaturales estaban diseñadas específicamente para causar impresión y convencer. Obviamente ningún hombre podía hacer semejantes cosas por sí mismo. Las señales tenían que ser manifestaciones del poder de Dios.

Así como Moisés, Bill también había considerado sus propias insuficiencias cuando el ángel dijo que él había de llevar un don de sanidad Divina a la gente del mundo. Así como a Moisés, a él también se le prometieron dos señales para vindicar su comisión. Él bajó la vista hacia su mano izquierda. Noche tras noche en las reuniones él había observado el dorso de su mano hincharse ante las vibraciones de varias enfermedades. Después que Jesús echaba fuera los demonios, Bill había observado a su mano volver a la normalidad. Él nunca lo había visto fallar. Pero ¿qué acerca de la segunda señal? El ángel dijo: *"Si permaneces humilde y sincero, vendrá a suceder que podrás decir por medio de visión los mismísimos secretos del corazón de ellos. Entonces la gente tendrá que creerte."* ¿Qué quería decir eso? ¿Cuándo sucedería?

Bill echó otro leño dentro del fuego y se reclinó contra un árbol, preguntándose si habrían más paralelismos entre la vida de Moisés y la suya. Cuando Dios usó a Moisés para liberar a los hijos de Israel de la cautividad en Egipto, Él se reveló en una nube de día y una Columna de Fuego de noche. Naturalmente que Dios había aparecido en muchas formas diferentes por toda la historia; sin embargo una nube y una Columna de Fuego parecían ser dos de Sus más grandes mantels. De hecho, era el Señor en la forma de una Columna de Fuego que había captado la atención de Moisés por primera vez en el desierto— Moisés vio una zarza quemándose, pero la zarza no se consumía.[58] ¿Podía aquella Columna de Fuego ser la misma estrella que guió a los magos desde Persia hasta Belén donde encontraron al

---

[58] Éxodo 3:2

niño Rey Jesús?[59] Definitivamente era la luz cegadora que convirtió a Saulo de Tarso en Pablo el apóstol.[60] ¿Era esa Columna de Fuego la misma luz que apareció en la cabaña la mañana que nació Bill? ¿También era la misma estrella resplandeciente que apareció encima de él cuando estaba bautizando a sus primeros convertidos en 1933? Y ¿qué tocante a aquella luz en la cueva? Cuando el ángel se encontró con él en la cueva, el ángel salió de en medio de una Columna de Fuego. ¿Cuál era exactamente la conexión entre esa Columna de Fuego y el ángel del Señor? Cada vez que el ángel visitaba a Bill en forma humana, esa luz sobrenatural daba vueltas a unos cuantos pies arriba de la cabeza del ángel.

Pensando tocante al ángel del Señor, Bill de pronto se sintió preocupado. Durante el primer año del ministerio de sanidad de Bill, el ángel le había aparecido frecuentemente. Ahora habían pasado seis meses desde la última visita del ángel. Bill no había visto al ángel desde Vandalia, Illinois, cuando el ángel lo había amonestado en contra de poner demasiado énfasis en los milagros. Bill extrañaba las visitas del ángel. ¿Por qué estaba ausente? ¿Algo seguía andando mal?

---

[59] Mateo 2:1-2
[60] Hechos 9:1-5

Capítulo 40
La Gran Prueba
1947

EN NOVIEMBRE DE 1947, William Branham comenzó su gira al Pacífico Noroeste con una campaña de sanidad de cuatro días en Vancouver, British Columbia. La cooperación entre los ministros locales sobrepasó cualquier cosa que Vancouver había visto todavía entre las iglesias denominacionales. Cada noche el amplio centro municipal estaba repleto hasta su capacidad. Noche tras noche los cultos de sanidad eran sobresalientes. Un evangelista local, Ern Baxter, se impresionó tanto que él— así como Jack Moore y Gordon Lindsay— canceló todos sus propios compromisos a fin de poder seguir las campañas de Branham de ciudad en ciudad.

La siguiente escala fue Portland, Oregon. Así como en Vancouver, centenares de ministros locales cooperaron para hacer un éxito de las reuniones en Portland. En la primera noche 7,000 personas entraron por las puertas del auditorio antes que el jefe de bomberos de la ciudad ordenara que se cerraran las puertas. Millares fueron dejados de pie en el exterior.

Fue en la tercera noche de las campañas en Portland de Bill que Satanás intentó destruirlo. Gordon Lindsay dirigió a la gente en el tema musical de Bill— "Sólo creed, sólo creed, todo es posible, sólo creed" —mientras Bill salía a la escena. Después de saludar a la audiencia, Bill animó a la gente a creer en Dios por sanidades y milagros. Mientras estaba hablando, notó que un hombre grande de saco gris caminaba rápidamente por el pasillo central hacia el frente. Cuando este hombre comenzó a subir los escalones hacia el estrado, Bill se preguntaba si podría ser uno de los ujieres trayendo un mensaje importante. Tal vez alguien se había desmayado o tenido un ataque cardíaco y necesitaba oración cuanto antes. Pero cuando el varón llegó al estrado, Bill pudo ver que algo más andaba mal... muy mal.

El hombre corpulento se detuvo. Sus ojos se movían desorbitadamente de un lado a otro, primero mirando hacia el auditorio lleno, luego a los trescientos ministros sentados en el estrado. Finalmente se enfocó en el predicador de baja estatura detrás del podio. El hombre corpulento frunció el entrecejo. Su quijada inferior se movía de un lado a otro, haciendo rechinar sus dientes. Ambos puños apretados como si tuviera la intención de usarlos. Se movió pesadamente hacia delante, refunfuñando, "Tú hipócrita. Tú serpiente en el pasto. Te mostraré cuánto tienes de hombre de Dios. Fracturaré cada hueso de tu cuerpecito endeble."

Sin decir una palabra, Bill se volteó para mirar hacia la amenaza. El hombre corpulento parecía bien dispuesto a llevar a cabo su amenaza. Él medía más de seis pies [1.82 metros] de altura y pesaba al menos 250 libras [113.4 kilogramos]. En contraste, el propio peso de Bill había bajado a 118 libras [52.50 kilogramos]. El brazo de este hombre violento se miraba más abultado que el muslo de Bill.

Lentamente el hombre se acercó más. Dos policías salieron de entre la multitud para interceptarlo, pero Bill, ignorando su propio temor, les hizo señas con la mano que se alejaran, diciendo, "Este no es un asunto de carne y sangre. Es entre fuerzas espirituales."

Contra su voluntad los dos oficiales retrocedieron y observaban mientras el maniático continuaba su paso lento y deliberado. El hombre corpulento gruñó, "Tú impostor, pretendes ser un siervo de Dios. Yo le demostraré a esta gente que no eres otra cosa que un mentiroso. Te voy a golpear para que salgas disparado y caigas encima de ellos."

El hombre corpulento llegó a seis pies [1.83 metros] de Bill y se detuvo. Él era tan alto que Bill tuvo que mirar hacia arriba para ver su rostro. Bill oró en silencio, "Amado Dios, la única esperanza que tengo está en Ti."

Él escuchó un sonido familiar parecido a una ráfaga de viento, *juusssh*, entonces sintió la presencia del ángel del Señor acercándose. El temor de Bill desapareció instantáneamente, dominado por un amor profundo. Bill pensó, "Pobrecita persona, él está fuera de sí."

El maniático repitió su amenaza, "Tú engañador— fracturaré cada hueso de tu frágil cuerpecito." Sus músculos se flexionaron mientras sus puños se apretaban.

Bill pensó, "Pobrecita persona, no sabe lo que está haciendo." Entonces Bill abrió su boca, teniendo el propósito de decir, "Yo no haría eso, amigo," pero las palabras que procedieron de su boca eran diferentes. Sin tener la intención, Bill dijo, "Así dice el Señor, 'Por cuanto has desafiado al Espíritu de Dios, esta noche caerás a mis pies, postrándote al Nombre del Señor Jesucristo.' "

El hombre corpulento hundió sus mejillas y escupió una masa de saliva y mucosidad directamente en el rostro de Bill. Entonces refunfuñó, "Tú hipócrita, te demostraré a los pies de quien caeré." Dando un paso hacia delante, retiró un puño, listo para asestar.

Bill dijo quedamente, "Satanás, sal del hombre."

El brazo del maniático, retirado para el puñetazo, se quedó inmóvil tan tiesamente como una estatua. Sus ojos se abultaron, su boca se abrió, y su lengua se agitaba alrededor fuera de control. Él gimió como un perro golpeado mientras sus ojos se ponían en blanco en sus cuencas y caía de bruces, inconsciente. Su cabeza cayó sobre los zapatos de Bill, mientras al mismo tiempo un brazo abrazaba detrás de los pies de Bill tan fuertemente que Bill no podía moverse.

Dos policías se abalanzaron y se inclinaron junto al hombre inconsciente. Un policía alzó la vista y preguntó, "¿Qué sucedió? ¿Está muerto?"

"No," dijo Bill. "Fue tan sólo Dios mostrando Su poder para hacer a ese demonio inclinarse a Él, eso es todo."

"¿Va a estar bien el hombre— de *aquí* arriba?" El policía señaló a la cabeza de él.

"No, señor," contestó Bill. "Si él estuviera dispuesto a renunciar a ese espíritu, eso no regresaría. Pero él cree que está bien. Él adora a ese espíritu, de modo que él lo volverá a recibir otra vez. ¿Lo movería de mis pies?"

Los oficiales zafaron el brazo del hombre y lo arrastraron hacia atrás. Varios otros hombres ayudaron a llevárselo del estrado. Antes de marcharse, dijo uno de los policías, "Yo sé quién es este hombre. Él ha tenido varias riñas con la ley en el pasado, entrando y disolviendo servicios religiosos. Él fue confinado a un manicomio pero se escapó. Tenemos un boletín desplegado para su arresto. Apenas ayer él le fracturó la mandíbula a un hombre, golpeándole tan fuerte que lo dejó sin sentido en la calle. Parece como que finalmente en esta noche ha encontrado la horma de su zapato."

Retrocediendo hacia el podio, Bill se dirigió a la audiencia, "Como pueden ver, nuestro Padre Celestial tiene toda potestad en el cielo y en la tierra..."

Un hombre enfermo, acostado sobre un catre cerca del frente, gritó, "Sí, ¡sí la tiene! ¡Él me ha sanado!" —y se levantó de un salto del catre. En el otro costado del edificio un hombre de pie en muletas exclamó, "¡Él también me ha sanado!" Lanzó a un lado sus muletas y corrió por el pasillo en dos piernas útiles. Allá salió un hombre de una silla de ruedas, gritando, "¡Y yo también!" A partir de allí el poder de Dios inundó el edificio, tocando a cada corazón que se levantaba en fe para creer en el Todopoderoso para sanidad o para un milagro.

La gira intensa y rápida de Bill a través del Pacífico Noroeste culminó en Ashland, Oregon, 15 días después que comenzara. Gordon Lindsay escribió al respecto, diciendo, "En los 14 días de cultos, con únicamente una relativa pequeña cantidad de periódicos anunciando, algunas 70,000 personas habían escuchado el evangelio de sanidad y al menos 1000 de estos eran ministros."[61] Ese era un logro sorprendente.

AL FINAL DE NOVIEMBRE DE 1947, Bill voló a Phoenix, Arizona, para celebrar tres reuniones el Viernes, Sábado y Domingo por la noche. Una vez en Phoenix, Bill se enteró que los ministros patrocinadores, impresionados por los reportes de Calgary, habían programado su propia "fila milagrosa" para el Domingo por la noche. Habiéndolo hecho una vez, Bill no se sentía incómodo tocante a hacerla otra vez.

Una hora antes que comenzara el culto del Viernes por la noche, Bill estaba orando en un cuarto pequeño entre bastidores cuando de pronto apareció el ángel del Señor. Como siempre, el ángel tenía sus brazos cruzados sobre su pecho, y arriba de él daba vueltas ese fuego sobrenatural. El ángel no se movía o hablaba. Su rostro siempre se miraba severo, pero esta ocasión parecía estar frunciendo el entrecejo y mirando airadamente. Sobresaltado, Bill exclamó en temor mientras sentía de caer notablemente su semblante. Al escuchar ese grito, Gordon Lindsay entró precipitadamente en el

---

[61] *William Branham, Un Hombre Enviado de Dios*, por Gordon Lindsay, 1950, Pág. 125 [Inglés]

cuarto a ver lo que pasaba. Al instante el ángel se evaporó como una bruma y desapareció.

Durante los dos días siguientes Bill se preocupó por aquella visitación. ¿Por qué no había visto al ángel durante siete meses? ¿Por qué el ángel había aparecido ahora? Y ¿por qué no habló el ángel? ¿Estaba enojado? Bill no podía olvidar el ceño del ángel.

Cada noche en Phoenix, Bill predicaba durante media hora antes de llamar una fila de oración. Su tema fue los hijos de Israel viajando por el desierto hacia la Tierra Prometida. El Domingo por la noche, con la muchedumbre esperando con ansia ver la "fila milagrosa," Bill empezó su texto de Números capítulo 22, donde Dios le dijo al falso profeta Balaam que no fuera con el príncipe Balac a maldecir a Israel. Balaam se mantuvo preguntándole a Dios si él podía ir de todos modos, hasta que Dios finalmente le dijo que sí. Entonces el ángel del Señor se encontró con Balaam en el camino y lo hubiera matado si la asna de Balaam no le hubiera salvado la vida tres veces al hacerse a un lado.

Mientras Bill censuraba a Balaam por desobedecer el primer mandato de Dios, de pronto se le ocurrió a Bill que él era culpable del mismo crimen. ¿No le había dicho ya Dios que él estaba poniendo demasiado énfasis en los milagros? ¿Podría haber sido esa la razón que el ángel se le había aparecido dos noches atrás? ¿Eso era para advertirle que él estaba desobedeciendo al Señor al permitir que continuaran estas "filas milagrosas"? Bill se sentía tan débil por dentro, que pensó que sus rodillas podrían doblarse. Sujetándose del púlpito, intentó continuar su sermón, pero su remordimiento de conciencia lo convenció tan severamente que tuvo que parar.

Mientras estaba siendo formada la "fila milagrosa" en el pasillo lateral de la iglesia, Bill oraba en silencio, "Padre Celestial, si he hecho mal y no es Tu voluntad Divina que yo me concentre en los milagros, por favor muéstrame claramente. Si cualquier persona que pase por la fila esta noche no es sanada, entonces sabré que estoy fuera de Tu voluntad, y nunca permitiré otra vez que nadie traiga primero los casos difíciles, o se forme otra 'fila milagrosa.' "

Una madre e hija subieron primero. Bill le preguntó a la niña dónde vivía, pero ella no respondió. "Tiene dificultades para oír," explicó la madre. "Esa es la razón que la trajimos esta noche." Alzando su voz, Bill le preguntó a la niña dónde vivía. En esta ocasión la niña contestó, "California."

Apretando la mano derecha de la niña, Bill sintió las vibraciones hormigueándole su mano izquierda. O ella tenía una infección que había roto un tímpano, si no un crecimiento estaba obstaculizando la función del oído, porque las vibraciones querían decir que de algún modo una vida demoníaca estaba causando su problema. Cuando Bill reprendió el demonio en el Nombre de Jesucristo, las vibraciones se detuvieron.

Soltándole la mano, Bill dijo, "La niña está sana." Entonces trató de hablar con ella. Ella no respondió. Eso estaba raro. Bill alzó la voz, pero no obtuvo respuesta. Él tuvo que palmear las manos tres veces antes que finalmente ella asintiera con la cabeza que podía oírlo. En vez de oír mejor, parecía estar peor. Alarmado, Bill sujetó la mano de ella. Allí latían las pulsaciones, más fuertes que antes.

Por una segunda ocasión Bill echó fuera el demonio en el Nombre de Jesucristo. Eso parecía irse más contra su voluntad que la primera vez, pero Bill supo que se había ido por causa de que la hinchazón en su mano bajó y las vibraciones se detuvieron. Pero tan pronto como él intentó hablar con ella (él todavía estaba tocando la muñeca de ella) la mano izquierda de Bill se abultó otra vez y las vibraciones volvieron más fuertes que nunca. Y lo que era peor, ahora ella no podía escuchar una palabra sin importar cuán fuertemente Bill gritara. ¡Esta desafortunada niña había pasado de tan sólo tener dificultades para oír a estar sorda como una tapia! Desconcertado y confundido, Bill no sabía qué más hacer excepto dejar en paz a la niña y continuar con el siguiente caso.

El siguiente en la fila era un hombre de edad que dijo que él también tenía dificultades para oír. Bill alzó la voz, "¿Cree Ud., señor?" El hombre asintió con la cabeza e inclinó el rostro. Bill tomó la mano del hombre. No había vibraciones, lo cual quería decir que su problema no era causado por un demonio— probablemente tan sólo nervios insensibles. Después de orar en el Nombre de Jesús por la sanidad del hombre, Bill preguntó en una voz normal, "Ahora, señor, ¿puede oírme?" El caballero, quien tenía todavía su rostro inclinado y sus ojos cerrados, no respondió. Bill alzó la voz y preguntó otra vez. Todavía no hubo respuesta. Bill palmeó sus manos tan fuerte como podía. El hombre ni siquiera se sobresaltó. ¡Él también se había vuelto sordo completamente!

Con horror yendo en aumento, ¡Bill comprendió que el don de sanidad no estaba operando! ¿Qué podía él hacer por su propia cuenta? Sin la presencia del ángel del Señor al lado de él en la plataforma, él era tan incapaz como cualquier otro. ¿Fue esto lo que sintió Sansón cuando Dalila le cortó el cabello, lo cual lo dejó débil y desvalido delante de los Filisteos? Parado delante de aquella multitud expectante, Bill se sentía ridículo... y avergonzado... y condenado. La única cosa que podía hacer ahora era confesarle su pecado a la audiencia y clausurar el culto.

Esa noche Bill no pudo dormir. En la oscuridad él sufría horriblemente sobre su desatino. ¿Cómo podía haber sido tan temerario como para desafiar a la gente, "Tráiganme el peor caso y yo les garantizaré que Jesucristo ejecutará un milagro ante su vista"? Jesús nunca había hecho semejante desafío. De hecho, la Biblia dice que Jesús no pudo hacer ningunas obras mayores en su pueblo natal por causa de la incredulidad de la gente.[62] Si eso fue cierto del Hijo de Dios, entonces ¿qué con respecto a Sus seguidores? Ahora Bill comprendía cuán equivocado de acuerdo a la escritura había estado al afirmar que cualquiera podía ser sanado, ya fuera que la persona creyera o no. Cierto, él había parado de hacer el desafío después de la advertencia del ángel en Vandalia, Illinois; pero él todavía había permitido a sus colaboradores encausar los peores casos a la plataforma de las filas de oración a fin de que la audiencia pudiera ver milagros ejecutados en el inicio de cada culto. Y lo peor de todo, él les había permitido formar sus así llamadas "filas milagrosas." Bill no se había opuesto por cuanto él sabía que Dios podía sanar a cualquiera de cualquier cosa. Pero tan sólo porque Dios *puede* hacer algo no significa que es Su voluntad el hacerlo. La aparición del ángel el pasado Viernes por la noche había sido una segunda advertencia.

Bill había censurado a Balaam tan severamente, ¡y todo el tiempo él había estado parado en el lugar de Balaam! Balaam había desobedecido a Dios por causa de su amor por el dinero. En el caso de Bill él sabía que no era el amor del dinero lo que lo había inclinado a desobedecer; era su simpatía por la gente. Sin embargo no importaba la razón, siempre estaba mal el desobedecer al Señor.

En la mañana, con los ojos nublados y descorazonado, Bill abordó un avión rumbo a su próximo compromiso en Long Beach, California. Sus pensamientos lo seguían atormentando y eso salía a

---

[62] Mateo 13:58; Marcos 6:5-6

relucir. La aeromoza vino por el pasillo y le preguntó, "¿Qué le pasa, señor?" Él no podía decírselo. ¿Cómo podría ella entender? A causa de que él había fallado en obedecer al Señor, Bill estaba ahora preocupado de que Dios lo hubiese despojado del don de sanidad.

Cuando Bill aterrizó en Long Beach, varios ministros se fueron a toda velocidad a su cuarto de hotel. No tardó mucho para que estos varones se dieran cuenta de su pesimismo. Bill compartió con ellos su inaguantable carga y preocupación.

Uno de estos ministros era Ern Baxter, quien ahora se hallaba en una posición peculiar de animar al hombre por el que había viajado hasta aquí para verlo. "Hermano Branham, yo puedo asegurarle que el 'don de sanidad' no se ha ido de Ud. Romanos 11:29 dice que '*irrevocables son los dones y el llamamiento de Dios*,' queriendo decir que ellos no están basados en nuestras acciones. Dios sería infiel a Su promesa si Él se llevara el don de Ud. Eso no le puede abandonar a Ud. Sansón durmió toda la noche con una ramera, pero su fuerza no le dejó. A la mañana siguiente él arrancó las puertas de la ciudad y las llevó en hombros hasta la cumbre del monte.[63] Y aun cuando los Filisteos cortaron el cabello de Sansón y su fuerza le dejó por una temporada, su cabello le volvió a crecer y regresó su fuerza.[64] Recuerde cómo Moisés hirió a la peña cuando Dios le dijo que tan sólo le hablara, pero las aguas aparecieron exactamente igual.[65] Hermano Branham, todos los errores que Ud. ha cometido, Dios tratará con Ud. personalmente tocante a eso; pero el 'don de sanidad' sigue estando allí."

Los argumentos de Baxter parecían buenos, pero de algún modo Bill tenía dificultades para creer que ellos se aplicaban a él. Se sentía tan vacío, tan solo, tan completamente abandonado por Dios. Parecía el infierno en la tierra. ¿Qué tal si el don de sanidad lo había dejado para siempre? ¿Cómo podía él soportar eso? ¿Cómo podía vivir sabiendo que le había fallado a Dios tan miserablemente? Había únicamente una manera de saber si él estaba condenado o no, y esa era llevar a cabo el siguiente culto de sanidad como estaba programado.

La campaña de Long Beach se programó que iniciara el Miércoles

---

[63] Jueces 16:1-3

[64] Jueces 16:16-30

[65] Números 20:7-13

3 de Diciembre, y se extendiera durante tres noches consecutivas. El Miércoles por la noche en la iglesia Bill le explicó a la audiencia cómo él había desobedecido al Señor al enfatizar los milagros por encima de la sanidad. Les dijo que él no estaba seguro si el don de sanidad seguía estando con él o no, pero que pronto él se daría cuenta. Mientras llamaba la fila de oración, sintió el sudor formarse en las palmas de sus manos y debajo de su cuello, y un nudo apretar en la boca de su estómago.

Una mujer pasó con una niña de diez años de edad en su costado. Los nervios de Bill estaban tirantes con anticipación mientras tomaba la mano derecha de la niña con su izquierda. Allí estaban las vibraciones, intensas y bien determinadas, paralizando su mano como amperaje eléctrico, chasqueando su brazo hasta su corazón. Bill se sintió aliviado de que al menos tanto como esto del don estaba todavía presente. Pero la interrogante permanecía: ¿Dios honraría la oración de él por esta niña necesitada? Bill examinó el patrón de chichones blancos en el dorso de su mano hinchada. "La niña es sordomuda," dijo él, "y también tiene tuberculosis. Todos inclinen sus rostros y oren conmigo." Quedamente Bill oró, "Amado Jesús, por favor perdóname por mi tontera. Por favor no permitas que mis errores obstaculicen la sanidad de esta niña." Entonces, reuniendo todo su valor, declaró, "Tú espíritu sordomudo y demonio de tuberculosis, sal de la niña en el Nombre de Jesucristo."

Ahora venía el momento decisivo. Bill contuvo su respiración. Sí, ¡estaba sucediendo! Para el gran alivio y gozo de Bill, las vibraciones se detuvieron y su mano hinchada volvió a la normalidad. Aunque él sabía que la tuberculosis ya no estaba ahora, la audiencia no podía ver eso. Así que Bill le preguntó a la niña, "¿Puedes oírme?" Los ojos de ella se ensancharon de emoción y él supo que podía oír. Bill dijo lentamente, "Amén." La niña trató de repetir el sonido, pero salió más como, "aj-aaaaa." Bill dijo fuertemente, "¡Amén!" La niña intentó otra vez, "Ah-zi." Bill dijo, "Papito." Ella repitió el ejemplo de labio con un sonido parecido a "pupiito."

La fe rodeó a la audiencia como un fuego fuera de control. En las horas siguientes, sanidades y milagros ocurrían por todas partes en el edificio. Una maestra de una escuela local para mudos introdujo a cinco niños en la fila que habían nacido sordomudos. Todos los cinco niños recibieron su oído y sus voces. Un hombre en un catre, temblando con parálisis, fue sanado instantáneamente. Muchos lisiados tiraron sus muletas y otros saltaron de sus sillas de ruedas para correr por el edificio alabando a Jesucristo. Tensión arterial alta, glaucoma, asma, úlceras y cáncer— todos sucumbían ante la fe de la gente.

El Jueves por la noche, cuando Bill inició la fila de oración, un joven pasó cojeando con sus piernas atadas con correas en pesados aparatos ortopédicos con polio. La madre venía con él y dijo, "Hermano Branham, si Ud. tan sólo ofrece la oración por él."

"De acuerdo, hermana. Ahora Ud. no está deseando—"

Ella lo interrumpió. "Yo no deseo un milagro. Tan sólo deseo que Ud. ofrezca la oración. Yo misma puedo creer en Dios por la sanidad."

En una oración sencilla, Bill le pidió a Jesucristo que sanara al joven lisiado. El Viernes por la noche este mismo joven pasó al frente de la iglesia con sus aparatos ortopédicos para las piernas colgando sobre sus hombros. Levantando los aparatos ortopédicos que no se utilizaban para que viera la audiencia, el joven testificó que Jesucristo sigue obrando milagros.

Esa noche, la última noche de Bill en Long Beach, él quiso orar por tantas personas como fuera posible. Así que en vez de discernir los padecimientos a través del don en su mano, él puso en marcha una "fila rápida," donde él ofrecía una oración general breve mientras la gente formada pasaba junto a él. De este modo Bill pudo orar por centenares de personas en una hora. Pero tan rápidamente como la fila de oración avanzaba, seguía siendo demasiado tiempo para un hombre que se había entregado por completo incesantemente durante un año y medio, y quien no había dormido mucho en varios días. Después de orar por casi 3,000 personas, con centenares todavía esperando su turno, Bill se colapsó, inconsciente.

El Sábado por la mañana, todavía débil y tembloroso, Bill abordó un autobús de vuelta para Phoenix. Él deseaba decirle a la gente que Dios lo había perdonado. El Domingo en la iglesia él dijo, "La última vez que estuve en este púlpito, yo era un hombre condenado. Sentí la Presencia de Él abandonarme, y comprendí cuán impotente estaba sin Él. Hoy la gran prueba ha terminado. Voy a dejar que eso sea para mí un escalón (en vez de una piedra de tropiezo) que me enseñe mejor los caminos del Señor, de modo que yo viva más cerca de Él, pueda ayudar más a Uds. personas, y ser guiado por Su

Espíritu. Deseo agradecerle a Dios por devolverme el don de sanidad, y por más éxito (desde el Domingo antepasado) en orar por el enfermo de lo que ha sido en meses. Eso ha vuelto más bendecido de lo que fue la primera vez." Entonces Bill explicó la razón que su desafío había estado equivocado. "Yo hice esta declaración de que no había enfermedad, sin importar de la que se tratara, que hiciera frente a la oración; y ninguna aflicción, sin importar cuán gravemente estaba lisiado que no fuera sanado si yo disponía de tiempo para esa persona. Uds. me han escuchado mencionar eso por todas partes. Y eso sigue siendo cierto... Pero yo era el que lo estaba haciendo todo. Yo se lo estaba quitando a la gente. Uds. también tienen que hacer algo. Como cuando Jesús le dijo a María y a Marta que quitaran la piedra.[66] Uds. mismos tienen que hacer algo— Uds. van, creen y serán sanados."[67]

---

[66] Juan 11:39

[67] William Branham, *Experiencias # 1*, sermón predicado en Phoenix, Arizona, el 7 de Diciembre de 1947, (editado)

Young Brown, Jack Moore y William Branham en una campaña.

Capítulo 41
La Relación con Bosworth
1948

A MEDIADOS DE ENERO DE 1948, William Branham recibió una llamada telefónica del Pequeño David Walker, el predicador adolescente que él había conocido en Long Beach, California, diez meses atrás.

"Hola, Hermano Branham, le estoy llamando desde Miami, Florida. Acabo de iniciar un avivamiento de dos semanas aquí y no está saliendo bien."

"Oh, ¿qué es lo que pasa?"

"He conseguido una carpa que le caben como 2,500 personas, pero hasta ahora tan sólo un puñado de personas está saliendo cada noche. Es desconcertante."

"Eso está raro." Sabiendo cuán diestramente podía predicar este muchacho, le sorprendió a Bill que las reuniones del Pequeño David estuvieran tan mal concurridas. "¿Tienes alguna idea de lo que está manteniendo alejadas a las personas?"

"Creo que son los celos y la suspicacia entre los líderes de las iglesias por aquí. Tan pronto como escucharon que yo venía, cada iglesia en la ciudad de pronto tenía su propio 'niño predicador.' Es difícil de creer, pero cada día hay dos páginas completas en el periódico de Miami anunciando a todos los 'niños predicadores' celebrando avivamientos. Ellos deben tener miedo que si alguna de su gente sale a escucharme, ellos podrían perderlos."

"Es una pena," dijo Bill. Él sabía cómo los celos mezquinos podían invadir a los líderes de las iglesias. "Es una lástima que los Cristianos no puedan más unidos aunar sus esfuerzos en el amor de Cristo."

"Naturalmente que lo es." El Pequeño David hizo una pausa,

entonces llegó a la razón de su llamada. "Hermano Branham, ¿podría Ud. venir a Miami y echarme una mano?"

Bill se acordó de aquella noche de Marzo en Long Beach cuando este joven evangelista había intercambiado cortésmente con él el auditorio rentado de modo que la capacidad de sus edificios equiparara más cercanamente el tamaño de sus multitudes. Siendo que Bill había acabado con un auditorio más amplio (y más caro), él había deseado pagar por la diferencia en las dos rentas. Pero el Pequeño David no quiso recibir el dinero, diciendo, "Tal vez alguna ocasión Ud. podrá echarme la mano." Ahora era la oportunidad de Bill para corresponderle.

"Claro, vendré."

Abordando el siguiente tren hacia el sur, Bill se instaló para un viaje prolongado. Mientras pasaba por Tennessee, él percibió que el ángel del Señor se estaba acercando. El cabello en la nuca de Bill se crispó de temor. A pesar de que muchas veces él se había encontrado con este ángel en los 21 meses pasados, Bill sencillamente no podía acostumbrarse a su presencia sobrenatural. Su terror se relajó mientras se sintió entrando en una visión. El barullo de los pasajeros disminuyó y el rechinido de las ruedas del tren se desvaneció. Pronto los pasajeros del vagón desaparecieron completamente...

Bill se halló parado en un país montañoso, verde con cedros altos y dispersos con rocas que se traslapaban una con la otra en largas losas. Su atención fue atraída hacia un niño, entre ocho y diez años de edad, que yacía encogido e inmóvil al lado de un camino. El niño parecía muerto. Bill se acercó lo suficiente para ver las facciones del niño— una nariz chata, ojos castaños, cabello castaño cortado desigualmente como si hubiera sido recortado por manos inexpertas. Él estaba vestido andrajosamente con ropa de aspecto extranjero— calcetines hasta la rodilla y pantalones bombachos, con grandes botones de latón arriba en su cintura. Debió haber sido un accidente porque la cara del niño estaba arañada y desfigurada, y su ropa estaba desgarrada. Un zapato todavía estaba atado a su pie, pero faltaba el otro. Bill no podía ver ningún aspecto de vida.

Mientras Bill estaba allí preguntándose lo que todo eso significaba, el ángel del Señor se adelantó cerca detrás de él a su diestra. El ángel preguntó, *¿Puede vivir el niño?"*

Bill contestó, "Señor, no sé."

Ahora el ángel apareció visiblemente, mostrándole a Bill cómo es que él debería arrodillarse sobre el cuerpo sin vida y cómo es que debería poner sus manos a través del niño cuando orara por él. En un momento los pulmones del niño se llenaron de aire y se sentó. Al llegar a este punto la visión terminó. De pronto Bill estaba de vuelta en su asiento en aquel tren avanzando pesadamente a través de Tennessee.

Poco después que Bill llegó a Miami, el Pequeño David compartió con él el periódico matutino. Un anuncio estaba enmarcado en la esquina superior de una página, anunciando la venida del Reverendo William Branham a celebrar cinco días de cultos de sanidad en la ciudad. El resto de la página estaba llena de anuncios más grandes y más llamativos anunciando otros cultos de sanidad en iglesias locales.

El Pequeño David suspiró, "Eso ocurrió el día después que coloqué el primer anuncio concerniente a su venida. Tan pronto como lo leyeron, todas denominaciones en la ciudad repentinamente encontraron a alguien que predicara sanidad Divina en sus propias iglesias."

"Me gustaría que pudieran entender que no estamos aquí para iniciar un grupo nuevo," comentó Bill. "Estamos aquí únicamente para ayudarles a fomentar la causa de Cristo."

Sin embargo a pesar de estos intentos de socavar su atracción por las iglesias locales, el nombre de William Branham había hecho desarrollar un magnetismo propio. Cuando Bill llegó para su primera reunión aquella noche, encontró la carpa llena de espectadores curiosos. Bill saludó a la gente. Entonces antes de plantear el tema de la sanidad, describió la visión que había visto mientras viajaba por Tennessee. Bill instó a la gente a, "Apuntarlo en la guarda de su Biblia; luego pongan cuidado y vean— ese niño será resucitado de los muertos por medio del poder de Jesucristo. Yo no sé dónde o cuándo sucederá, pero sucederá porque es 'así dice el Señor.' Y después que suceda, lo imprimiremos en esta revista nueva que el Hermano Lindsay va a publicar."

Gordon Lindsay, todavía emocionado por el potencial del ministerio único de Bill, ya había aportado sus habilidades administrativas a la causa. Lindsay sugirió que Bill podría usar un asistente de tiempo completo para planear las reuniones y cuidar de los muchos detalles de una campaña, permitiendo a Bill concentrarse en orar por los enfermos. El éxito de la gira de Bill por el Pacífico

Noroeste, planeados por Lindsay, demostraba el valor de esta idea. Sin embargo, Lindsay mismo no deseaba la tarea, al menos no de tiempo completo. Él tenía otra ambición.

Gordon Lindsay estaba iniciando una revista que sería el órgano oficial de las campañas de Branham, imprimiendo artículos referentes a las reuniones pasadas y publicando los próximos eventos, así como imprimiendo los testimonios de aquellos que habían sido sanados. Lindsay planeó ponerle el nombre a esta revista *La Voz de Sanidad*. Tan pronto como Bill estuvo de acuerdo con esta idea, Lindsay había comenzado a trabajar en la publicación. La primera edición mensual de *La Voz de Sanidad* debía salir al público en aproximadamente dos meses.

Esa primera noche en Miami, un centenar de personas pasaron por la fila de oración. La fe aumentó cuando la audiencia vio a Bill revelar las enfermedades a través del don en su mano. La mayoría de los casos fueron sanados y ocurrieron algunos milagros sobresalientes, incluyendo a dos niños, que habiendo nacido ciegos, ambos recibieron la vista. Un informe de estos dos milagros circuló en el periódico matutino. Eso encendió el interés de una estación de radio local y ambos niños fueron invitados al estudio para una entrevista en vivo. Con fervor imperturbable, estos dos niños testificaron tocante al poder sanador de Jesucristo. Eso preparó el interés del público— algunos con curiosidad, algunos con entusiasmo, y otros con escepticismo.

Un radioescucha en particular tuvo una pizca de todas estas tres emociones. El Reverendo Fred Bosworth conocía de primera mano el poder de Cristo para sanar, habiendo predicado sobre el tema infinidad de veces por los 40 años pasados. En los 1920's Bosworth había celebrado extensas reuniones de avivamiento en docenas de ciudades Norteamericanas, obligando a los pecadores arrepentirse e instando a los Cristianos a creer en Dios por la sanidad de sus padecimientos. Su estilo enérgico y presentación tranquila se comprobó tan exitosamente que después de una reunión en 1924 en Ottawa, Canadá, un estimado de 12,000 personas buscaron salvación en la misericordia de Jesús. Entonces la Gran Depresión redujo su ministerio evangelístico. A medida que los ingresos disminuyeron en los 1930's, se hizo más difícil el financiar estas extensas campañas de avivamiento. Retirándose del campo evangelístico, Fred Bosworth se convirtió en un pionero del evangelismo por radio, estableciendo la Cruzada Misionera Nacional de Avivamiento por la Radio. También escribió dos libros, *La Confesión Cristiana*, y *Cristo el Sanador*. Más tarde, se jubiló y se mudó a Florida.

Ahora de 71 años de edad, Fred Bosworth había estado fuera del ministerio activo durante años. Él había pensado que todo lo que deseaba en la vida ahora era una sucesión de días de pereza y despreocupados. Pero cuando escuchó a estos dos niños dar sus testimonios en la radio, algo inesperado se removió dentro de él. ¿Nacidos ciegos? ¿Y ahora podían ver? Al paso de los años Fred Bosworth había visto muchos milagros— el mudo hablar, el sordo oír, los lisiados andar, cánceres desaparecer. De hecho él había recibido más de 200,000 testimonios por escrito de personas que habían sido sanadas bajo su ministerio. Pero nunca había visto o escuchado de gente *nacida* ciega recibir su vista. ¿Quién era este hombre William Branham? ¿Era él un picapleitos? O ¿era el Espíritu de Dios moviéndose en una manera que él nunca antes había visto? Bosworth sentía curiosidad— y, tenía que admitirlo, un poco de entusiasmo. Tal vez él debía comprobar eso.

El Reverendo Bosworth no estaba solo en su deseo de investigar. Durante el resto de aquella semana, más personas vinieron a las reuniones de Bill de las que podían ser metidas dentro de la carpa. Muchos se dieron media vuelta y se fueron a casa, pero millares más permanecieron afuera de la carpa, teniendo esperanzas de una oportunidad para introducirse en la fila de oración. Con tanta gente deseando oración, Bill decidió no usar el don de discernimiento en su mano. Eso funcionaba tan lentamente. Más bien hizo que la gente pasara junto a él en una "fila rápida," de modo que pudiera tan sólo imponerles las manos y ofrecer una oración rápida mientras pasaban.

En la última noche de este avivamiento en Miami, antes que el culto estuviese ya comenzado. El Pequeño David vino a Bill y le dijo, "Hay un papá allá atrás causando una conmoción. Parece que su hijo se ahogó esta mañana en una acequia de irrigación. El padre ha estado toda la semana en las reuniones y él le escuchó a Ud. relatar la visión acerca de un niño siendo resucitado de los muertos. Ahora el se pregunta si esa era respecto a su hijo. Él ha visto suficientes sanidades y milagros esta semana para creer que pudiera suceder y no permite que el agente funerario toque al niño hasta que Ud. lo considere."

"Tendré mucho gusto de ir a verle," dijo Bill. Abriéndose paso adonde el padre afligido, se necesitó tan sólo un vistazo para que Bill lo supiera. Él le dijo al padre, "Lo siento, pero este no es aquel. El niño que vi en la visión tenía cabello castaño desaliñado parecía tener como ocho o diez años de edad. Y su hijo tiene cabello negro cortado con esmero y no podría tener más de cinco. Y su hijo está muy bien vestido. El niño en la visión estaba vestido muy pobremente. Aparte de eso, su hijo se ahogó. El niño que vi en la visión estaba todo magullado como que había estado en un accidente. Lo siento, señor, pero todo lo que puedo hacer aquí es orar por la consolación de la familia."

Esa última noche en Miami, hubo tantas personas deseando un toque de parte de Dios que Bill formó una fila de oración de a cuatro, de modo que tanto él como el Pequeño David pudieran orar por ellos al mismo tiempo— él en un costado de la fila y el Pequeño David en el otro. Entre la masa y el jaloneo de centenares dando empujones junto a él, Bill se fijó en una jovencita digna de compasión que estaba siendo auxiliada a través de la fila por una mujer de mayor edad. La jovencita avanzaba penosamente con pesados aparatos ortopédicos en sus piernas que le llegaban hasta la cintura. Disponiendo de un momento para tomar la mano de la jovencita mientras pasaba, Bill sintió las vibraciones demoníacas del polio. Él también percibió que esta jovencita no tenía fe suficiente para ser sanada.

Poniendo a un lado a la jovencita, Bill dijo, "Cariño, quédate aquí detrás de mí y ora para que Dios eleve tu fe." La jovencita lisiada hizo como se le fue pedido hacer, sujetándose del faldón del saco de Bill mientras ella inclinaba su rostro y oraba. Bill volvió su atención hacia la fila de oración. Después de un rato él percibió la fe de la jovencita comenzar a elevarse como un latido de corazón— *bom-bom, bom-bom, bom-bom*. Él se dio la media vuelta y dijo, "Ahora, amorcito, en el Nombre de Jesucristo reprendo a este demonio que te tiene atada. Satanás, sal de ella." Mirando a la mujer de mayor dad que había venido con ella, Bill ordenó, "Ahora quítele los aparatos ortopédicos."

La mujer miró horrorizada, "Pero, Hermano Branham, ¡ella no puede sostenerse en pie por sí misma!"

"Señora, no dude. Tan sólo haga lo que se le dice que haga."

La mujer pasó saliva con dificultad, obviamente preocupada. Pero comenzó a desatar los aparatos ortopédicos de todos modos. Pronto un grito agudo conmovió el alboroto de la multitud. Bill se volteó para ver que esta jovencita una vez lisiada estaba ahora sosteniendo sus aparatos ortopédicos de las piernas por encima de su cabeza y estaba andando a grandes pasos de un lado a otro por la plataforma tan perfectamente como cualquier niño alguna vez había caminado.

Ese era un milagro que nadie en la carpa podía perderse. La fe de la gente subió como un cohete y se esforzaba en tocar a Bill mientras pasaba. Bill oró por tantos como pudo, tan rápido como pudo. En unos cuantos momentos él percibió otro tirón específico de fe. Él se mantenía volteando la cabeza, buscando el origen. Entonces lo localizó. Bill se dirigió al micrófono y dijo, "Señor— Ud. allá en la parte de atrás, el cuarto asiento del pasillo, el varón con la camisa blanca puesta. Puedo sentir su fe claramente desde aquí. Póngase de pie. Jesucristo le ha sanado."

El hombre se paró sobre sus pies, alzando sus brazos por encima de su cabeza al mismo tiempo. Pero tan pronto como sus manos alcanzaron su máxima altura, les dio un tirón de vuelta hacia abajo y miró fijamente a un brazo como si estuviera sorprendido. Entonces comenzó a gritar. Eso acercó a la mujer sentada junto a él. Mirando al brazo del hombre, ella también demostró su sorpresa, lanzando al aire sus brazos, saltando y sacudiéndose y gritando incontrolablemente.

Mientras Bill volvía su atención de vuelta hacia la fila de oración, Fred Bosworth se levantó de su asiento y se abrió paso hacia la parte de atrás de la carpa. Cuando el hombre que había sido sanado finalmente se calmó, Bosworth preguntó, "Señor, soy un ministro del Evangelio y yo me estaba preguntado si ¿Ud. me contaría lo que ocurrió?"

El hombre tendió su mano, "Mire esto," dijo emocionadamente.

"A mí me parece una mano ordinaria." dijo Bosworth.

"¡Ella *está* normal! Ese es el milagro. Hace unos cuantos años me caí de un caballo y caí sobre esta mano. Desde entonces ha estado lisiada e inútil— ¡hasta hora!" Él movió sus dedos enérgicamente para ilustrar cuán bien funcionaban.

Bosworth preguntó, "¿Por qué no pasó Ud. por la fila de oración como los otros?"

"Vine aquí esta noche como un crítico. Pero cuanto más observaba, más comenzaba a creer que tal vez Dios todavía podía sanar y efectuar milagros. Entonces cuando vi a esa jovencita quitarse aquellos aparatos ortopédicos, supe en ese instante que Dios también podía sanar mi mano seca."

Bosworth se abrió paso hasta el frente, captó la atención de Bill, y dijo, "Reverendo Branham, soy un ministro del Evangelio y deseo hacerle una pregunta. ¿Cómo supo Ud. que el varón allá atrás tenía fe para ser sanado?"

"De repente comencé a debilitarme." Bill le explicó, "Yo sabía que la fe de alguien estaba extrayendo con fuerza del don así que comencé a mirar alrededor. Parecía como que mi enfoque estaba atraído hacia ese hombre."

Fred Bosworth dio una cachetada a su propia mejilla, asombrado, "Eso es exactamente lo que ocurrió con Jesús cuando la mujer con el flujo de sangre tocó su manto.[68] Él dijo que sintió virtud salir de él. *Virtud* es fuerza. ¿Puedo decirle algo a la multitud?"

"Adelante."

Pasándose al micrófono, Bosworth compartió el testimonio con todos, añadiendo, "Eso prueba que Jesucristo es el mismo ayer, hoy, y por los siglos. El don que estaba en Jesucristo sería como este completo Océano Atlántico aquí golpeando contra la playa; el don que está en nuestro hermano sería como una cucharada de agua sacada de él. Pero las mismas sustancias químicas y minerales que están en el océano también estarían en esta cucharada."

La noche siguiente, Fred Bosworth y Bill cenaron juntos en el hotel. Bosworth le relató a Bill tocante a algunos de los milagros que él había atestiguado durante los 40 años de ministerio. "Sin embargo en todos mis años," observó él, "nunca he visto nada parecido a la reunión de anoche."

De igual manera Bill compartió con este ministro de edad cómo es que el ángel del Señor se había encontrado con él en 1946 y lo comisionó a llevar un don de sanidad Divina a la gente del mundo. Él explicó la señal en su mano. Cómo él podía discernir muchas enfermedades a través de las vibraciones producidas por la vida demoníaca de la enfermedad, la cual hacía que se le hinchara la mano y produjera un grupo de chichones en el dorso de su mano.

De pronto Fred Bosworth se olvidó de su jubilación. "Hermano Branham, ¿tendría Ud. un uso para mi pericia? Me encantaría viajar con Ud. y ayudarle en cualquier momento que yo pudiera."

---

[68] Mateo 9:20-22; Marcos 5:25-34; Lucas 8:43-48

"Hermano Bosworth, yo estaría honrado de tener su compañía. He estado orando tocante a conseguir un administrador."

Abandonando el hotel, ellos dieron un paseo por la playa, hablando tocante a la Segunda Venida de Cristo. El sol se estaba ocultando detrás de los hoteles enfrente de la playa. Las olas espumosas acariciaban los pies de los dos varones. Bill notó una elasticidad en el paso de Fred Bosworth, tan diferente de sus propios pasos arrastrados. Bill se sentía exhausto, aunque había dormido hasta ya bien entrado el día. Parecía como que apenas podía alzar los pies de entre la arena. Él preguntó, "Hermano Bosworth, ¿qué edad tiene Ud.?"

"Setenta y uno."

"¿Cuándo estuvo Ud. en su mejoría?"

"Ahora mismo, Hermano Branham. Soy tan sólo un niño viviendo en una casa vieja."

Bill envidiaba semejante vigor. Aquí estaba él de 38 años de edad, casi muerto de la fatiga. ¿Qué era lo que lo estaba agotando tan lentamente?

EN MARZO, Bill estaba programado para estar de nuevo en Phoenix, esta ocasión para una campaña de sanidad que duraría toda la semana. El día que llegó a la ciudad, Bill hizo mención de su fatiga crónica al pastor que estaba patrocinando estas reuniones.

"Hermano Branham," dijo el pastor, "el problema suyo es que Ud. es demasiado sincero. Después que Ud. ora por los hijos de Dios, sencillamente debería de olvidarse de ellos. Al fin y al cabo, es asunto de Dios si las personas aceptan su sanidad o no."

"Yo no sabía que podía ser demasiado sincero respecto a la obra del Señor," comentó Bill. "Yo pensé que cuanto más sincero fuera, Dios podría usarme mejor."

"Pues, si Ud. continúa a este ritmo," le advirtió el pastor, "Ud. va a tener un colapso nervioso."

Bill salió en su automóvil al desierto a orar. "Padre Celestial, ¿cómo vine a debilitarme tanto? Otros ministros no tienen este problema. El Hermano Bosworth me platicó que él continuó a un ritmo como el mío durante años y nunca lo molestó. Tal vez él tiene más del Espíritu Santo de lo que yo tengo. Si ese es mi problema, entonces por favor, Señor, dame más del Espíritu Santo de modo que yo pueda aguantar mejor." Él hizo una pausa, mirando fijamente a través de las millas de desierto llenos de nopales espinosos, palo verde, y mesquites. Todo en derredor de él las montañas escarpadas en la distancia se alzaban abruptamente del suelo plano del desierto. Mientras Bill escuchaba, le parecía oír a Dios hablando con él— no de una manera audible, pero en sus pensamientos— diciendo, *"Esos hombres dependen de su propia fe y predican por medio de la palabra de ellos. Tu fuerza está siendo agotada por medio de un don sobrenatural."*

De pronto ciertas Escrituras cobraron vida en su entendimiento. Él se acordó cómo es que el profeta Daniel vio una visión y estuvo afligido físicamente por eso durante muchos días.[69] Bill también recordó el comentario de Fred Bosworth respecto a la mujer que fue sanada cuando tocó el borde del manto de Jesús. Jesús dijo que sintió virtud salir de Él. Aquella tarde cuando Bill salió manejando del desierto, su cuerpo estaba todavía bamboleándose al borde del colapso, pero al menos ahora entendía la razón.

Durante su segunda noche en Phoenix, mientras la fila de oración estaba aproximándose a su final, Bill tomó la mano de una mujer corpulenta. Al principio no podía interpretar las vibraciones que sentía. "Ud. Tiene o cáncer o problemas femeninos; ambos golpean casi igual. Un momento… es un problema femenino. ¿Es correcto eso? Está casi volviéndose un cáncer. La vida no ha sido un lecho de rosas para Ud. No, Ud. ha tenido una gran cantidad de esfuerzo. Pero esta noche, Jesucristo puede levantar sus cargas si Ud. lo cree."

El próximo en la fila era un varón bien vestido de mediana edad. Bill tomó la mano del hombre. "Señor, no siento ningunas vibraciones. Cualquiera que sea su problema, no es causado por un microbio."

El hombre estaba llorando. "Hermano Branham, creo que he jugado el papel de un hipócrita al entrar en la fila de oración cuando no estaba enfermo, pero era la única manera que yo sabía cómo llegar a Ud. Oigo que Ud. es un hombre pobre. Quiero darle una pequeña ofrenda." Él ofreció un cheque.

Bill apartó el cheque amablemente. "Yo no recibo ofrendas."

"Mire, tan sólo deseo mostrar mi gratitud con el Señor. Anoche traje a mi esposa por la fila de oración en una silla de ruedas.

---

[69] Daniel 7:15

Después que Ud. oró por ella, ella anduvo por primera vez en 16 años."

"Pero yo nunca la sané," insistió Bill. "Jesucristo la sanó."

"Pues, soy un petrolero de Texas, y extendí este cheque por $ 25,000 dólares a nombre de Ud...."

Tomando el cheque de los dedos del hombre, Bill lo rompió en dos, dobló por la mitad los pedazos, y los rompió en dos otra vez. Entonces le devolvió los pedazos, "Señor, no deseo su dinero. Lo que deseo es que su fe esté plantada firmemente en Jesucristo."

La última persona por la que oró aquella noche era una mujer que andaba cojeando con dificultad. Su esposo la sostenía mientras subía penosamente los escalones donde Bill estaba parado.

Apretando la mano de la mujer, Bill dijo, "No siento ningunas vibraciones en Ud. tampoco."

"Tengo artritis," le dijo la mujer.

"Pues, eso lo explica," dijo Bill. "Las vibraciones proceden de microbios. Yo no puedo sentir su problema porque la artritis es causada por ácido. No obstante, Jesucristo puede liberarle a Ud. si Ud. cree que Él puede. El don que Él me dio no sana; el don es para elevar la fe de la gente. Jesucristo es el único sanador."

Mientras Bill comenzó a orar por esta mujer artrítica, los ojos de ella se pusieron vidriosos y sus músculos se relajaron, como si hubiese caído en un éxtasis. Mientras el pastor anfitrión venía al micrófono a despedir la reunión, esta mujer permaneció aturdida, sus ojos fijados en Bill mientras él se alejaba tambaleándose del podio y a través de una puerta lateral.

Unos cuantos días después, el esposo de esta mujer suplicó que se le permitiera llegar a la puerta del cuarto del hotel de Bill. Bill lo invitó a pasar.

"Hermano Branham, Ud. nunca me ha conocido, pero Ud. conoció a mi esposa en la fila de oración más antes esta semana. Ella tenía artritis y fue la última persona por la que Ud. oró esa noche."

"Sí, me acuerdo de ella. ¿qué tal le va?"

"Su artritis parece estar mejorando, pero algo más anda mal. Ella está hablando como que está delirante."

"¿A qué se refiere Ud.?"

"Después que Ud. oró por ella, parecía como que ella estaba en un éxtasis hasta que llegamos a casa. A la mañana siguiente me preguntó, '¿Quién era el otro hombre que bajó con el Hermano

Branham cuando él oró por mí?' Y le dije, 'No había ningún otro hombre.' Ella dijo, 'Oh, sí, allí estaba. Él era un hombre más alto con piel morena y cabello negro colgándole cerca de sus hombros.' Hermano Branham, ¿de qué está ella hablando? Ud. estaba completamente solo en la plataforma."

Bill sabía que ella había visto al ángel del Señor, pero no quería decirlo todavía. "Señor, ¿han estado Ud. o su esposa alguna vez en mis reuniones anteriormente o me han escuchado relatar mi historia?"

"No, nunca hemos escuchado de Ud. hasta esta semana."

"Ya entiendo. Cuénteme más de este 'otro hombre' que vio su esposa en la plataforma conmigo. ¿Qué hizo él?"

El visitante de Bill se puso nervioso como si le preocupara que su historia resultara increíble. "Ella dijo que vio a este hombre bajar la vista hacia Ud. mientras Ud. estaba orando por ella. Cuando Ud. terminó, este hombre miró a mi esposa y dijo, *'Tú has venido buscando sanidad. No te preocupes— la oración del Hermano Branham será contestada y tú serás sanada.'* Entonces este hombre volvió la mirada hacia Ud. y le dijo a mi esposa, *'¿No se mira el Hermano Branham flaco y débil? Pero él estará fuerte otra vez después de un tiempo.'* Entonces cuando Ud. se marchó, ella dijo que observó a este hombre salir por la puerta lateral con Ud. Hermano Branham, yo también estaba allí. Yo sabía que Ud. y su esposa fueron los únicos parados allí. ¿Qué le parece?"

Bill explicó sensatamente. "Ese es el ángel del Señor que me aparece. Me alegra que Ud. viniera y me dijese esto. Estoy tan cansado y agotado; es bueno saber que estaré bien después de un tiempo."

En el Auditorio Shriner de Phoenix, Arizona

Bill en la iglesia Apostólica hispana de Phoenix, Arizona, en marzo de 1948. En la extrema izquierda con su Biblia abierta el Pastor Pablo García Chávez.

Bill, Ed y Samuel Hooper en Florence Junction, Arizona, en 1948.

Capítulo 42
Quebrantado de Salud y Repuesto
1948

DESPUÉS DE PHOENIX, ARIZONA, William Branham condujo campañas de sanidad en Pensacola, Florida; Kansas City, Kansas; Sedalia, Missouri; y Elgin, Illinois. En cada ciudad él le relataba a las multitudes tocante a su visión de un niño siendo resucitado de los muertos, diciendo, "Escríbanlo en la guarda de su Biblia a fin de que cuando suceda, Uds. crean que les estoy diciendo la verdad."

Todo el tiempo, la salud de Bill continuaba deteriorándose. Durante los servicios de oración, tenía dificultades para mantener el equilibrio mientras oraba por el enfermo. Tenía dificultades para quedarse dormido después de cada reunión; y si acaso se quedaba dormido, entonces tenía dificultades para despertar para el siguiente culto. Su cabeza le dolía constantemente y en ocasiones su cuerpo temblaba. Su estómago se volvía ácido y nada que comía le caía bien. Algunas veces su mente se obcecaba, iba sin rumbo enfocado y desenfocado. Él se sentía como una ruina.

El Jueves 13 de Mayo de 1948, comenzó una campaña de sanidad de cinco noches en el estado de Washington. Seis mil personas llenaron la Pista sobre Hielo de Tacoma a su capacidad. Cada noche las prolongadas fila de oración avanzaban lentamente, mientras Bill usaba la señal en su mano para detectar las enfermedades de ellos y elevar la fe de ellos lo suficientemente alta para aceptar el poder sanador de Cristo. Ruby Dillard estaba entre aquellos que venían avanzando. En ese entonces, Ruby casi estaba muriéndose de asfixia debido a un tumor canceroso en su garganta. Después ella escribió en la revista *La Voz de Sanidad*, "Aunque me dolía la garganta mientras el cáncer estaba desapareciendo, ya no tuve molestias desde entonces." Centenares de personas en la campaña de Tacoma tenían testimonios que eran igualmente sombrosos.

Antes de finalizar el culto del Lunes por la noche, Bill estuvo de nuevo al borde del colapso total. Él se tambaleó hacia atrás de la fila de oración y hubiera caído si dos hombres no lo hubiesen sujetado. Mientras estos dos hombres lo sacaban cargando, Bill les rogaba que lo dejaran despedirse de la gente. Gordon Lindsay le transmitió esta "despedida" a la audiencia, sin comprender en ese entonces su significado más a fondo.

Al día siguiente Bill convocó a su equipo de asistentes— Jack Moore, Gordon Lindsay, Ern Baxter, y Fred Bosworth— diciéndoles que Eugene, Oregon, sería su última reunión por un tiempo. Todos sus otros compromisos tendrían que ser cancelados. Naturalmente que estos ministros se preguntaban cuánto tiempo podría estar fuera del campo evangelístico. Bill les dijo que no sabía; podrían ser únicamente unos cuantos meses, o podría ser más de un año. Pero en su propio pensamiento, él no estaba tan optimista. Ya su energía estaba muy mal que él se preguntaba si jamás podría orar por los enfermos otra vez.

Para Gordon Lindsay en particular, estas noticias fueron un golpe terrible. Lindsay no únicamente había renunciado como pastor de su iglesia en Ashland, Oregon, para seguir las campañas de Branham, sino que también había dedicado todas sus energías y planificación a *La Voz de Sanidad*, una revista que repentinamente no tenía objetivo alguno. Después de mucha oración angustiante, Gordon Lindsay comprendió que él había avanzado demasiado con *La Voz de Sanidad* como para retroceder ahora. La primera publicación acababa de salir de la imprenta. Él decidió invertir sus ahorros personales para continuar la publicación. Pero ¿cuál sería el enfoque de la revista ahora? Tal vez no necesitaba más que seguir a un nuevo ministerio.

Naturalmente que no había escasez de candidatos de entre los cuales escoger. El ascenso rápido de William Branham a la escena nacional en 1946 tanto había desarrollado una conciencia pública del poder sanador de Dios como inspirado a otros a seguir los pasos de Bill. Docenas de ministerios de sanidad habían aparecido en 1947; y para este entonces en 1948, la lista seguía creciendo. Durante unas cuantas publicaciones, *La Voz de Sanidad* destacó a William Freeman, un joven que estaba teniendo éxito moderado en orar por los enfermos. Pero Gordon Lindsay percibía que si *La Voz de*

Sanidad había de sobrevivir sin la influencia del nombre de William Branham, no debería limitarse a hacer la crónica de un hombre en particular, sino que debería abarcar una gran variedad de ministerios de sanidad-liberación. "Al fin y al cabo," pensó Lindsay, "¿cuántas veces he escuchado decir al Hermano Branham, 'Jesucristo es el único sanador'?"

Mientras tanto, Bill estaba languideciendo en casa, enfermo, y descorazonado. Día tras día se revolvía en la cama mientras su estómago se revolvía como una tina de ácido cáustico.* En cualquier momento que trataba de comer, líquido caliente y grasiento subía por su garganta y quemaba su boca. Su peso había menguado a tan sólo arriba de 100 libras [45.36 kilogramos]. Sus ojos se bajaron en sus cuencas. Su rostro se miraba tan demacrado y pálido. Cuando intentaba incorporarse, su cabeza le daba punzadas y sus piernas a duras penas lo sostenían. Se sentía como si se estuviera muriendo.

Los doctores no podían ayudarle. Ellos calificaban su enfermedad como "agotamiento nervioso" provocado por trabajo excesivo y le mandaron bastante reposo en cama. Pero después de dos meses de seguir las órdenes de los doctores, Bill se seguía sintiendo mortalmente enfermo.

Él clamó al Señor en oración— a Jesús, su vida; a Jesús, su amor; a Jesús, su única esperanza. Él le imploraba su sanidad día tras día; aún con todo esto, Bill no mejoraba. Él cavilaba. ¿Cuántos millares de sanidades y milagros él había visto en sus reuniones? El Señor los había sanado; ¿por qué el Señor no lo sanaba a él? Esto no parecía justo.

Eventualmente Bill comprendió la respuesta— el Señor estaba tratando de enseñarle algo esencial. Cuando Bill analizó los dos años de su ministerio, se avergonzó de la manera que se había entregado más allá de los límites de la sensatez. Jonesboro era un ejemplo excepcional, donde él había permanecido junto al púlpito durante ocho días y noches seguidos orando por los enfermos. Pero en general, él se había hecho más daño al mantener avanzando sus filas de oración habitualmente hasta la una o dos de la mañana. En realidad él había sospechado todo el tiempo que este era un error; pero su corazón se llenó de simpatía por aquellas personas dolientes, sabiendo que para muchos de ellos, la vida o la muerte giraban sobre

---

[* *Ácido cáustico*: Ácido de ataca los tejidos orgánicos]

las oraciones de él. De modo que él se había entregado— y entregado, y entregado, y entregado. Ahora estaba pagando el precio. Él mismo se había provocado esto, y ahora Dios quería que aprendiera la lección. Bill comprendió que tan sólo porque Dios le había dado el don de sanidad no significaba que Dios esperaba que toda la carga reposara sobre sus hombros. Él leyó en Éxodo 19 cómo es que Moisés, encargado del cuidado de 2, 000,000 de Israelitas en el Desierto del Sinaí, se disminuyó tratando de ocuparse de los problemas de todas las personas por sí mismo. Jetro, su suegro, instó a Moisés a dividirse la carga de trabajo entre otros hombres competentes en el campamento. En Números capítulo 11, Bill leyó cómo Dios tomó el espíritu que estaba sobre Moisés y lo separó entre 70 ancianos de modo que pudieran ayudar a Moisés a llevar la carga.

Mientras Bill hojeaba la publicación más reciente de *La Voz de Sanidad*, se maravilló ante cuántos hombres y mujeres ahora estaban conduciendo campañas de sanidad por todos los Estados Unidos y Canadá— William Freeman, Oral Roberts, Jack Coe, Tommy Osborn, A.A. Allen, W.V. Grant, y muchos más. Él conocía personalmente a algunas de estas personas por cuanto se habían sentado en sus reuniones y le habían saludado de mano. Como Tommy Osborn, un ministro joven que estaba sentado en la reunión de Portland, Oregon la noche que aquel maniático amenazó con fracturar cada hueso en el cuerpo de Bill. Pero no fue el ver a aquel grande y pesado hombre de 250 libras [113.4 kilogramos] de peso caer inconsciente al piso lo que inspiró al joven Osborn; fue el observar a Bill imponer sus manos sobre una niña sordomuda y decir quedamente, "Tú espíritu sordomudo, te conjuro en el Nombre de Jesús, deja la niña." Cuando Bill castañeó sus dedos, la niña podía oír. Entonces ella habló. Eso encendió un fuego en el alma de Tommy Osborn para emprender su propio ministerio independiente— un ministerio que ahora estaba ardiendo un sendero de salvación y sanidad a través del territorio del diablo, prendiendo fuego a los corazones a la fe en Cristo.

Otro nombre que Bill reconoció era Oral Roberts. Bill conoció por primera vez a este joven el verano pasado en Tulsa, Oklahoma. En aquel entonces Roberts de 32 años de edad acababa de comenzar su propio ministerio independiente de liberación y todavía estaba inseguro en cuanto a la dirección que debía viajar. Después de acudir a una de las reuniones de Bill y atestiguar el poder sanador de Jesucristo, Oral Roberts decidió que él debía también enfatizar sanidad Divina en su propio ministerio. Bill se encontró de nuevo con Oral Roberts en Kansas City esta primavera y se asombró ante cuánto había madurado este hombre en diez meses. Roberts irradiaba ahora confianza y liderazgo. A causa de las aptitudes naturales de este joven por el exhibicionismo, su ministerio se estaba expandiendo constantemente. Roberts tenía una mente sagaz para los negocios y estaba usando para buen provecho todo el dinero que se le presentaba. Para reducir el costo de los gastos generales de su campaña, él compró su propia carpa. Aparte de emitir su propio programa de radio, él había iniciado su propia revista llamada *Aguas Sanadoras*. Estas dos empresas estaban incrementando su esfera de influencia y ampliando la base de su respaldo económico.

Impresionado por la sinceridad e iniciativa de Oral Roberts, Bill extrajo algún consuelo de saber que él había influenciado a este audaz joven predicador. De hecho, hojeando a través de *La Voz de Sanidad*, Bill comprendió que su propio ministerio había influenciado a cada uno de esos hombres y mujeres, ya sea directamente o indirectamente. Cuando él se había puesto en camino en 1946, ningún otro ministro en Norteamérica estaba celebrando grandes campañas y predicando sanidad Divina. Ahora ellos parecían estar por todas partes— cada uno predicando una variación del tema de Bill, que Jesucristo es el mismo ayer, hoy, y por los siglos. Eso no debía sorprenderlo. ¿No era eso lo que le había dicho el ángel del Señor en la cueva? *"Tú eres enviado para llevar un don de sanidad Divina a la gente del mundo."* En ese entonces, Bill había asumido que él debía entregar personalmente el don. Ahora él podía entender que era únicamente la chispa para el avivamiento mundial. Sus 24 meses de ministerio habían encendido el fuego santo en decenas de millares de corazones y ahora el Espíritu Santo estaba avivando los fuegos de avivamiento en toda dirección.

¿Eso significaba que Dios había terminado con él? No, eso no podría ser. El ángel le dijo que a él le serían dadas *dos* señales para probar que era enviado de Dios. Hasta aquí únicamente había visto una— la señal en su mano. ¿Qué tocante a la segunda señal? El ángel le dijo que si era sincero, vendría a suceder que él conocería los mismísimos secretos del corazón de las personas. Bill no tenía idea de lo que eso significaba, pero sabía que no había acontecido todavía. Ni había sido cumplida la visión del niño siendo resucitado de los muertos. Sin duda que Dios no había terminado con él todavía, a menos— y él rogaba que esto no fuera cierto— a menos que él hubiese hecho caso omiso del plan de Dios para su vida al despilfarrar su energía.

EL 15 DE SEPTIEMBRE DE 1948, Bill visitó la clínica Mayo en Rochester, Minnesota, esperando que los doctores allí pudieran ayudarlo. Durante tres días un equipo de especialistas lo sometieron a cada análisis imaginable que pudiera descubrir alguna pista.

En la mañana que se esperaban los resultados de sus análisis, Bill se despertó sintiéndose inquieto. En unas cuantas horas él iría a la clínica y recibiría el reporte decisivo sobre su condición. ¿Habría alguna esperanza para él? O ¿estaba él acabado? Se sentó en el borde de su cama y oró, "Amado Jesús, personas con todo género colapsos nerviosos que existen venían a mis reuniones y Tú las sanabas. ¿Por qué Tú no me sanas a mí? A través de los años Tú me has mostrado visiones concernientes a la sanidad de otras personas, pero nunca me has mostrado una tocante a la mía. Yo he estado atormentado con este terrible nerviosismo de vez en cuando desde que era un niño. Ahora mi fuerza está muy mal, parece que no puedo tener dominio de mí para creer Tu Palabra para mi sanidad. ¿Qué va a ser de mí?"

Tan pronto como terminó de orar, se sintió cayendo en una visión. La habitación del hotel se desvaneció, Bill parecía estar en un vallecito poblado de árboles. Enfrente de él vio a un niño de siete años de edad parado junto a un viejo tocón muerto de un árbol. ¿Dónde había visto Bill ese rostro antes? Repentinamente él lo supo— el niño se miraba así como él mismo se había mirado a esa edad. Pues, ¡era él!

De pronto Bill se fijó en una figura peluda dentro de un hoyo en el tocón. Bill le dijo al niño. "Déjame mostrarte cómo sacar esa ardilla." Él tomó una vara y dio golpes de arriba abajo del costado del tronco del árbol. Este era un antiguo truco de cacería usado para hacer salir rápidamente a una ardilla del hueco de un tronco. Eso funcionaba ahora, pero la criatura que salió a gatas de este tocón se parecía más a una comadreja, aunque no exactamente. Tenía un cuerpo negro largo y delgado, una cabeza pequeña y ojos negros pequeñísimos y brillantes. Se miraba malvada y feroz.

"Cuidado," Bill le advirtió al niño. "No te acerques a ese viejo tocón. No puedes saber cuán peligroso podría ser ese animal." Bill se dio la media vuelta para ver si el niño estaba haciendo caso de su advertencia. El niño— él mismo como un niño— ya no estaba allí.

Bill se volvió al árbol. El animal gruñó, tensando su cuerpo como si pudiera atacar. Bill no tenía un arma; todo lo que tenía era un pequeño cuchillo de cacería colgando en su cinturón. Pensó nerviosamente, "Si esa ardilla me ataca, este cuchillo no va a servir de mucho. Aquí soy realmente vulnerable."

De algún sitio a su derecha Bill escuchó decir al ángel del Señor, "*Recuerda, únicamente tiene seis pulgadas de largo.*" [15.20 centímetros]

Bill se inclinó para sujetar su cuchillo. Pero antes que pudiera sacar la hoja de su funda, la criatura saltó, cayendo en su hombro. Bill le dio un navajazo, pero la "ardilla" era demasiado ágil. Ella se precipitaba de hombro a hombro tan rápidamente que Bill ni siquiera podía arañarla. Bill abrió su boca para decir algo. Rápido como una bala, el animal se introdujo rápidamente en su boca y por su garganta. Bill podía sentirla dando vueltas y vueltas en su estómago, tan sólo haciéndolo pedazos. Alzando sus manos, Bill exclamó, "Oh, Dios, ¡ten misericordia!"

A medida que salía de la visión, escuchó la voz del ángel del Señor repitiendo aquella enigmática pista, "*Recuerda, únicamente tiene seis pulgadas de largo.*"

Tembloroso, Bill se colapsó de vuelta sobre la cama. Su esposa, Meda, lo movió, pero no despertó. Durante un largo tiempo Bill permaneció allí, considerando la visión. Aquella ardilla de apariencia extraña debía referirse a su condición nerviosa, la cual podía atacar a su estómago con semejante fuerza que él sentía como que se estaba muriendo. Pero ¿qué representaba aquel niño de siete años de edad? Bill se acordó que él tenía siete años de edad cuando le dio el ataque nervioso por primera vez. Siete— él tenía esa edad cuando él había comprendido cuantas cosas andaban mal en su vida— su padre se embriagaba; su familia era pobre; él era un inadaptado en la escuela; y para rematar todo eso, él veía cosas que las otras personas no podían ver. Con razón él se había vuelto nervioso y melancólico. Esta visión estaba comenzando a tomar sentido.

De pronto él vio un patrón. Esta condición nerviosa había vuelto sobre él con regularidad aproximadamente cada siete años. Ella lo azotó la segunda vez cuando tenía 14 años, después que su primo lo hirió accidentalmente en las piernas con una escopeta. Durante aquel invierno postrado en cama, él había sufrido durante meses con depresión nerviosa. Como siete años después sus sentidos fueron superados por gases mientras sometía a prueba una cañería principal de gas, la cual provocó un problema estomacal tan severo que casi lo mató. Durante cinco meses él vivió de jugo de ciruela pasa y sopa de cebada. Él se hubiera muerto de debilidad si el Señor no lo hubiese sanado. Siete años después, Hope y Sharon Rose murieron. Esa tragedia lo había devastado, convirtiéndolo en una persona con los nervios tan destrozados que había intentado matarse. Poco a poco el Señor Jesús lo había sacado y restaurado, y por el siguiente periodo de años sus nervios habían permanecido estables, ya sin molestarlo que hubiera sido considerado normal. Entonces llegó la comisión del ángel, y durante los últimos dos años Bill se había entregado hasta límite de esta resistencia humana. Finalmente su cuerpo se había rebelado, hundiéndolo en este pozo de agotamiento nervioso.

Todavía pensando en la visión, consideró enseguida el cuchillo pequeño. Durante esta semana pasada de análisis, un doctor había sugerido una posible cura— cortar algunos de los nervios del estómago de Bill. El cuchillo en la visión debía representar el bisturí del cirujano, mostrándole a Bill que una operación sería inútil en contra de su enemigo.

¿Qué respecto a las palabras del ángel— *"Recuerda, únicamente tiene seis pulgadas de largo"*? ¿Podría significar eso que él sufriría con esta enfermedad estomacal durante únicamente seis meses? Si eso era cierto, entonces Dios iba a sanarle pronto, porque habían pasado como seis meses desde que este episodio de enfermedad había comenzado. Su espíritu aumentó en esperanza. Entonces lo abatió un pensamiento sensato. Nada en la visión sugería que la ardilla de apariencia extraña estuviera muerta. ¿Acaso eso significaba que este problema iba a volver en siete años? ¿Tendría él que sufrir estos ataques periódicamente durante el resto de su vida? Oh, si tan sólo pudiera ver una visión en donde muriera esa ardilla, ¡entonces él sabría que todo había terminado!

Unas cuantas horas después, Bill se presentó en una oficina en la Clínica *Mayo*, escuchando atentamente mientras un doctor de edad explicaba los resultados de sus análisis. "Joven, lamento decirle esto, pero su condición es hereditaria. Como muchos Irlandeses, a su padre le encantaba su whisky. Su madre es media India, y nosotros sabemos que los Indios no pueden tolerar el alcohol. Al mezclarse estos dos grupos de genes le han dado a Ud. esta condición nerviosa. Ud. nunca estará sano. Sus nervios afectan a su estómago y esto causa que su alimento sea rechazado. No hay cura para esto; no hay nada que podamos hacer. Ud. tendrá este problema por el resto de su vida."

Bill lo sabía mejor que nadie. Cuando regresó a Jeffersonville, su madre vino a enterarse de lo que le habían dicho los doctores de la clínica. Bill comentó, "Yo sería un hombre desalentado ahora mismo si el Señor no me hubiera dado esperanzas en esa visión:"

Ella Branham asintió con la cabeza. "Billy, es interesante el que tuvieras esa visión el Jueves por la mañana, porque temprano esa misma mañana yo tuve un sueño extraño respecto a ti."

Bill sabía que su madre casi nunca soñaba; pero en las pocas ocasiones que soñaba, sus sueños siempre parecían entrañar un significado espiritual— tal como la ocasión después de la conversión de Bill cuando ella soñó que lo vio parado en una nube blanca, predicándole a todo el mundo.

Ella continuó, "Soñé que estabas postrado enfermo en el porche, casi muerto con tu problema estomacal como de costumbre. Estabas construyendo una casa sobre una loma allá en el Oeste. Luego vi—"

"Madre," interrumpió Bill, "Permítame concluirlo. Después que Ud. me vio allí postrado enfermo, Ud. vio seis palomas blancas descender volando del cielo en la forma de la letra 'S'. Ellas se posaron en mi pecho. Aquella más cercana a mi cabeza se mantenía arrullando y rozando su cabeza contra mi mejilla como si estuviera tratando de decirme algo. Se miraba triste. Entonces yo grité, 'Alabado sea el Señor.' Justo antes que Ud. despertara."

"Así es. ¿Cómo lo supiste?"

"Madre, Ud. sabe que cada vez que alguien me cuenta un sueño que tiene un significado espiritual, el Señor me muestra el mismo sueño junto con la interpretación. Eso no es diferente que en la Biblia. ¿Se acuerda cuando el Rey Nabucodonosor estaba perturbado por una pesadilla y deseaba saber lo que significaba? El problema era, que él no podía recordar de qué se trataba la pesadilla. De modo que el Señor le mostró a Daniel el mismo sueño y Daniel le recordó al Rey lo que era, lo cual le demostró a Nabucodonosor que la interpretación de Daniel procedía de Dios."[70]

"Pues, Billy, ¿qué es lo que significa mi sueño?"

"El Señor le dio a Ud. este sueño al mismo tiempo que a mí me dio la interpretación. Ellos están relacionados. La ardilla de aspecto extraño representa mi condición nerviosa, la cual llega a mí aproximadamente cada siete años. El animal que me atacó tenía seis pulgadas de largo, y Ud. vio seis palomas. Eso significa que después de cada serie de malestares estomacales yo seré sanado... durante un rato. Bíblicamente, seis es un número incompleto. Dios se completa en siete. Algún día veré morir a esa ardilla de apariencia extraña; entonces veré una séptima paloma y la batalla se acabará."

Dos días después Bill estaba sentado en su porche leyendo un libro escrito por Fred Bosworth llamado, *La Confesión Cristiana.* Poniendo a un lado el libro, tomó su Biblia y la abrió al azar. Las páginas se abrieron en Josué capítulo uno. Bill leyó, *"Esfuérzate y sé muy valiente... Jehová tu Dios estará contigo dondequiera que vayas."* De pronto él supo que esta había de ser *su* confesión. Luego escuchó una voz interior susurrándole, *"Yo soy Jehová tu sanador."* [71] Alegremente, Bill entró a la casa y abrazó a su esposa, diciendo, "Amorcito, ¡Dios me acaba de sanar!"

---

[70] Daniel 2

[71] Éxodo 15:26

Reunión en Carpa en Kansas City, Kansas en 1948.
De izquierda a derecha Young Brown, Jack Moore, William
Branham, Oral Roberts y Gordon Lindsay.

Una parte de la gran audiencia que acudió a la campaña de sanidad
de Branham en Kansas City.

Campaña en Tacoma, Washington

Capítulo 43
Aparece la Segunda Señal
1948

LA SEMANA POSTERIOR A QUE William Branham regresara de la Clínica *Mayo*, recuperó 12 ½ libras [5.70 kilogramos.] Todavía estaba débil y tembloroso, pero él sabía que tan sólo era cuestión de tiempo para que se sintiera lo suficiente bien para volver a tomar su ministerio.

Mientras se recuperaba, él seguía las noticias de la guerra en Palestina con profundo interés. El Israel recién creado estaba librando su propia guerra contra sus vecinos Árabes más grandes y más fuertes. Bill podía identificarse en tantas maneras con el novato estado de Israel. Casi al mismo tiempo que Bill había abandonado su ministerio de sanidad a causa de la condición nerviosa que amenazaba su vida, los Judíos en Palestina también eran forzados a luchar para defender sus vidas. El 14 de Mayo de 1948, se habían declarado una nación independiente. Al día siguiente, cinco países Árabes le declararon la guerra a Israel, atravesando sus fronteras con sus ejércitos, jurando que arrojarían a cada Judío al mar. Israel no tenía un ejército propio, pero tenía a la desesperación de su lado— así como Bill. Al principio los Judíos de Palestina parecía como que estaban condenados. Pero entonces, foco por foco de resistencia, había luchado contra sus enemigos hasta una detención. Por ahora la guerra se había empantanado en negociaciones.

Bill reflexionó durante horas acerca del significado Bíblico de estos eventos. Israel, ¡una vez más una nación! Durante casi mil novecientos años los Judíos habían estado esparcidos entre otras regiones del mundo. Ahora estaban de vuelta en la Tierra Prometida. ¿Era esta la higuera de la que Jesús había hablado en Lucas 21? Bill se sentía seguro que la nueva nación de Israel sobreviviría a este conflicto presente porque bíblicamente desempeñaba un papel principal en el plan de Dios del tiempo final. Era emocionante observar. Parecía como que en cada flanco de él la profecía Bíblica estaba siendo cumplida.

A finales de Septiembre, Bill llamó a Gordon Lindsay, para contarle acerca del diagnóstico pesimista del doctor de *Mayo*, acerca de la visión de la ardilla de apariencia extraña, y cómo es que el Señor lo había sanado por ahora. Lindsay se emocionó de escuchar esto, diciendo que él tenía una maleta llena de invitaciones para toda la nación pidiéndole a Bill que viniera a celebrar campañas de sanidad por fe. Bill le advirtió a su administrador que todavía estaba demasiado débil para ocuparse de un calendario completo. Entonces Lindsay, que ahora estaba ocupado publicando la revista *La Voz de Sanidad*, sugirió que Bill podría usar a Ern Baxter como su administrador de campaña. Ern Baxter no solamente tenía destrezas organizacionales, también era un predicador dinámico, y él se había ofrecido para ayudar en cualquier manera que pudiera. Después de orar al respecto, Bill estuvo de acuerdo con el cambio.

El Reverendo Baxter demostró ser un buen administrador de campañas. Él y Fred Bosworth planearon trabajar con Bill despacio de vuelta en su ministerio de liberación. El proteger la salud de Bill del trabajo excesivo era su principal interés. Primero analizaron sus errores pasados. Durante muchas de las campañas de Bill a través del continente, a menudo habían sido los pastores anfitriones quienes decidían cuándo debería concluir cada culto de sanidad por fe. Estos varones no entendían cuán severamente el don de discernimiento agotaba la energía de Bill. Ellos dejaban que las filas de oración fueran interminables hora tras hora, noche tras noche, pensando que mientras Bill se mantuviera en pie y orara por los enfermos, él debía estar bien. Este resultó ser un criterio poco favorable, porque Bill sentía tanta compasión por la gente enferma que él se entregaba hasta donde su fuerza se lo permitiera, procurando orar por todos los que pasaban al frente. Cuando la unción estaba sobre él, su cuerpo se entumecía gradualmente y su mente se obcecaba a sus propios pensamientos. Su fuerza eventualmente le fallaba. A la hora que se terminaba el servicio de oración, Bill estaría tan mal, que no sabía si estaba caminando, andando a gatas, o siendo sacado en brazos.

Baxter y Bosworth acordaron que de ahora en adelante, la decisión de finalizar cada culto debería ser dada a varones que se interesaran por Bill personalmente; varones que lo vigilaran de cerca y finalizar la fila de oración cuando detectaran señales de fatiga. Esto debería contribuir con mucho a proteger a Bill de cualquier colapso futuro.

Como una precaución adicional, sus administradores sugirieron poner límite al número de personas que entrarían en una fila de oración en cualquier determinada noche. Bill podía ver la sabiduría en este enfoque: la siguiente pregunta era: ¿cómo se debería seleccionar a aquellos que podían estar en una fila de oración? Después de discutir varias opciones, ellos estuvieron de acuerdo en usar otra vez tarjetas de oración.

Más antes en el ministerio nacional de Bill, él había desarrollado un sistema para limitar el tamaño de sus filas de oración. Se distribuían tarjetas numeradas antes de cada culto y no se le permitía introducirse a nadie a la fila de oración sin una de estas tarjetas de oración. Este método había funcionado mejor que nada, aunque Bill generalmente distribuía demasiadas tarjetas para su propio bien— a menudo repartiendo de 150 a 200 tarjetas por noche. También había habido muchas noches cuando él había ignorado su sistema de tarjetas de oración completamente, diciéndole a la audiencia, "Esta noche, voy a tratar de orar por cada persona enferma en el edificio." Entonces la fila de oración se alargaba interminablemente, y Bill oraba por la gente hasta que su fuerza se acababa alrededor de la una o dos de la mañana. Ahora eso tenía que cambiar.

El sistema de tarjetas de oración tenía que ser restablecido y observado estrictamente. El número de personas admitidas dentro de la fila de oración cada noche debía ser controlado cuidadosamente. Él nunca más debería permitir que su simpatía dominara su sentido común. Él primero debía conservar su salud, antes que pudiera ayudar a otros a recobrar la salud de ellos.

Fred Bosworth y Ern Baxter ayudaron a Bill a resolver los detalles. Una hora o dos antes que fuera a iniciar un culto, alguien pasaría por el auditorio distribuyendo tarjetas numeradas a toda persona que deseara estar en la fila de oración. Cuando llegara la hora de orar por los enfermos, Bill tomaría al azar un número y diría (por ejemplo), "Esta noche iniciaremos con la tarjeta B-75; intentaremos conseguir pasar tantos como podamos, pero vamos a comenzar con 15 personas— de la 75 a la 90. De ese modo nadie tiene que estar de pie demasiado tiempo mientras estoy orando por los enfermos. ¿Quién tiene la tarjeta de oración B-75? Alce su mano de modo que los ujieres puedan verla. Allí está. Ahora, ¿quién tiene la tarjeta de oración número B-76...?"

Mientras él llamaba los números, los ujieres ponían en fila a las personas en el costado del auditorio a la derecha de Bill. (Bill siempre hacía que la fila de oración se acercara desde su derecha porque el ángel del Señor se paraba a su lado derecho.) La gente en la fila de oración esperaba en el piso del auditorio, mientras aquel por el que se oraría subía los escalones para encontrarse exclusivamente con el evangelista. De esta manera los administradores podían monitorear su fuerza y podían clausurar el culto tan pronto como sintieran que él había orado demasiado.

DEL 29 AL 31 DE OCTUBRE DE 1948, William Branham puso a prueba su fuerza al celebrar una campaña de sanidad por fe de tres noches en Fresno, California. Luego el 1 de Noviembre, él manejó hasta Seattle, Washington, donde se unió con Fred Bosworth en una campaña que él ya había estado llevando a cabo durante dos semanas. Después de seis noches más de orar por los enfermos, Bill se sentía agotado. Comprendiendo que todavía no estaba preparado para regresar a la obra, regresó a casa para más reposo.

Él lo intentó otra vez en Enero de 1949, celebrando una campaña de cinco días en Hot Springs, Arkansas. Aquí soportó mejor la tensión nerviosa, pero todavía no sentía que estuviera preparado para ir de tiempo completo. Un mes después él predicó una campaña de siete días en Miami, Florida. En esta ocasión se sintió como el mismo de siempre, así que le dijo a Ern Baxter que llenara su calendario para el resto del año.

El 11 de Marzo de 1949, después de una ausencia de diez meses de predicación continua, Bill volvió a tomar de tiempo completo la obra evangelística con una campaña de cuatro días en Zion, Illinois. Por los cuatro meses siguientes condujo campañas en Missouri, Indiana, Texas, Michigan, Washington, British Columbia, y North Dakota. A pesar de la abundancia de ministerios de liberación ahora en la escena, la mística de William Branham no había perdido nada de su poder de atracción durante su ausencia. La gente acudía a sus reuniones por millares. Los milagros abundaban.

En Julio comenzó una gira directa de dos meses que le llevaría a través del centro de Canadá. Fue en este viaje que el curso de la historia Cristiana cambiaría para siempre. El 24 de Julio de 1949, Bill estaba en Regina, Saskatchewan, predicándole a una multitud de 10,000 personas. Él acababa de llamar la fila de oración. Mientras los ujieres estaban reuniendo a 15 personas en orden numérico, Bill se mantenía hablando con la audiencia.

"Cuando yo estaba en Miami, Florida, hace más de un año, el Señor Jesús me dio una visión de un niño siendo resucitado de los muertos. El niño tenía entre ocho y diez años de edad, con cabello castaño y ojos castaños. Estaba vestido de un aspecto medio raro, como que es de un país extranjero. Todavía no ha sucedido, pero es 'así dice el Señor,' de modo que tiene que suceder algún día. Anótenlo en la guarda de su Biblia. Cuando venga a suceder, me aseguraré que el Hermano Gordon Lindsay imprima un informe de ello en la revista *La Voz de Sanidad* a fin de que todos Uds. lo sepan.

"Parece que la fila de oración está lista. Ahora todos sean reverentes. Presten atención a Jesús y crean. Estas son personas enfermas. Para algunas de ellas, esta es su última esperanza. Yo también tengo que ser reverente. El ángel me dio esta señal en la mano y me dijo, 'Si eres sincero y puedes hacer que gente te crea, nada hará frente a tu oración, ni siquiera el cáncer.' Eso ha sido cierto en todas partes que he estado. Muchos de Uds. mismos han visto eso. Ese mismo ángel me dijo también, 'Si eres sincero con lo que te doy, entonces algún día vendrá a suceder que les dirás a las personas los mismísimos secretos del corazón de ellos y las cosas que han hecho en sus vidas que están mal, y así sucesivamente.' " Volteándose hacia su hermano Donny, Bill dijo, "Muy bien, puedes subir al primer paciente."

Era una tarde calurosa, y las lámparas de alta intensidad la hacían más caliente. El sudor bañaba la frente de Bill y empapaba su cuello. Él se lo limpiaba con un pañuelo. Sentía su garganta reseca e irritada. Mientras venía avanzando la primera persona en la fila de oración, Bill se alejó del micrófono para beberse un vaso de agua.

El Reverendo Baxter dijo, "Dios le bendiga, Hermano Branham."

"Gracias, Hermano Baxter." Bill regresó al micrófono. Una mujer de mediana edad le estaba esperando. "Cómo le va, señora."

"Cómo le va," respondió nerviosamente. Entendiendo la ansiedad de ella, Bill dijo, "Ahora esa presencia que Ud. está sintiendo, eso no le hará daño. Ese es el ángel del Señor. Lo veo como una luz suspendida en el aire entre Ud. y yo. Yo también lo siento. Es una sensación muy sagrada...”

Mientras Bill estaba hablando, sucedió algo fantástico. Por un momento él estaba mirando a una mujer normal de mediana edad; al momento siguiente esta mujer comenzó a contraerse como si se estuviera alejando de él a la velocidad de un aeroplano. Ella parecía estar haciéndose más joven a medida que se contraía. Cuando la transformación de ella alcanzó la edad de 12, paró de cambiar. Ahora Bill la vio sobrepuesta en otra escena, muy diferente de la plataforma donde ella había estado de pie. Parecía estar sentada en un pupitre. Allí había otros pupitres alrededor de ella y un pizarrón negro en la pared. Eso debía ser un salón de clases. La niña estaba moviéndose ahora, y aún cuando la escena estaba desplegada en miniatura, Bill podía ver claramente la acción.

“Algo está ocurriendo,” le dijo Bill a la audiencia, el micrófono amplificando sus palabras. “La mujer mayor se ha ido de mí y veo una niña como de 12 años, sentada en un salón de clases. Ella está golpeando su lápiz— no, es una pluma. ¡Oh! La veo subir volando y pegarle en el ojo...” Ahora Bill escuchó un grito distante. El salón de clases se desvaneció. Bill meneó la cabeza y se frotó los ojos en confusión. Aquí estaba la misma mujer de edad mediana, todavía de pie enfrente de él sobre la plataforma. Al fin y al cabo no se había ido a ningún lado. Entonces ¿dónde había estado él? ¿Qué había visto?

La mujer de pie enfrente de él gritó otra vez. Ella tenía sus manos sobre la boca y estaba temblando. “Hermano Branham, ¡esa era yo! Eso sucedió años atrás cuando yo estaba en la escuela. La pluma me pegó y ahora estoy ciega de mi ojo derecho.”

Bill meneó otra vez la cabeza. “Nunca antes tuve nada parecido que ocurriera antes. Un momento... aquí viene otra vez. Veo a una jovencita como de 16 años con un vestido a cuadros puesto. Su cabello está atado en dos trenzas largas con un gran listón amarrado en la parte de arriba. La veo corriendo tan rápido como puede ir y se mira aterrorizada. Espere... hay un perro persiguiéndola— un perro grande amarillo. La estoy mirando subir corriendo sobre un porche. Ahora la puerta se abre y una señora mayor introduce a la jovencita.”

La mujer de edad mediana chilló otra vez. “Hermano Branham, eso me sucedió cuando yo estaba en la escuela preparatoria. ¡No he pensado en eso en años!”

La piel en el rostro de Bill se sentía paralizada; sus labios y lengua se sentían más gruesos de lo normal. "Algo ha ocurrido aquí, amigos. No sé lo que está pasando. Hermana, permítame tomar su mano." Él cogió la muñeca de ella, buscando una pista. No había nada. "Pues, no siento ningunas vibraciones derivadas de ello."

Él estaba recorriendo con la mirada las venas en el dorso de la mano de ella, cuando el mundo cambió de sitio otra vez y él se halló mirando a una escena diferente. Él miró a una mujer saliendo de un cobertizo rojo y cojeando en dirección a una casa blanca. Bill dijo, "Veo a una señora andando muy lentamente... hermana, ¡es Ud.! Puedo verla batallando para subir los escalones de una casa blanca. Hay algo mal con su espalda. Veo que Ud. no puede trepar esos escalones. Ahora la veo inclinarse sobre un arriate a su derecha y llorar... Un momento." Bill paró de hablar con la audiencia a fin de poder escuchar a la mujer en la visión. "Yo le escucho a Ud. decir, 'Si alguna vez puedo llegar a la reunión del Hermano Branham, eso se acabará."

Sin otro sonido, los ojos de la mujer se pusieron en blanco en su cabeza y se desmayó. Afortunadamente el ujier estaba de pie lo suficientemente cerca para sujetarla y bajarla al piso poco a poco. Cuando volvió en sí un momento después, no solamente podía torcer su espalda en cualquier dirección, ¡también podía ver perfectamente con su ojo derecho!

La tensión se desencadenó mientras la muchedumbre se esforzaba por entender lo que había sucedido. Bill estaba tan desconcertado como el resto. "Pues— ah— algo ha ocurrido, amigos, y no sé—"

Ern Baxter sujetó el micrófono y dijo emocionadamente, "Hermano Branham, esto es tan sólo lo que Ud. nos estaba diciendo que sucedería. Es esa segunda señal de la que el ángel habló."

La alabanza exuberante prorrumpió de la multitud. La gente se puso de pie; palmeaba sus manos; gritaba; adoraba al Señor Jesucristo que estaba visitando a Su pueblo con semejantes maravillas.

En medio de la emoción y la confusión un joven con muletas subió a la plataforma sin una tarjeta de oración e iba cojeando en dirección al evangelista. Dos ujieres, dándose cuenta de lo que el hombre estaba tratando de hacer, lo sujetaron para bajarlo de vuelta.

Escuchando el ruido de las muletas, Bill echó un vistazo y vio la conmoción. "Necesitas regresar y conseguirte una tarjeta de oración, hijito," le dijo amablemente.

El joven rogaba, "Dígame qué hacer, Hermano Branham; eso es todo lo que deseo que Ud. me diga qué hacer."

"Pues, hijo, yo no sé qué decirte... Un momento. Ujieres, no se lo lleven todavía." Eso estaba sucediendo otra vez. El joven lisiado parecía estar contrayéndose delante de los ojos de Bill, retrocediendo... retrocediendo... Bill ya no podía ver el auditorio; más bien él vio un autobús con "Playa Regina" desplegado prominentemente sobre el parabrisas delantero. La puerta de este autobús se abrió y salió este joven en sus muletas.

"Tú dejaste Playa Regina esta mañana, verdad," dijo Bill. "Viniste aquí en autobús. Veo a un hombre y a una mujer diciéndote que no puedes ir. Oh, es tu papá y tu mamá."

"Así es," gritó el joven.

"Veo a otro hombre dotándote de dinero suficiente para que hicieras el viaje. Él se parece a tu papá, pero no totalmente..."

"Él es mi tío."

"Ahora te veo en una habitación, mirando hacia a fuera por el hueco de una ventana."

"Esa es la casa de mi tía. Me estoy quedando con ella." La emoción de él era palpable. "Hermano Branham, ¿qué tengo que hacer?"

"¿Crees con todo tu corazón?"

"Yo creo con todo mi corazón que Jesucristo está aquí."

"Entonces ponte de pie," ordenó Bill, apuntando su dedo directamente a él, "Jesucristo te ha sanado."

Dejó caer ambas muletas, sonando con estrépito sobre la plataforma de madera. Zafándose de la sujeción de los ujieres, el joven dio un paso con cautela, luego un segundo paso más osado, luego un tercero y un cuarto. Con confianza creciente levantó su paso, alzó las manos en el aire, dándole gracias a Jesucristo con cada paso.

Mientras la multitud se agitaba en alabanza frenética, Bill se acordó de lo que el Señor le dijo a Moisés: *Si aconteciere que no te creyeren ni obedecieren a la voz de la primera señal, creerán a la voz de la postrera.*[72]

---

[72] Éxodo 4:8

Capítulo 44
Entendiendo Su Ministerio
1948 – 1949

UN CAMBIO MONUMENTAL había ocurrido en el ministerio de William Branham. La segunda señal había aparecido. Las palabras del ángel finalmente habían acontecido. Desde ahora en adelante, aparte de la señal en su mano, Bill también podía ver los secretos del corazón de las personas. Este segundo don— discernimiento por medio de visión— dejaba estupefacto a cualquiera que se acercara a él, incluyendo a Bill. Aunque él había visto visiones desde que era un niño, nunca antes las había experimentado en esta escala tan amplia y con un propósito tan inmediato. Reunión tras reunión, noche tras noche, desconocido tras desconocido, enfermedad tras enfermedad, secreto tras secreto— nada podía permanecer oculto que Dios quisiera que se revelara. La señal en la mano seguía estando disponible si él deseaba usarla. Pero este don nuevo, el cual no parecía tener imitaciones, era mucho más exitoso en elevar la fe de los creyentes al punto donde podían aceptar sus sanidades.

A causa de que este fenómeno nuevo era tan diferente de cualquier cosa que la gente alguna vez había visto antes, Bill intentaba explicarlo a sus audiencias, diciendo, "Muchos de Uds. tienen sueños. Un sueño es su mente subconsciente funcionando cuando su mente consciente está dormida. Pero un vidente es diferente; un vidente tiene una mente subconsciente que está paralela con su mente consciente de modo que él ve una visión cuando está despierto."

En realidad, era más fácil mostrar el don de lo que era explicarlo. Cuando la audiencia veía que este discernimiento por medio de visión penetraba hasta el fondo de cada nuevo caso con precisión inequívoca, parecía más de lo que cualquier mortal podía maquinar. La explicación más fácil de creer era la que Bill ofrecía: Jesucristo estaba presente en la forma del Espíritu Santo, revelándose a través de un don administrado por un ser angelical.

No obstante, no todos estaban convencidos. Algunas personas creían que era Bill estaba usando psicología para engatusar a la audiencia. Otros tenían la impresión que estaba jugando una mala pasada con las tarjetas de oración. En el reverso de cada tarjeta había varios renglones para que el paciente escribiera su nombre, su dirección y la razón por la que entraba en la fila de oración. Luego esta información podía ser usada por los ministros locales que patrocinaban las campañas para averiguar a estas personas y ver cómo estaban progresando. Bill nunca veía estas tarjetas. Un ujier las recogía cuando la fila de oración estaba formada al costado del auditorio. No obstante algunos escépticos se imaginaban que el ujier estaba leyendo las tarjetas de oración y enviándole la información a Bill a través de telepatía mental. Ese era un argumento flojo, porque no todos escribían su malestar en el reverso de su tarjeta de oración; ni podía la telepatía mental explicar cómo Bill podía revelar los secretos personales de un paciente. Algunas personas especulaban que Bill podía leer las mentes. Pero incluso el leer las mentes no podía explicar cómo sabía Bill el futuro. No obstante los escépticos permanecían poco convencidos.

Después de Regina, Saskatchewan, Bill celebró una campaña en Windsor, Ontario. En la primera noche más de 8,000 personas acudieron. Próximo al final de la fila de oración, se acercó ante él un hombre joven y dijo, "Reverendo Branham, deseo ser sanado."

Bill se estaba sintiendo paralizado de la tensión de la oración y sus ojos estaban teniendo dificultades para enfocar. Pero hasta donde él podía ver, este hombre joven enfrente de él se miraba robusto y saludable. Bill tomó la mano del hombre. No había vibraciones. "Veo que Ud. no tiene ninguna enfermedad relacionada con microbio."

"Oh, sí, sí tengo," argumentó el varón. "Tan sólo pregúntele al ujier allí que tomó mi tarjeta de oración."

Bill meneó su cabeza. "No me interesa lo que Ud. escribió en su tarjeta de oración. Yo lo sentiría en mi mano si Ud. estuviera enfermo. Ud. no es un hombre enfermo."

El hombre joven insistía, "Soy un hombre enfermo. Tengo tuberculosis. Está anotado allí en mi tarjeta."

"Señor, Ud. podría haberla tenido, pero ahora no la tiene. Tal vez su fe se acaba de elevar a un punto donde Ud. fue sanado parado en la audiencia."

El varón metió las manos en sus bolsillos, se acercó al micrófono y dijo con desprecio. "Conque a esas vamos, ¿verdad? Fe cuando yo estaba en la audiencia— ya sabía que algo turbio estaba pasando aquí."

Por un momento Bill se sintió confundido. Entonces una visión se abrió a él como un telón teatral abriéndose. Mirando al hombre joven, Bill dijo, "Ud. pertenece a la iglesia de Cristo. Es un ministro en esa iglesia."

La expresión del hombre cambió de ser expositor a expuesto. Él comenzó a negarlo, pero Bill lo interrumpió. "Ya no mienta ante Dios. Anoche Ud. se sentó en una mesa con otras dos personas. Un hombre con un traje azul se sentó del otro lado de Ud. y a su derecha se sentó una mujer con un vestido verde puesto. Ella puso su pañoleta verde en la parte superior de la mesa; veo parte de ella colgando sobre el filo de la mesa. Ud. les dijo que iba a conseguir una tarjeta de oración y escribir en ella que Ud. tenía tuberculosis. Ud. creía que esto era telepatía mental e iba a exponerme como un impostor."

Allá en la audiencia un hombre se levantó de un salto y gritó, "Esa es la verdad. Yo era el hombre con él."

De pronto Bill parecía no tener control sobre su voz. Él se escuchó a sí mismo decir, "La enfermedad que Ud. escribió en esa tarjeta de oración ahora estará en Ud. por el resto de su vida."

Cayendo sobre el piso, el hombre joven se sujetó del dobladillo de su pantalón, "Reverendo Branham, honestamente creí que tan sólo se trataba de algo inventado. ¿Existe alguna esperanza de perdón para mí?"

"Señor, eso está entre Ud. y Dios, no entre Ud. y yo."

AUNQUE BILL no entendía exactamente cómo ocurrían las visiones, él sí reconocía un patrón que le ayudaba a saber qué esperar. Cuando el ángel del Señor descendía en una reunión, Bill sentía una presencia distintivamente santa que hacía que le hormigueara su carne como si la atmósfera estuviera cargada con energía eléctrica. A menudo Bill veía al ángel del Señor en sus reuniones pareciéndose a una burbuja de luz suspendida en el aire a unos cuantos pies de distancia de él. El ángel siempre se paraba en el costado derecho de Bill. Mientras la gente avanzaba en la fila de oración, ellos también percibían esa presencia angelical muy cerca. La expresión de ellos cambiaba, muchos se movían nerviosamente y algunos daban un paso hacia atrás.

El sencillo proceso de platicar con una persona en la presencia del ángel del Señor era todo lo que se requería para provocar una visión. Bill llamaba a eso "poniéndose en contacto con el espíritu de la persona." Si Bill fijaba su vista directamente en la persona, de pronto él los veía empequeñecerse, mientras la visión se elevaba en el aire. Era diferente de un sueño, tanto porque él estaba completamente despierto como porque él parecía en verdad estar allí. Él tenía dificultad para explicar la experiencia. Decía que era como estar en dos sitios diferentes al mismo tiempo. En un nivel sabía que estaba todavía en un auditorio hablándole a una multitud enorme; sin embargo al mismo tiempo, allí estaba él, tal vez 40 años atrás en el tiempo, observando algo suceder en la vida de alguien más. Era como estar en un mundo diferente o una dimensión diferente.

Mientras todo esto estaba ocurriendo, él todavía podía hablar con la multitud; de hecho, él no podía abstenerse de hablar. Durante la visión, parecía no tener control de su voz. Era como si el Señor Jesús estuviera hablando a través de él, usando las cuerdas vocales de Bill para describir lo que estaba aconteciendo en la visión. Él podría estar mirando un pecado en la vida del paciente, o un accidente, o algún otro evento relevante— como una operación o una visita al doctor. Si la multitud estaba razonablemente callada, Bill incluso podía escuchar lo que el doctor decía en la sala de reconocimiento. Entonces Bill lo repetía para que todos lo escucharan. Nunca fallaba en ser correcto. Eso captaba la atención de la gente.

Cada persona esperando su turno en la fila de oración era susceptible de razonar: Aquí estaba un desconocido describiendo cosas respecto a las vidas de las personas que él no podía saber— incluso hasta sus nombres y direcciones, ¡y las oraciones que ellos decían solos en sus recámaras! Eso no es humanamente posible. "Y sin embargo, lo escucho hacerlo repetidamente, aparentemente sin fallar. Algo fuera de lo ordinario está pasando aquí— algo que no entiendo. ¿Pudiera ser (como afirma este hombre) la presencia sobrenatural del Señor Jesucristo, probando que Él es Dios, mostrándose interesado en nosotros? Si el Hermano Branham puede decirme algo cierto tocante a mi propia vida, entonces yo sabré que el Señor Jesucristo está aquí para ayudarme."

Una persona no necesitaba estar en la fila de oración para participar del discernimiento. Algunas ocasiones aquella luz sobrenatural seguía a un paciente fuera de la plataforma, moviéndose a través de la audiencia hasta que se detenía sobre alguien orando con gran fe. Entonces una visión se abría sobre esa persona y Bill describía lo que veía. Él no podía reasumir la fila de oración hasta que el ángel del Señor regresara a la plataforma.

Después de una visión sobre la plataforma, Bill olvidaba mucho de lo que apenas había visto u oído— como un sueño que se desvanecía rápidamente al despertar. Algunas veces él podría recordar unos cuantos aspectos; en otras ocasiones él olvidaba todo. No obstante, sabía que todo lo que él decía bajo la unción era cierto. Después que había concluido una visión, a menudo él le decía al paciente, "Ahora todo lo que se dijo, eso fue cierto, ¿verdad que sí? Desde luego, eso se ha ido de mí ahora; pero lo que se dijo, fue justo en la manera que fue dicho— ¿es cierto eso?" Por bien de la audiencia, Bill a menudo le daba al paciente la oportunidad de confirmar o negar estas afirmaciones. Ellas siempre eran confirmadas.

Bill no estaba bajo el poder pleno del ungimiento en cada momento durante un servicio de oración. Eso hubiese sido más de lo que su cuerpo físico podría tolerar. Más bien, después que concluía una visión, la unción retrocedía no muy lejos y él sentía una liberación de la tensión. Mientras hablaba con el próximo paciente, la unción bajaba de vuelta y venía otra visión. Cada nueva visión lo debilitaba más. Después que 15 personas habían pasado por la fila, Bill estaba sudando y tambaleándose de la fatiga. Sus administradores, Fred Bosworth y Ern Baxter, entendían la situación y vigilaban a Bill cuidadosamente. Cuando ellos juzgaban que él había soportado suficiente tensión para la tarde, lo sacaban del servicio.

Tan pronto como Bill comenzaba a abandonar la plataforma, la unción generalmente se iba de él. Le parecía a él como un viento pulsante disminuyendo en la distancia. Para este entonces Bill se sentía tan cansado, a menudo no sabía en dónde estaba o qué estaba sucediendo. Algunas ocasiones él estaba tan agotado que no sabía si estaba caminando por su propio pie, o si alguien lo estaba sacando en brazos. Eventualmente se daba cuenta que había abandonado una reunión. Él nunca quería hablar del culto inmediatamente. Él apenas había estado tan cercano a la hermosa presencia de Jesucristo que ahora se sentía desinflado, debilitado. A menudo se sentaba en su habitación del hotel leyendo su Biblia durante una hora o más, tratando de descansar y relajarse. Más tarde Ern Baxter o Fred Bosworth pasaban a inspeccionarlo. Bill preguntaba, "¿Qué sucedió esta noche, hermano? Apenas recuerdo a varias personas por las que oré, y me acuerdo de unas cuantas visiones, pero eso es todo."

"Oh, Hermano Branham, fue una reunión maravillosa..." Luego uno de los administradores le relataba al respecto.

En la quietud de su habitación del hotel, Bill comparaba cuidadosamente este nuevo don de discernimiento con el plano de la Biblia. Él encajaba exactamente como el ángel había predicho. Él leyó en Juan 5:19, *"No puede el Hijo hacer nada por sí mismo, sino lo que ve hacer al Padre,"* queriendo decir que Jesús veía una visión de cada milagro antes del hecho. Y ¿por qué no? Para el Dios Todopoderoso, tanto el futuro como el pasado están tan claros como el momento presente. Cuando Jesús necesitó un lugar para comer la cena de Pascua, Él envió a Pedro y a Juan por delante con instrucciones: *"Id a la ciudad, y os saldrá al encuentro un hombre que lleva un cántaro de agua; seguidle, y donde entrare, decid al señor de la casa: El Maestro dice: ¿Dónde está el aposento donde he de comer la pascua con mis discípulos? Y él os mostrará un gran aposento alto ya dispuesto; preparad para vosotros allí."*[73] ¿Cómo supo Jesús que el hombre apropiado llevaría un cántaro de agua por aquella calle en particular en aquella hora exacta del día? Él lo sabía porque ya lo había visto acontecer. Él vio el futuro— por medio de visión.

Cuando Felipe trajo a su hermano Natanael con el Maestro. Jesús le echó un vistazo a Natanael y dijo, *"He aquí un verdadero Israelita en quien no hay engaño"* Eso asombró a Natanael, quien preguntó, *"¿De dónde me conoces?"* Jesús contestó, *"Antes que Felipe te llamara, cuando estabas debajo de la higuera, te vi."*[74] Aquí una vez más Bill comprendió que Jesús vio una visión de Natanael sentado debajo de una higuera. Dondequiera que Bill miraba en la vida de su Maestro, veía a Jesús siendo guiado por medio de visiones. No cabía

---

[73] Marcos 14:13-15

[74] Juan 1:43-50

duda que estas visiones le daban a Jesucristo alguna de Su revelación penetrante, hasta tal punto que Él podía percibir los pensamientos de otros.[75] El primer capítulo de Juan declaró que Jesús era la *"Palabra de Dios hecha carne."* Hebreos capítulo cuatro añadía la idea que el discernimiento perfecto venía a través de Jesucristo, la Palabra. *"Porque la palabra de Dios... discierne los pensamientos y las intenciones del corazón. Y no hay cosa creada que no sea manifiesta en su presencia; antes bien todas las cosas están desnudas y abiertas a los ojos de aquel..."*

Las visiones siempre parecían estar vinculadas a las acciones del Maestro, como cuando Jesús dijo que Él necesitaba pasar por Samaria. Esto estaba a distancia del camino de Su destino, pero Él había visto una visión que tenía que ser cumplida. Encontrándose con una mujer junto a un pozo, Él platicó con ella el tiempo suficiente para ponerse en contacto con el espíritu de ella. Luego Él dijo, *"Ve, llama a tu marido, y ven acá."* Cuando ella protestó que no tenía marido, Jesús penetró hasta el fondo de su problema: *"Bien has dicho: No tengo marido; porque cinco maridos has tenido, y el que ahora tienes no es tu marido."* Asombrada de que un desconocido conociera su pasado, esta mujer habló con efusión excesiva, *"Señor, me parece que tú eres profeta... Sé que ha de venir el Mesías, llamado el Cristo; cuando él venga nos declarará estas cosas."* Jesús simplemente dijo, *"Yo soy, el que habla contigo."* Y la mujer creyó.[76]

Allí estaba— la clave que Bill estaba buscando. Una visión había guiado a Jesús a ese sitio, en ese día, a esa hora, para encontrarse con esa mujer Samaritana en particular, de modo que Él pudiera exponer el problema de ella. Desde luego que Jesús andaba en pos del alma de ella. (Como dijo Jesús, *"Porque el Hijo del Hombre vino a buscar y a salvar lo que se había perdido."*[77]) La mujer Samaritana creyó en Jesucristo después que Él discernió sus pecados pasados. Ella reconoció en el hombre Jesús tanto la señal de un profeta como la señal del Mesías. Realmente ambas señales eran las mismas, por cuanto el don en los profetas prefiguraba la venida del Gran Don, Jesucristo, Salvador de la humanidad. Era el Espíritu de Cristo en los

---

[75] Lucas 5:22

[76] Juan 4:1-39

[77] Lucas 19:10

profetas ejecutando la señal. Ahora Bill comprendía que esta era la clave para entender su propio ministerio— el discernimiento por medio de visión era la señal del Mesías.

MIENTRAS LAS NOTICIAS de la recuperación de William Branham se esparcían, cartas llegaban a raudales a su oficina de todo Norteamérica— cartas llenas de testimonios, peticiones de oración, e invitaciones. Algunas simplemente dirigían sus sobres: William Branham, Jeffersonville, Indiana. Las cartas siempre llegaban. Pero la dirección de Bill no era un secreto. Gracias a la publicidad que Bill estaba recibiendo en la revista *La Voz de Sanidad*, cientos de miles de personas se aprendieron la dirección de su ocupación, la cual nunca cambió durante la vida de su ministerio, salvo por la adición luego de un código postal:

> Campañas Branham
> P.O. Box 325
> Jeffersonville, Indiana 47131 (USA)[78]

Eventualmente la correspondencia se convirtió en un torrente, calculando un promedio de mil cartas al día. La mayoría procedía de personas pidiendo oración. Bill deseaba el poder contestar personalmente a cada petición, pero no podía; sencillamente eran demasiadas cartas. Por otra parte, no se sentía bien en depositar toda la responsabilidad en su secretario. Estas personas le estaban escribiendo a él, pidiéndole su oración. ¿Qué podría hacer?

Bill encontró su respuesta en Hechos capítulo 19, versículos 11 y 12: *"Y hacía Dios milagros extraordinarios por mano de Pablo, de tal manera que aun se llevaban a los enfermos los paños o delantales de su cuerpo, y las enfermedades se iban de ellos, y los espíritus malos salían."* Bill pensaba que Pablo pudo haber tomado esta idea de leer donde Eliseo le dio su bastón a su siervo y le ordenó que lo pusiera sobre el hijo muerto de la mujer Sunamita.[79] Sin tomar en cuenta el origen, la inspiración de Pablo producía resultados. Bill

---

[78] Esta dirección sigue estando vigente, enviando por correo sermones impresos y sermones grabados en cinta de William Branham a solicitud. Sin embargo, hoy en día es llamada Asociación Evangelística de William Branham.

[79] II de Reyes 4:29

sabía que si eso había funcionado mil novecientos años atrás, funcionaría ahora. Al fin y al cabo, las sanidades no habían procedido del apóstol Pablo; ellas se habían derivado de la propia fe de las personas en el Señor Jesucristo. Los paños habían sido tan sólo algo substancial en lo cual los creyentes podían enfocar su fe. Jesucristo fue el sanador entonces, al igual como Él lo es hoy en día.

Ahora Bill sabía lo que podía hacer con aquellos millares de peticiones de oración. Como Pablo, él también podía orar sobre algunos pedazos de tela y esa tela de oración podía ser el sustituto de él. Pensó en comprar pañuelos a granel, pero cuando se dio cuenta que le costarían diez centavos cada uno, descartó la idea por ser poco económica. Siendo que los estaría mandando gratis, él tenía que mantener bajos sus gastos tanto como fuera posible. Durante un tiempo él usó sábanas, cortándolas en tiras para mandarlas por correo. Finalmente dio con el listón. Él compraría listón en grandes carretes, centenares de metros a la vez. En cualquier momento que estaba en casa entre los compromisos, él se pasaba horas cortando pedazos de cuatro pulgadas [10.20 centímetros] de largo, orando sobre cada tramo mientras tijereteaba. Su secretario mandaría después por correo estas telas de oración, junto con las instrucciones diciéndola a la gente cómo aceptar sanidad Divina al creer la Palabra de Dios. Bill sugería que guardaran su tela de oración metida en sus Biblias junto a Hechos capítulo 19. De esa manera si la enfermedad o la desgracia sobrevenían a su familia, sería fácil de encontrar la tela de oración cerca de una Escritura que fortaleciera su fe.

Pronto las cartas comenzaron a regresar con testimonios de sanidades y milagros relacionados con estas telas de oración. Ocasionalmente Bill incluso veía los resultados. Un testimonio dramático procedía de una mujer que vivía en los campos algodoneros alrededor de Camden, Arkansas. Mientras limpiaba una lámpara de queroseno, perdió el control sobre la chimenea de vidrio, la cual se hizo pedazos sobre la mesa, cortándose en su brazo hasta la arteria. Se envolvió la herida con la funda de una almohada, pero el sangrado no se detenía. Intentó envolverse una sábana alrededor de ella. La sangre tan sólo se mantenía manando. Su esposo estaba en Camden; su vecino más cercano estaba a dos millas [3.22 kilómetros] de distancia; ella no tenía teléfono y no tenía automóvil; y se estaba debilitando más al paso de los segundos. Ella sabía que iba a morir dentro de poco a menos... De pronto se acordó de la tela de oración. Abriendo de golpe su Biblia en Hechos 19, agarró la tela de oración y la puso sobre su herida. Inmediatamente se detuvo el sangrado. Esa tarde anduvo con dificultad dos millas a través del lodo para abordar un autobús *Greyhound* con destino a Little Rock, Arkansas, a 100 millas [161 kilómetros] de distancia, donde Bill estaba celebrando una reunión. Todavía con lodo en sus botas, ella entró al culto gritando alabanzas a Jesús por semejante milagro. Bill vio la herida profunda en el brazo de la mujer y la tela de oración que ella había usado. Ni una gota de sangre había manchado la tela de oración. Dios había honrado la sencilla fe de ella.

ESTE NUEVO DON, discernimiento por medio de visión, nunca fallaba en ser exacto. Ello dejaba estupefactas a las audiencias por el poder y la cercanía de Dios. Para aquellos que creían que Jesucristo en verdad estaba allí en la plataforma efectuando el discernimiento, la fe se elevaba lo suficientemente alta para creer que cualquier cosa era posible.

Cuando Bill celebró su primera reunión en Beaumont, Texas, el gran coliseo municipal estaba casi lleno. Mientras esperaba a que pasara adelante la tercera persona en la fila de oración, Bill vio a dos varones cargando una camilla portátil por el pasillo en dirección al foso de la orquesta. El hombre sobre la camilla estaba cubierto con una frazada. Bill notó cuán rojizo se miraba el rostro del hombre. De pronto se formó una visión arriba de la camilla, una visión de un hombre predicando detrás de un púlpito. Era el mismo hombre que incluso estaba ahora postrado enfermo sobre aquella camilla.

Señalando hacia la camilla, Bill dijo, "Señor, Ud. es un ministro del Evangelio."

El hombre estiró la cabeza, perplejo, "Sí. ¿Cómo lo supo Ud.?"

Bill no contestó inmediatamente porque estaba observando algo revelándose en la visión. Entonces dijo, "Sí, Ud. es un ministro— y hace como cuatro años Dios le dijo que hiciera algo que Ud. no hizo. Desde entonces no ha sido otra cosa que problemas para Ud.— y Ud. está en el hospital ahora con un hueso injertado en su pierna."

El hombre de rostro rojizo exclamó, "Jesús, ¡ten misericordia!" y el Señor lo sanó en ese momento.

Bill miró por encima para ver quién sería el próximo paciente que estaría en la fila de oración. Donny Branham estaba conduciendo a una mujer joven por los escalones hacia la plataforma. Echando una mirada de vuelta al hombre del rostro rojizo que acababa de ser sanado, Bill vio que el ángel del Señor estaba suspendido todavía sobre la camilla. Bill lo observaba atentamente. Pronto la luz se encaminó en dirección al foso de la orquesta, donde había gran cantidad de personas sentados en sillas de ruedas y postrados en camillas. Bill mantenía su vista en el ángel del Señor, sabiendo que cualquier visión tendría que venir a través de esa luz. Pronto se detuvo sobre otro hombre postrado tendido en una camilla. Instantáneamente la burbuja de luz se convirtió en una visión. Bill vio una torre de perforación establecida allá en la pradera de Texas. Un trabajador allá arriba en la torre estaba intentando hacer un nudo doble para hacer más corta una soga de modo que pudiera levantar con poleas un objeto pesado. Bill lo vio perder el equilibrio y caer en picado hasta el piso.

"Ud., señor, allá en la camilla." Bill señaló directamente hacia él. Él no estaba lejano. "Ud. solía trabajar en campos petroleros, ¿verdad? Ud. era un perforador."

"Sí, señor," gritó el hombre. "Así es."

"Ud. se cayó hace como cuatro años. Ellos lo llevaron a un hospital y un hombre alto de cabello moreno era su doctor. Su esposa es una mujer de cabello rubio y Ud. tiene dos hijos. Los veo a todos juntos en el hospital hablando con el doctor. Él no pudo hacer nada por Ud. y Ud. ha estado paralizado de la cintura para abajo desde entonces."

El hombre respondió, "Reverendo Branham, no sé cómo supo Ud. eso, pero todo eso es cierto. ¿Qué debo hacer?"

En ese instante Bill vio al mismo hombre con un traje café puesto, caminando en el aire arriba de las cabezas de la gente diciendo, "Alabado sea el Señor. Alabado sea el Señor." Con la visión todavía a la vista, Bill declaró, "Señor, Jesucristo le ha sanado. Póngase de pie."

Aunque paralizado durante cuatro años, ahora se puso de pie, equilibrándose por un momento sobre las piernas poco firmes antes que se acercara al pasillo, alabando a Jesucristo su sanador. La multitud se agitaba con adoración.

Bill mantenía su vista en aquel fuego sobrenatural. Estaba todavía en el foso de la orquesta, deslizándose sobre las cabezas de las personas. Pronto se detuvo sobre una mujer joven confinada en una silla de ruedas. Cuando la visión se abrió, Bill vio a otra mujer joven, similar a la mujer en la silla de ruedas, pero lo suficiente diferente de modo que Bill supo que no era la misma persona. En la visión esta otra mujer joven tenía en los brazos a un bebé espástico[*] recién nacido, envuelto en un cobertor azul con una franja blanca. Luego la visión pareció subdividirse y señalar a una mujer mayor sentada en la audiencia a unas cuantas hileras atrás de la mujer en la silla de ruedas. Bill reconoció a esta mujer mayor como la madre joven en la visión. Ahora entendía. Señalando a la mujer en la silla de ruedas, dijo, "Damita, ¿no nació Ud. espástica?"

La multitud rápidamente guardó silencio lo suficiente para escuchar desarrollarse este nuevo drama.

"Sí, así nací," respondió ella.

"Vi una visión de su madre teniéndole en brazos en un cobertor azul cuando Ud. era un bebé, hace 25 años. Ud. ha estado en esa silla de ruedas por los pasados 17 años. Allá mismo está sentada su madre, como a cuatro hileras atrás. Señora, ¿no es esta su hija?"

"Sí, señor," confirmó la mujer mayor.

"Acérquese y párese junto a su hija."

Mientras la madre se movía furtiva y lateralmente por la hilera hacia el pasillo central, su hija en la silla de ruedas preguntó, "Hermano Branham, ¿qué debo hacer? ¿Estoy sanada?"

"Hermana, la única cosa que sé es, eso fue todo lo que vi. La visión se ha ido de mí ahora. No puedo decir nada sino lo que Él me dice que diga."

Siendo que ya no podía ver a la Columna de Fuego en la audiencia, Bill desvió su atención de vuelta hacia la fila de oración. El siguiente paciente se había detenido al lado de él ahora. Ella era una joven hermosa a comienzos de sus 20 años, con cabello castaño largo colgándole más allá de los hombros. Se miraba como una santa de Dios. "Buenas noches, hermana." Él cogió su mano derecha con la izquierda de él. "Estoy percibiendo un espíritu de sordera, pero las vibraciones no son muy fuertes. ¿Puede Ud. escucharme, hermana?"

"Sí, puedo escucharle. Estoy sorda de un oído. He estado así durante muchos años."

"Eso lo explica. ¿Cree Ud. que Jesucristo le sanará si yo se lo pido?"

[*_Espástico_: Es una persona que ha sufrido de daño cerebral el cual causa parálisis parcial.]

"Lo creo con todo mi corazón."

Inclinando su rostro, Bill pidió la sanidad de la mujer. Fue una oración silenciosa, del tipo que siempre oraba. Él sabía que Dios no respondía a emociones ruidosas; Él respondía a la fe en Su Palabra. En esta ocasión el demonio no se fue. Bill seguía sintiendo aquellas vibraciones pulsando parecido a electricidad de bajo voltaje. Oró otra vez. El grupo de chichones blancos, el cual indicaba sordera, continuaba moviéndose a través del dorso de su mano izquierda hinchada.

"Algo anda mal aquí. El espíritu de sordera no se va." Bill miró profundamente a los ojos de la joven mujer. De pronto ella parecía moverse rápidamente hacia atrás a través del estrado y en su lugar estaba suspendida una visión de una jovencita con cabello trenzado. Bill hablaba mientras observaba desenvolverse la visión. "Cuando Ud. tenía 14 años de edad Ud. usaba trenzas largas amarradas al final con listones a cuadros. Ese casi fue el tiempo cuando Ud. tomó el camino que es malo. Ud. tuvo un hijo con un hombre antes que Ud. se casara."

La mujer hundió el rostro en sus manos. "Así es, Hermano Branham."

"Ud. se casó con un hombre que no amaba de modo que lo abandonó. Entonces se enredó en una secta religiosa y se le hizo casar con otro hombre que Ud. no amaba. Así que Ud. también lo abandonó. Y ahora está casada con otro hombre ya."

Ella sollozaba. "Cada palabra de esas es la verdad."

Bill continuó, "Ud. Una vez fue una Cristiana, y recayó de Dios."

"Así es," se quedó boquiabierta, tambaleándose como si pudiera desmayarse. De pronto ella gritó. No únicamente Dios le había perdonado sus pecados, Él también le había restaurado la audición en su oído defectuoso.

Mientras la multitud adoraba a Dios, la atención de Bill se trasladó otra vez hacia el foso de la orquesta donde la madre ahora estaba al lado de su hija espástica. Él vio aquella luz en el aire encima de ellas; un momento después vio una visión de aquella hija espástica levantándose de su silla de ruedas. Él sabía que tenía que ser una visión porque traía puesto un vestido diferente. No obstante, la visión se miraba tan real como el micrófono enfrente de él. Bill la observaba andar por encima de las cabezas de la gente, gritando, "¡Gracias Dios! ¡Gracias Dios!" hasta que la visión se desvaneció.

Bill señaló hacia la mujer espástica. "Hermana, Jesucristo, el Hijo de Dios, ha escuchado sus oraciones y le ha sanado. Póngase de pie." Ella se puso de pie. Su madre la ayudó a salir de la silla de ruedas y la sostenía del brazo, pero la hija, ya no más espástica, se zafó de la sujeción de su madre a fin de poder andar por sí misma.

La audiencia se levantó como una. El poder de Dios se extendió por el edificio, sanado a todo aquel que creía. Bill vio a algunos tirar bastones y muletas, y otros levantarse de sus sillas de ruedas. Cuántos centenares más fueron sanados de malestares que no tenían señales externas, no hubo manera de saberlo. Bill ni siquiera necesitó continuar la fila de oración. Parecía ser que no quedaba nadie por quien orar en el edificio. "Esta," pensó él, "es la manera que debería de ser."

Milagros como estos subrayaban el hecho que la gente no tenía que pasar por la fila de oración para recibir sus sanidades; ellos necesitaban tener fe en las promesas de Dios. Esa es la razón que Bill quería que se tocara su tema musical en cada reunión:

> Sólo Creed, sólo Creed,
> Todo es posible, sólo creed...
>
> Cristo está aquí, Cristo está aquí,
> Todo es posible, Cristo está aquí...

"Recuerden," diría Bill a su audiencia, "estos dones no pueden sanarle a Ud. Es su propia fe en las promesas de Dios lo que trae la sanidad. Lo que pueden hacer estos dones es ayudarle a darse cuenta que el Dios sobrenatural está aquí para cumplir Sus promesas. Amigos, yo creo que los días apostólicos se están repitiendo delante de nuestros ojos. Creo que la venida de Jesucristo se está acercando. Yo creo en la Segunda Venida literal y física de Cristo. Creo que tenemos apenas un tiempo corto para obrar. Y creo que este avivamiento universal que se está extendiendo por la tierra hoy en día con semejante fuerza es una vindicación sobrenatural del mensaje: Como fue en los días de Noé— las naciones estaban perdidas en pecado y destinadas a la destrucción y Noé predicó su Evangelio fanático, invitando a la gente a meterse al arca de seguridad. Yo creo que el Evangelio del Hijo de Dios, manifestado por medio del Espíritu Santo, está recorriendo la tierra hoy en día,

invitando a la gente a meterse al arca de seguridad, la cual es
Jesucristo el Señor."[80]

---

[80] William Branham, *Ministerio Explicado*, sermón predicado en Minneapolis,
Minnesota, el 11 de Julio de 1950, (editado).

Ern Baxter asiste a Bill mientras abandona la plataforma en 1948.

Capítulo 45
Los Fenómenos en Fort Wayne
1949

WILLIAM BRANHAM tomó el consejo de sus administradores y se movió lentamente de vuelta en su ministerio con la precaución de un hombre que había aprendido una lección severa. Aunque había celebrado numerosos cultos de una noche en 1949, programó muy pocas campañas de noches múltiples— Regina, Saskatchewan; Windsor, Ontario; Beaumont, Texas; Zion, Illinois; Minneapolis, Minnesota; y finalmente, a fines de otoño, tres noches en Fort Wayne, Indiana.

Meda lo acompañó a Fort Wayne, trayendo consigo a su hija de tres años de edad, Becky. Margie Morgan también vino con ellos como una enfermera, para auxiliar y animar a los enfermos mientras esperaban en la fila de oración. Ahora habían pasado más de tres años desde que el esposo de Margie la había llevado al Tabernáculo Branham, inconsciente y casi muerta de cáncer. Ella había sido el primer caso de Bill después que había recibido su comisión de parte de Dios para que llevara un don de sanidad Divina a la gente del mundo. Cuando Bill vio a Margie por primera vez ella pesaba alrededor de 50 libras [22.68 kilogramos]. Ahora la mujer pesaba 155 [70.30 kilogramos] libras y se sentía extraordinaria.

En la primera noche en Fort Wayne, más de 5,000 personas entraron a raudales a un teatro en el centro. Como de costumbre, Bill dio inicio al hablar con la audiencia acerca de la fe en la obra consumada de Jesucristo. Él explicó el proceso de la sanidad Divina, enfatizando en su base Escritural. Él mencionó su comisión. Describió sus dos señales y explicó, lo mejor que podía, cómo funcionaba cada señal. Entonces describió la visión que había visto de un niño muerto siendo resucitado de vuelta a vida. "Apúntenlo en la guarda de su Biblia," instó él. "Entonces cuando suceda, Uds. sabrán que les estoy diciendo la verdad."

La atmósfera en el salón parecía fría con suspicacia. Cuando Bill mencionó al ángel del Señor, él vio a muchos en la audiencia mirándose el uno al otro escépticamente. Bill sabía que estos eran aquellos que no estaban enfermos. El enfermo estaría tan ansioso por ayuda como el hambriento lo estaría por alimento.

Mientras los ujieres reunían la fila de oración, una mujer joven con vestido blanco tocaba un piano de cola en la base del estrado. Con dedos expertos ella llenaba el auditorio con el antiguo himno de iglesia, "El Gran Médico."

El primer paciente en la fila de oración era un niño lisiado por la polio. Howard Branham lo subió en brazos al estrado de modo que la madre pudiera conservar su asiento. Tomando en sus brazos al niño imposibilitado, Bill inclinó su rostro y oró, "Padre Celestial, Te pido que tengas misericordia—"

De pronto Bill vio una luz cegadora. Al principio él supuso que el portero había encendido un foco sobre él. Bill pensó, "Eso es falta de respeto. Aun si el portero no aprueba las reuniones, no debería hacer eso." Entrecerrando los ojos, Bill alzó la vista hacia el balcón, esperando hacerle una seña con la mano al portero para que lo apagara. Allí fue cuando se dio cuenta que no era un foco al fin y al cabo; era el ángel del Señor, descendiendo del techo, estando más encendido que de costumbre. Ahora Bill podía escuchar ese sonido característico, *juussssh*. El ángel descendió directamente al estrado. Bill nunca supo lo que sucedería después— ya sea que él dejó caer al niño o que el niño saltó de sus brazos. El niño fue a parar sobre el piso con ambos pies tan normales a más no poder. Gritando emocionadamente, el muchacho se fugó hacia la escalera que daba hacia abajo del estrado. Su madre gritó y se levantó de un salto de su asiento con sus brazos extendidos para sujetar a su hijo si es que se caía. Entonces ella también vio la estrella... y se desmayó.

Cuando la mujer joven en el piano vio esto, alzó sus manos en alto por arriba de su cabeza y gritó. Milagrosamente, las teclas del piano se mantenían subiendo y bajando por sí solas, tocando el mismo himno:

> La tierna voz del Salvador,
> Nos habla conmovida.

Venid al Médico de Amor,
Que da a los muertos vida...

La joven pianista se puso de pie y (con sus manos todavía en el aire) comenzó a entonar el canto en otra lengua, mientras el piano continuaba tocando por sí solo. Con su vestido blanco, con su cabello largo y rubio cayéndole por la espalda, ella se miraba y se oía como un ángel.

Al ver estos dos milagros ardió convicción dentro de los corazones por toda la audiencia. Setecientas personas atestaban los pasillos, intentando pasar al frente y entregar sus vidas a Jesucristo. Siendo que no había espacio suficiente enfrente para ese número de personas, la mayoría se arrodilló en los pasillos, clamando, "Dios, ten misericordia de mí, un pecador."

Cuando finalmente reanudó la fila de oración, dos varones condujeron a un anciano ciego al estrado para oración.

Bill le preguntó, "Señor, ¿cree Ud. que lo que digo es la verdad?"

"Sí, lo creo," respondió él.

Entonces vino la visión. Bill dijo, "Su nombre es John Rhyn. Ud. es un Católico. Vive en Benton Harbor, donde vende periódicos en una esquina de una calle. Ha estado ciego durante aproximadamente veinte años. Así dice el Señor, 'Ud. está sano.'"

Rhyn se rascó la cabeza. "Pero todavía no puedo ver."

"Eso nada tiene que ver con ello. Ud. está sano. Lo vi suceder por medio de visión, y las visiones nunca fallan."

John Rhyn le dio las gracias y se lo llevaron. Más tarde esa noche los mismos dos varones condujeron a John Rhyn por la fila de oración una segunda ocasión.

Rhyn dijo, "Sr. Branham, Ud. me dijo que fui sanado."

"Y Ud. me dijo que creía," contestó Bill.

"Yo sí le creo. Ud. me dijo cosas respecto a mi vida que no podía conocer por sí mismo. De modo que no tengo razón para descreerle. Tan sólo no sé qué hacer ahora."

Bill podía ver que el hombre necesitaba algo que ayudara a que su fe se mantuviera fuerte. "Tan sólo manténgase repitiendo 'Por Su llaga yo soy curado,' y testifíqueles a todos que el Señor le ha sanado. Eso sucederá, porque es 'así dice el Señor.'"

En la segunda noche de la campaña, John Rhyn se sentó en el balcón. Durante el sermón él se mantuvo de pie y gritando,

"¡Alabado sea el Señor por sanarme!" aunque todavía estaba tan ciego como antes.

Esa noche una señora pasó por la fila de oración llevando en brazos a una niña con un pie cubierto con una enyesadura. Cuando Bill vio la enyesadura dijo, "La niña tiene un pie deforme, ¿verdad? Hermana, ¿hará Ud. lo que le diga que haga? La mujer dijo que sí. Sin siquiera orar por la niña, Bill le dio instrucciones a la madre, "Vaya a casa y quítele esa enyesadura a la niña esta noche. Ud. descubrirá que el pie de ella estará normal. Tráigala de vuelta mañana por la noche y testifique de acerca de qué gran cosa Jesucristo ha hecho."

El milagro más sobresaliente de esa segunda noche ocurrió cuando Jesucristo le devolvió la vista a una jovencita negra. Y sin embargo cada sanidad, ya fuera sorprendente o modesta, era importante para la persona que la recibía— como la sanidad de una niña bizca que no pudo conseguir una tarjeta de oración. A la mitad del servicio de oración esta jovencita salió hacia el cuarto de entrada donde la Sra. Bosworth estaba vendiendo literatura Cristiana. La Sra. Bosworth vio a la jovencita llorando y le preguntó qué era lo que le pasaba.

"Acabo de ver a una jovencita bizca sanada allá en el estrado," dijo sollozando la jovencita. "Si yo tan sólo pudiera entrar en esa fila de oración, yo podría también ser sanada. Pero no puedo conseguir una tarjeta de oración."

Viendo cuán drásticamente estaban cruzados los ojos de esta adolescente, la Sra. Bosworth sintió un arranque de compasión. "No necesitas una tarjeta de oración, hermana," le dijo a la jovencita. "Necesitas tener fe. Ahora esto es lo que deberías hacer. Regrésate por allí donde puedas ver al Hermano Branham y cree con todo tu corazón que el discernimiento es un don de Dios. Te aseguro que en unos cuantos minutos él te llamará."

Allá en el estrado, Bill tenía su espalda vuelta a esta jovencita mientras oraba por aquellos en la fila de oración. Sintiendo un fuerte tirón de fe detrás de él, se volteó en dirección a ella y buscó en la parte trasera del edificio el origen. Había tanta gente creyendo, que era difícil distinguir tan sólo a una. Pero él podía sentir que la fe de alguien había subido repentinamente a una categoría más alta. Entonces Bill la divisó. Él dijo en el micrófono, "La jovencita con el abrigo verde puesto, sentada allá en la parte de atrás. Tú estás bizca, ¿verdad? Ya no temas; Jesucristo te ha sanado." Así sucedió instantáneamente.

Para la hora que terminó el servicio de oración, Bill se sentía mareado de fatiga. Se fue tambaleando del estrado a un sitio oculto de la audiencia detrás de un telón lateral.

Un predicador Bautista llamado el Dr. Pedigrew estaba esperando impacientemente hablar con él. "Sr. Branham, Ud. usa la gramática más pésima de cualquier orador público que alguna vez he escuchado. Y parado enfrente del tamaño de las multitudes que Ud. se para— ¡es terrible!"

Bill había hablado antes con el Dr. Pedigrew, y él sabía que el hombre era como un diplomático con su lenguaje, refinado y preciso. "Sí, señor," Bill reconoció humildemente, "sé que mi gramática es pésima. Soy el mayor de diez hijos, y mi padre enfermó cuando yo era apenas un jovencito, de modo que tuve que trabajar en vez de asistir a la escuela."

"Esa no es excusa," insistió Pedigrew. "Ahora Ud. es un hombre. Ud. podría tomar un curso por correspondencia y refrescar sus conocimientos de gramática."

"Pues, ahora que el Señor me ha llamado dentro de esta obra, estoy dedicando todo mi tiempo a orar por la gente enferma. No tengo muchos ratos libres."

"Es una pena," regañó el Dr. Pedigrew. "Todos esos millares de personas escuchándole a Ud. usar palabras como *hain't, fetch*, y *tote*."*

"Oh, ellos parecen entenderme muy bien."

"Esa no es la cuestión. Esas personas lo están considerando como un líder. Ud. necesita mostrarles lo que se debe. Por ejemplo, esta noche Ud. dijo, 'Todas Uds. personas que vienen junto a este *pólpito*.'"

"Sí, señor. ¿No está bien eso?"

"¡No, no, no! Es un púlpito, no un *pólpito*. La gente le apreciaría más si Ud. usara la pronunciación correcta."

Agotado de su tensión del discernimiento, Bill no tenía la fuerza para discutir esto ya más. "Señor, esas personas allá no les interesa si yo digo *pólpito* o púlpito; ellos quieren que yo viva la clase de vida apropiada y muestre de lo que estoy hablando. Yo no respaldo la ignorancia, la cual ha hecho su parte del daño en el mundo. Pero por

---

[* *hain't, fetch,* y *tote*, son modismos del idioma Inglés.]

otra parte, no creo que una persona tenga que tener una gran educación para conocer a Jesucristo y tener vida eterna."

En ese instante Ern Baxter apareció para rescatarlo. Mientras Baxter estaba conduciendo a Bill y a su familia de vuelta al Hotel *Indiana* donde se estaban hospedando, él preguntó, "Hermano Branham, ¿por qué no oró Ud. por esa niña con el pie deforme?"

"No era necesario orar por ella. Esta tarde vi una visión de ella sana. Nunca he visto fallar las visiones."

Margie Morgan dijo, "Hermano Bill, yo estaba auxiliando a la gente lisiada sentada allá al frente y sentí una carga especial por un hombre. Creo que es porque se parece mucho a mi esposo. Se llama el Sr. Leeman. ¿Se fijó en él?"

"No, no me fijé, Hermana Margie. Lo buscaré mañana por la noche."

El Viernes, su última noche en Fort Wayne, Bill les dijo a sus administradores que le gustaría tener una "fila rápida" si ellos sentían que podían controlarla. Estuvieron de acuerdo, con la condición que él compartiera la carga con los ministros locales, a fin que el servicio de oración no fuera demasiado prolongado. Eso le pareció bien a Bill.

La fila de oración comenzó con un testimonio de la mujer que había acercado a su hija con el pie deforme para oración la noche anterior. Ella se había llevado a la niña directamente a casa después del culto y se había pasado una hora cortando con serrucho la enyesadura. El pie parecía estar bien. Esta mañana las radiografías del doctor lo confirmaron— el pie estaba perfecto.

Ese testimonio estableció las condiciones apropiadas para una tremenda fe colectiva. Tantas personas se apretujaban para entrar en la fila de oración "rápida" que muchos que estaban severamente lisiados no pudieron tener un turno. Bill se fijó en el Sr. Leeman, el hombre lisiado que se parecía al esposo de Margie Morgan. Algunos varones lo estaban ayudando, intentando introducirlo en la fila de oración; pero la fila atestada estaba demasiado ajetreada que no pudieron hacerlo. Así que los varones llevaron al Sr. Leeman cerca de donde Bill estaba orando, lo subieron sobre el borde, y lo pusieron en el estrado, esperando que se lograra orar por él desde allí. Desafortunadamente, en la confusión, la gente que pasaba por la fila de oración no se fijaba en el hombre desvalido postrado en el piso. Pronto la camisa del Sr. Leeman fue estropeada con huellas de zapatos y pisadas.

Al ver la difícil situación del Sr. Leeman, Bill dijo en el micrófono, "No dejen a esa pobre persona allí." Mientras hablaba, los ojos de Bill hicieron contacto con los del Sr. Leeman. Bill podía sentir el tirón de la fe del Sr. Leeman. Dos varones llevaron al Sr. Leeman de vuelta a su asiento. Repentinamente Bill se sintió inspirado en bajar y hablar con él.

"Oh, Hermano Branham," dijo el Sr. Leeman, mientras Bill se acercaba al lado de él, "si yo únicamente hubiera podido tocar la pernera de su pantalón allá en el estrado, creo que hubiese sido sanado."

"Dios le bendiga, hermano," dijo Bill— y entonces la visión surgió en él. Entre otras cosas, Bill vio al Sr. Leeman caminando por un campo de cultivo; vio a otro hombre saltando de un tractor y corría a encontrarlo. Bill vio a los dos hombres abrazarse el uno al otro. La visión se desvaneció. Bill dijo, "Hermano, Ud. tiene esclerosis múltiple, ¿verdad? Ella ha sido una parálisis progresiva, pero le ha tenido postrado en cama por los pasados diez años. Ud. es un hombre de negocios en Fort Wayne y nunca ha dejado de trabajar. Le veo acostado en una cama especial que se eleva de modo que Ud. pueda trabajar con una máquina de escribir."

El Sr. Leeman estaba entendiblemente asombrado. "Así es, Hermano Branham. ¿Cómo supo Ud. eso?"

"El Señor me mostró una visión. Ud. ha orado mucho, y Él ha escuchado sus oraciones. Jesucristo le ha sanado. Póngase de pie."

Tanto ruido y movimiento llenaban el edificio que pocas personas se fijaron en el hombre mayor que se puso de pie por primera vez en diez años. Bill inició la vuelta hacia los escalones que daban al estrado. Otro caballero mayor sentado en un asiento de la hilera de enfrente se estiró y asió el saco de Bill mientras él pasaba. La mano huesuda del anciano estaba terriblemente deformada. Él estaba diciendo algo, pero Bill no podía acabar de entender de lo que se trataba. Bill se inclinó para escucharle por encima del ruido.

El hombre estaba diciendo, "Yo sé que si únicamente puedo tocar su ropa, Hermano Branham, sanaré."

De pronto Bill se dio cuenta que él había visto antes a este hombre— en la visión que acababa de ver del Sr. Leeman. ¡Este era el hombre en el tractor!

"Ud. es un agricultor, ¿verdad? Y Ud. es amigo del Sr. Leeman allá." Él señaló a donde el Sr. Leeman estaba andando por ahí con sus manos elevadas en el aire, contribuyendo con su ruido al alboroto global.

"Sí, sí."

"Ud. ha estado lisiado con artritis durante muchos años, pero no se preocupe, pues así dice el Señor, 'Ud. va a estar sano.'"

A LA MAÑANA SIGUIENTE un botones tocó a la puerta de la habitación del hotel de Bill. "Reverendo Branham, lamento informarle de esto, pero Ud. no podrá salir de la puerta principal. De algún modo se han dado cuenta que Uds. estaban hospedados aquí, y ahora el vestíbulo está lleno de personas esperando verle."

"Esa es una lástima," dijo Bill. "Estamos casi listos para salir a desayunar."

El botones tuvo una sugerencia. "Yo puedo sacarle hacia el callejón a través del cuarto de la caldera, si Ud. no tiene inconveniente en trepar sobre un montón de cenizas."

"Eso parece mejor que no comer."

"Me iré a asegurar que el camino está libre y regresaré por Ud. en unos cuantos minutos."

Pronto regresó el botones. Bill, Meda, Becky y Margie Morgan siguieron al joven hacia el sótano, más allá del hogar de carbón, sobre un montón de carbonilla, a través de una puerta hacia el callejón. Nadie los divisó irse. Para asegurarse que no lo reconocieran, Bill se encasquetó el sombrero muy abajo hasta su ceja y se subió el cuello de su impermeable. Él cargó en brazos a Becky con su cabeza recargada en su mejilla, lo cual también ayudaba a ocultar su rostro. Caminaron por la Calle 2ª. una cuadra, luego comenzaron a cruzar la calle hacia *Hobb's House*, el restaurante del cual habían estado siendo clientes en los últimos cuantos días. De pronto la carne de Bill sintió hormigueo como si sintiera la presencia del ángel del Señor. Él se detuvo.

"¿Qué pasa, cariño?" preguntó Meda.

"El Espíritu del Señor me acaba de decir que doble hacia la izquierda." Bill le entregó a su hija a Meda y comenzó a caminar.

"Pero, Hermano Bill," dijo Margie, "aquí es donde hemos estado comiendo."

Meda puso un dedo de forma perpendicular en sus labios. "Shhh.

Ya he visto esa mirada en el rostro de él antes. El Espíritu lo está guiando. Tan sólo sigue."

Después de varias cuadras más, Bill se metió en un café muy concurrido llamado *Cafetería Miller's*. Ellos juntaron sus alimentos estilo buffet y se sentaron en una mesa. Antes que Bill pudiera darle una mordida al pan tostado, una mujer en la mesa siguiente exclamó, "¡Bendito sea Dios!" y se puso de pie, mirando en dirección a Bill.

Margie le dijo en voz baja a Bill, "Es mejor que Ud. se vaya. Si no lo hace, todo el grupo lo va a rodear aquí."

"No diga eso Margie. El Espíritu Santo está haciendo algo."

La mujer en la mesa siguiente se pasó a la mesa de Bill. Ella dijo nerviosamente, "Hermano Branham, ojalá Ud. no crea que soy mal educada, pero creo que el Señor le ha traído aquí a verme."

"¿Por qué no me cuenta su historia, hermana?"

"Mi hermano y yo somos de Texas." Ella señaló a un hombre de rostro pálido quien seguía sentado en la mesa de ella. El hombre los observaba, pero no hacía ningún esfuerzo en levantarse. Él no se miraba sano. La señora continuó, "Mi hermano se está muriendo de trastornos cardíacos. Los doctores no pueden hacer nada por él. Su corazón está tan dilatado que está ejerciendo presión contra su diafragma. Él fue examinado de nuevo la semana pasada, y el doctor le dijo que tiene tan sólo un tiempo corto para vivir. Hermano Branham, le hemos seguido a Ud. a través de diez reuniones hasta aquí, pero mi hermano nunca ha podido entrar a una fila de oración. Se nos ha acabado el dinero, pero deseábamos intentarlo una vez más, así que vendimos nuestra vaca para recaudar el dinero en efectivo para este viaje a Fort Wayne. Entonces cuando llegamos aquí, las multitudes han sido tan grandes que ni siquiera hemos podido entrar al edificio. Anoche yo estaba desesperada. Oré toda la santa noche. En algún momento temprano esta mañana me quedé dormida. Soñé que Dios me decía que encontrara un lugar llamado *Cafetería Miller's*; que si yo estaba aquí con mi hermano a las nueve de la mañana, mi hermano sería sanado."

Bill le echó un vistazo a su reloj. Marcaba exactamente las nueve en punto. "Traiga aquí a su hermano." Bill tocó la mano derecha del hombre con la izquierda suya. Se sentía como que acababa de agarrar un cable de corriente eléctrica cargado. Las vibraciones demoníacas chisporroteaban hacia arriba el brazo de Bill. Su reloj se detuvo. Inclinando su rostro, Bill oró quedamente, "Padre, en el Nombre de

Tu Hijo Jesucristo, sana a este hombre."

Las vibraciones desaparecieron. El hombre puso su mano sobre su pecho y dio un respiro amplio. "Me siento diferente," dijo él. Una vez más expandió sus pulmones, sorprendido de que no sentía dolor. "Pues, no me he sentido así desde que era un joven."

La escena estaba atrayendo la atención de otros comensales. Aún cuando él no había tocado su desayuno, Bill decidió que valía más que se fuera antes que demasiadas personas lo reconocieran y tuviera dificultades para alejarse.

Tan pronto como se encontró fuera de la cafetería, una mujer de pie apenas afuera de la puerta lo miró con sorpresa con los ojos muy abiertos. En el siguiente momento ella cayó de rodillas sobre la banqueta enfrente de él, aferrándose a la pernera de su pantalón. "Oh, Dios," sollozaba con sus ojos cerrados. "Oh, Dios, gracias." Ella era una mujer pequeñísima, vestida de negro. Las lágrimas le estaban corriendo de sus ojos y todo su cuerpo temblaba con emoción intensa.

Amablemente Bill puso su mano sobre el hombro de ella. "Póngase de pie, hermana, y dígame qué es lo que pasa."

"Soy la Sra. Damico de Chicago," dijo ella con una voz temblorosa, mientras se volvía a poner de pie. "Tengo un tumor maligno. Ni siquiera la *Clínica Mayo* pudo ayudarme. He estado tomando tratamientos de radio y rayos X y el tumor se mantiene creciendo. Mi esposo es dueño de una gran fábrica de espaguetis, así que tengo suficiente dinero para una operación; pero los doctores me dijeron que no serviría de nada en mi caso. Hermano Branham, he seguido sus reuniones. He intentado llegar a Ud., pero no he conseguido hacerlo. He orado y orado— estoy tan desesperada. Esta mañana soñé que el Señor quería que yo fuera a pararme enfrente de la *Cafetería Miller's* a las nueve con diez minutos. ¡Y ahora aquí está Ud.!"

Tomando la muñeca de la mujer, Bill oró, "Padre Celestial, sé que Tú estás guiando. Sana a esta mujer en el Nombre de Jesucristo Tu Hijo." Un momento más tarde, él sintió que las vibraciones del cáncer se estaban desvaneciendo hasta reducirse a nada.

En el camino de regreso al *Hotel Indiana*, Meda deseó pasar a una botica a comprar algunos libros para iluminar y crayones, a fin de poder mantener ocupada a Becky en la habitación del hotel. Bill deambuló hacia el departamento de artículos deportivos a inspeccionar los aparejos para pesca. Una vez más sintió la presencia del ángel. Inclinando su rostro, él oró, "Padre Celestial, ¿qué deseas que yo haga?"

Tan claramente como si escuchara a su esposa platicando con el dependiente de la tienda, Bill escuchó la voz del ángel decirle, *"Ve hasta el final de la cuadra, cruza la calle, y párate allí."*

Enviando de vuelta Meda y a Margie al hotel sin él, Bill siguió las instrucciones del Señor. Se paró en la esquina por un rato observando a un policía Irlandés de gran compostura física sonando su silbato, dirigiendo el tráfico. La gente iba y venía por los pasos peatonales. Bill estudiaba los rostros de ellos, preguntándose la razón que el Señor quería que se parara aquí. Como diez minutos después, Bill se fijó que una mujer joven se acercó al bordillo en el costado lejano de la calle. Ella traía puesto un vestido a cuadros blancos y negros y una gorra estilo boina escocesa. Bill sintió una impresión inexplicable que esta era la persona que él debía encontrar. Él se trasladó de modo que cuando ella cruzara la calle tendría que pasar cerca de él. El agente de tránsito levantó su mano y sonó su silbato; los automóviles se detuvieron y la joven mujer cruzó. Ella tenía su cabeza inclinada y pasó directamente junto a Bill sin fijarse en él. Viéndola irse, Bill pensó, "Eso es extraño. ¿Por qué el Señor querría que me moviera junto a ella?"

La mujer caminó como por 20 pies [6 metros], se detuvo, y se dio la media vuelta. La cogió la sorpresa en su rostro. "¡Oh, Hermano Branham!" Se regresó corriendo hacia él. "Hermano Branham, ¿estoy soñando, o realmente es Ud.?"

"Sí, hermana, soy yo. ¿Existe algún problema con el que yo pueda ayudarle?"

Sus palabras eran con efusión excesiva como si tuviera miedo que él desapareciera antes que ella pudiera terminar. "Soy de Canadá. Vivo de una pensión por incapacidad física de $150 dólares al año. Gasté lo último de eso al venir a estas reuniones, pero no pude entrar en la fila de oración. Las últimas dos noches me dormí en un sillón en el vestíbulo del hotel. Esta mañana me gasté mi última moneda de cinco centavos en una taza de café y me puse en marcha andando hacia la carretera a fin de regresar a dedo[*] a casa. Entonces ocurrió

[[*] *Ir* o *Regresar a dedo* se refiere a pararse junto a la carretera y detener un automóvil al señalar con el dedo pulgar.]

algo extraño. Era como una voz en mi cabeza diciéndome que me diera media vuelta y caminara en la otra dirección. La siguiente cosa que supe, alcé la vista y lo vi a Ud."

"¿Qué es lo que pasa, hermana?"

"Mi brazo está lisiado. Yo estaba paseando a un perro cuando era una niña. Me caí y caí encima de mi brazo. Nunca ha funcionado bien desde entonces."

En el pensamiento de Bill ya no había ninguna pregunta de qué se trataba todo esto. "Extienda su mano," le ordenó. "Jesucristo le ha sanado."

La señora joven levantó su extremidad lisiada, entonces comenzó a gritar cuando vio que estaba tan sano como su brazo normal. La gente en la calle se agolpó alrededor de Bill, pidiendo oración. El policía Irlandés dejó su cargo y se unió a ellos. Allí en una calle de Fort Wayne, Indiana, Bill condujo una fila de oración que duró casi una hora. Finalmente un pastor local lo encontró y lo llevó de vuelta al hotel.

DESPUÉS que terminaron las reuniones de Fort Wayne, John Rhyn regresó a Benton Harbor, Michigan. Durante dos semanas él se paró en su esquina de la calle vendiendo periódicos, gritando, "Extra, extra, alabado sea el Señor por sanarme." Siendo que era obvio que seguía estando ciego, todos pensaban que se le estaba yendo la memoria. Entonces un día un niño periodiquero lo condujo hacia una peluquería para que se cortara el cabello. Mientras le estaba siendo enjabonada la cara, el peluquero lo fastidiaba al decirle, "John, alguien me dijo que fuiste a Fort Wayne a que se orara por ti por aquel predicador santurrón. Incluso escuché que fuiste sanado."

John contestó, "Así es. Alabado sea el Señor por sanarme."

Tan pronto como dijo eso, su vista regresó. Gritando de gusto, saltó de la silla y corrió por la calle con la toalla de peluquero todavía puesta, gritando las buenas nuevas a todo el que veía. Esa noche le llamó a William Branham.

Unos cuantos meses después Bill se detuvo en Benton Harbor a saludar a John Rhyn. El anciano de setenta años de edad demostró cuán aguda estaba su vista al leer en voz alta de un periódico. Entonces Rhyn preguntó si Bill podía ir con él a un colegio Judío, donde un rabino había estado deseando hablar con él. Bill estuvo de acuerdo.

El colegio Judío estaba situado sobre la cima de un cerro teniendo a la vista al puerto. Un joven rabino de barba rojiza vino a la puerta de la sinagoga. Después de saludar a sus visitantes, el rabino le dijo a Bill, "Yo sé que John estaba ciego. Muchas veces le di limosnas en la calle. Deseo saber ¿por medio de qué autoridad le abriste los ojos?"

"Yo no le abrí los ojos. Jesucristo, el Hijo de Dios, se los abrió."

"Qué ridiculez. Jesús no era el Hijo de Dios, y él no era el Cristo. Cuando venga el Mesías, él será un poderoso gobernante."

"Señor, Ud. está mirando a Su Segunda Venida. Las mismas Escrituras hablan de Su Primera Venida como un cordero al matadero."

El rabino meneó la cabeza. "Uds. Cristianos hablan acerca de un Dios en tres personas. Uds. dicen que Dios el Padre, Dios el Hijo, y Dios el Espíritu Santo. Eso ni siquiera tiene sentido. Si el Padre es una persona y el Hijo es una persona, eso lo hace más de uno, y eso significa que Uds. tienen dioses, así como los paganos. Uds. gentiles no pueden cortar a Dios en tres pedazos y dárselo a un Judío."

Bill contestó, "Algunos Cristianos podrían cortar a Dios en tres pedazos, pero yo no. Existe un Dios. En el Antiguo Testamento Él fue conocido como Jehová y se manifestó en diferentes maneras, como en la Columna de Fuego que guió a los Israelitas fuera de la esclavitud de Egipto. En el Nuevo Testamento Dios fue manifestado en la carne en Su Hijo Jesús para morir por los pecados del mundo. Señor, ¿no cree Ud. a sus propios profetas?"

"Por supuesto que les creo."

"Isaías dijo, '*Porque un niño nos es nacido, hijo nos es dado, y el principado sobre su hombro; y se llamará su nombre Admirable, Consejero, Dios Fuerte, Padre Eterno, Príncipe de Paz.*'[81] Vea Ud., no son tres personas diferentes; es un Dios manifestándose en tres dispensaciones. En cada dispensación Dios se reveló en una forma distinta: primero como un Padre, luego como el Hijo, y hoy en día como el Espíritu Santo. Esa es la razón que yo bautizo a la gente en el Nombre del Señor Jesucristo, porque ese es el Nombre del Padre, Hijo y Espíritu Santo."

Una lágrima se derramó por la barba tupida del rabino. Bill estaba

---

[81] Isaías 9:6

optimista. "Ahora Ud. cree que Jesús era el Mesías, ¿verdad que sí?"

El rabino señaló hacia el símbolo de su sacerdocio— una estrella de David de seis puntas en la parte superior de la sinagoga. Él dijo, "Yo me gano muy bien la vida por medio de esto. Si no fuera un rabino, podría estar allá afuera en la calle mendingando mi cena."

"Yo preferiría beber de agua del arroyo, y comer galletas saladas, y decir la verdad," dijo Bill, "que pollo frito todos los días y quedarme con una mentira."

Tembloroso, el rabino dio la media vuelta y se regresó hacia la sinagoga.

NO MUCHO TIEMPO DESPUÉS DE esta entrevista, William Branham celebró un culto de sanidad de una noche en Pine Bluff, Arkansas. Después que terminó la reunión, se retiró a su habitación en el tercer piso de un hotel en el centro de la ciudad. Él estaba tan cansado que se acostó atravesado en la cama con su ropa puesta y apenas se comenzaba a quedarse dormido cuando escuchó un toque en la puerta. Era el administrador del hotel.

"¿Es Ud. el reverendo Branham?"

"Sí. ¿Algo anda mal?"

El hombre se movía nerviosamente. "Lo siento, pero me temo que voy a tener que pedirle que desaloje el hotel."

"¿Por qué? ¿Qué he hecho?"

"No es que Ud. haya hecho algo malo; es tan sólo que no podemos tener todo esto alrededor del hotel." El administrador se acercó a la ventana y señaló hacia abajo a la calle.

Bill se acercó a la ventana para mirar. Fue un tremendo sobresalto. Una fila de personas salía del vestíbulo del hotel y se extendía por toda la cuadra.

"De algún modo se han dado cuenta que Ud. estaba aquí, y yo no puedo convencerlos que se vayan."

Bill se sentía tan cansado que este problema parecía agobiante. "Honestamente, señor, no sé qué hacer."

El administrador había venido con un plan propio. "Ud. baje por la escalera de emergencia hacia el callejón, mientras llamo a un taxi. Tendré el taxi allá en el callejón y le recogerá a Ud. Ya he hecho los arreglos para que Ud. se hospede en otro hotel en la ciudad."

Bill regresó la mirada hacia la ventana. Estaba nevando. Él veía a madres sosteniendo periódicos sobre sus bebés enfermos para alejar de ellos la nieve. Él veía a otras personas con bastones. Se fijó en un hombre temblando violentamente, ya sea por el frío o por perlesía. Bill no podía resignarse a dejarlos allí. Le dijo al administrador, "Tengo un plan diferente."

Poniéndose el saco, Bill se abrió camino hacia la calle, deteniéndose en la esquina. Allí en Pine Bluff, bajo la luz amarillenta deslumbrante de un poste de alumbrado, con la nieve amontonándose de arriba, Bill comenzó a orar por los enfermos. Esta fila de oración produjo los mismos resultados como aquellas en sus reuniones programadas. Un hombre dejó caer su bastón, gritando, "Alabado sea Jesús, ¡estoy sano!" Luego otro fue sanado, y otro, provocando más gritos y alabanza. Alguien comenzó a cantar. Otros entonaban la melodía. La fe se elevaba. Los copos de nieve centellaban mientras aparecían de entre un cielo negro hacia la luz. Fue uno de los más hermosos servicios de oración que Bill alguna vez había experimentado. Él permaneció en la calle hasta que sus dedos se entumecieron y ya no había personas deseando oración. Entonces subió de regreso con dificultad las escaleras hacia su habitación del hotel y se quedó dormido.

COMO UN MES después de las reuniones en Fort Wayne, Bill estaba celebrando un culto en Little Rock, Arkansas. La Sra. Damico acudió y con ahínco se puso de pie para dar su testimonio— ¡ni una célula del tumor maligno permanecía en su cuerpo!

Unas cuantas semanas después, Bill recibió una carta del Sr. Leeman, diciendo que sus doctores no pudieron hallar ni siquiera un indicio de esclerosis múltiple en su sistema. Él escribió que apenas una semana atrás él estaba manejando por el campo cuando vio a su amigo, el agricultor que una vez había estado lisiado por la artritis, arando un campo. El Sr. Leeman detuvo su automóvil y comenzó a caminar por entre los surcos hacia el tractor. Cuando su amigo lo vio que venía, se apeó del tractor y corrió hacia él. Ellos se encontraron a la mitad del campo y se abrazaron el uno al otro, alzándose el uno al otro en turnos, alabando a Jesucristo. (Acordándose de la visión, Bill sonrió.) El Sr. Leeman mencionaba una cosa más en la carta. Él decía que les había contado a todos respecto a su sanidad, incluyendo a un amigo en Inglaterra que resultó ser el secretario privado del Rey

Jorge VI.

Eso explicaba el telegrama que Bill recibió de Inglaterra unos cuantos días después. Evidentemente el Rey Jorge, ahora de 64 años de edad, había estado perdiendo su salud constantemente por los pasados pocos años. Impresionado con la sanidad del Sr. Leeman, el rey deseaba que William Branham volara a Inglaterra y orara por él. Mientras la voluntad de Dios lo permitiera, Bill estaba ahora incluso haciendo planes para un viaje a Escandinavia en la primavera de 1950. Sería fácil para él pasar la noche en Londres y orar por Su Majestad, el Rey Jorge.

Bill pensó en retrospectiva en la noche cuando había recibido su comisión. Él se acordó de lo que el ángel le había dicho, *"Tú irás a muchas partes de la tierra y orarás por reyes y gobernantes y potentados..."* En aquel entonces eso había parecido tan inverosímil e imposible. Ahora se estaba haciendo realidad.

Bill, su esposa Meda y Becky durante las reuniones de Fort Wayne, Indiana.

Audiencia en Little Rock, Arkansas. Gordon Lindsay y Jack Moore
de pie en ambos lados de Bill.

Convención de *La Voz de Sanidad* en Diciembre de 1949.
Hilera posterior: Orrin Kingsriter, Clifton Erickson, Robert Bosworth,
H. C. Noah, V. J. Gardner, H. T. Langley, Abraham Tannenbaum.
Hilera de enmedio: Raymond T. Richey, William Branham, Jack
Moore, Dale Hanson, O. L. Jagger, Gayle Jackson, F. F. Bosworth,
Gordon Lindsay.
Hilera de enfrente: Sra. Erickson, Sra. Kingsriter, Sra. Lindsay, Srita.
Anna Jeanne Moore, Sra. Bosworth, Sra. Jackson y Sra. Langley.

Capítulo 46
El Ángel Fotografiado en Houston
1950

FINALMENTE William Branham se sentía lo suficientemente fuerte para poder con campañas más extensas. Así que en Enero de 1950, sus administradores lo programaron para 17 noches seguidas en Houston, Texas. Ellos comenzaron las reuniones en la sala de conciertos, la cual acomodaba únicamente a 4,000. En la primera noche era aparente que este pequeño edificio no podía tener la capacidad para la masa de personas deseando acudir. La segunda noche mudaron las reuniones al Coliseo Sam Houston. Ahora todos podían conseguir un asiento. La asistencia alcanzó un promedio de 8,000 cada noche, hasta las últimas dos noches de la campaña cuando alguna propaganda inesperada de pronto llenó el edificio a su capacidad.

Aunque muchos de los ministros Cristianos de la ciudad estuvieron colaborando juntos para hacer un éxito estas reuniones, hubo otros que negaron su apoyo. Un ministro llegó tan lejos como para emprender un vehemente ataque público en contra de la campaña de Branham. Recién salido de un seminario Bautista, el Reverendo Best ahora era el pastor de una numerosa iglesia en Houston. Contra su propia estricta advertencia, algunos de los miembros de su iglesia acudieron a los servicios de Branham. Eso enfadó al Dr. Best. Él colocó una amplia propaganda en el periódico matutino, criticando con mala intención la sanidad Divina en general y a William Branham en particular.

Fred Bosworth trajo el [periódico] *Houston Chronicle* a la habitación de Bill en el Hotel *Rice*. "Hermano Branham, mire esto. Hay un ministro en la ciudad— un tal Dr. Best— que está retándolo a Ud. a un debate sobre sanidad Divina. Escuche lo que él escribió,

'William Branham es un fanático religioso y un impostor. Él debería ser echado de la ciudad y yo debería ser aquel que lo haga.' Hermano Branham, si yo fuera Ud., aceptaría el reto y le enseñaría a ese sabiondo una cosa o dos respecto a la Palabra de Dios."

"Hermano Bosworth, yo no quiero discutir con nadie. Dios me envió a orar por los enfermos. Existen millares que la creen; ¿por qué discutir con un impulsivo que no la cree? Déjelo en paz. Jesús dijo que habría hombres como él— ciego guiando al ciego."[82]

Cuando su reto pasó sin contestar, al día siguiente el Dr. Best pagó por otra propaganda, ésta más mordaz que la primera. Fred Bosworth subió pisoteando a la habitación de Bill, tiró el periódico sobre la cama y dijo, "No va Ud. a creer lo que dijo ese ministro de Ud."

"¿Qué dijo en esta ocasión?"

Bosworth agarró rápidamente el periódico y leyó, "'William Branham tiene miedo de la Verdad. Él tiene miedo de examinar su doctrina de sanidad Divina por medio de la luz de la Palabra de Dios. Cuando el genuino Evangelio es presentado delante de él, él se avergüenza de debatir el tema porque eso expondría sus errores. Él está contento de engañar al pobre y sin educación con su astuta combinación de psicología y superstición.'" Bosworth tiró de vuelta el periódico sobre la cama. "Hermano Branham, no le permita que degrade la Palabra de Dios de esa manera. Acepte su reto."

"Hermano Bosworth," dijo Bill, todavía imperturbable, "hay como 9,000 personas viniendo a las reuniones cada noche, y como 7,000 de esas desean oración. Únicamente tengo unos cuantos días más para estar aquí en Houston. ¿Por qué perder el tiempo con este chiflado, cuando podemos estar orando por los enfermos y necesitados?"

"Pero, Hermano Branham, todas esas personas que vienen a las reuniones deberían conocer lo que es la Verdad. Algunos de ellos se están comenzando a preguntarse si nosotros sabemos de lo que estamos hablando."

"La unción del Espíritu Santo está sobre mí, Hermano Bosworth. No tengo tiempo para discutir."

"Entonces permítame a *mí* aceptar el reto."

Mirando fijamente a este soldado del Evangelio de 73 años de edad, Bill pensó en una Escritura que él había leído donde Caleb le

---

[82] Mateo 15:12-14

pidió a Josué el privilegio de atacar a los Anaceos, diciendo, "Tengo 85 años de edad hoy y soy un hombre tan fuerte como lo era cuando Moisés me envió a reconocer la tierra de Canaán, hace 45 años."[83] Bill dijo, "Hermano Bosworth, admiro su celo..." Él dejó que sus palabras se apagaran, sin estar seguro si debía decir sí o no.

Percibiendo esa indecisión, Bosworth apremió su causa. "Ese hombre no tienen ninguna Escritura de la cual valerse. Permítame probarlo— no tan sólo a él, sino a todas aquellas personas tratando de obtener fe suficiente para ser sanados."

"De acuerdo, Hermano Bosworth, si Ud. desea hacerlo, y si me promete que no discutirá."

Fred Bosworth rebosaba de gozo. "Le prometo que no discutiré. Tan sólo le daré a él el Evangelio." Lleno de emoción, Bosworth abandonó la habitación para anunciarles a los reporteros que estaban esperando en la planta baja.

La próxima edición del *Cronicle* publicó una historia acerca del próximo debate bajo el encabezado extravagante: "VOLARÁN PELOS ECLESIÁSTICOS." Inmediatamente la [agencia de noticias] Prensa Asociada telegrafió este artículo a otros periódicos alrededor del país. Se despertó mucho interés en la región y la gente comenzó a llegar a raudales a Houston para ver este encuentro por sí mismos. Alrededor de las seis en punto en la noche del debate, casi todos los 30,000 asientos estaban ocupados en el Coliseo Sam Houston.

Al principio Bill no tenía intenciones de asistir a escuchar por sí mismo el debate; sencillamente no le gustaba la idea de escuchar mientras dos hombres reñían sobre sanidad Divina. Como él lo veía, la Palabra de Dios debía ser vivida, no debatida. Pero a medida que se acercaba la hora, sintió una inclinación extraña para ir a fin de cuentas. Meda lo acompañó, junto con su hermano Howard, y dos policías. A la hora que llegaron al coliseo, los únicos asientos que quedaban estaban colocados muy arriba en el tercer balcón. Con su cuello volteado y su sombrero encasquetado abajo, Bill subió las escaleras hasta la sección 30 y se sentó. Nadie lo reconoció.

Fred Bosworth, quien nunca antes había participado en un debate público, vino con una extensa lista de Escrituras, pensando que los dos hombres sencillamente irían de un lado a otro discutiendo versículos de la Biblia y conceptos. Pero el Dr. Best había aprendido

---

[83] Josué 14:6-12

en el seminario su estilo de debatir. Él insistió en que el Reverendo Bosworth tomara la primera media hora para presentar su causa; entonces él tomaría la siguiente media hora para exponer su propio enfoque. Si tenía que haber alguna discusión, ella vendría al final.

Con confianza arraigada de años de oración y estudio, Fred Bosworth subió a grandes pasos al podio. "Dr. Best, lamento que tengamos que debatir la Palabra de Dios de esta manera, pero Ud. hizo una declaración en el periódico que el Hermano Branham es un impostor y que no existe tal cosa como sanidad Divina. Ahora el tema bajo discusión esta noche no es el don de discernimiento del Hermano Branham— los dones de Dios se demostrarán ellos mismos. El asunto de discusión es si la sanidad Divina se enseña en la Biblia." Bosworth levantó sus notas. "Tengo setecientas Escrituras apuntadas aquí las cuales prueban que la actitud presente de Cristo hacia el enfermo es la misma hoy en día como fue siempre. Si Ud. puede tomar cualquiera de estos versículos y refutar mi tesis por medio del resto de la Biblia, entonces ya no tendremos ninguna discusión al respecto— yo admitiré la derrota y me bajaré de la plataforma."

Aquí Bosworth le ofreció una copia de estas referencias escriturales a su oponente. El Dr. Best se negó a tocarla, diciendo, "Ya me ocuparé de todo eso cuando suba allí. Ud. siga adelante con todo lo que va a decir."

"Entonces Sr. Best, le haré una pregunta y si Ud. me contesta sí o no, estaré satisfecho. ¿Fueron los nombres redentivos de Jehová aplicados a Jesús— sí o no?"

El Dr. Best no se movió.

Bosworth continuó, "Siendo que Ud. es un erudito, Dr. Best, sé que está familiarizado con los siete nombres redentivos compuestos de Jehová, los cuales están esparcidos por todo el Antiguo Testamento. Sin embargo, los volveré a examinar rápidamente por el bien de nuestra audiencia. En las páginas 6 y 7 de mi Biblia con Referencias de Scofield [en Inglés], el Dr. Scofield dice en su nota al pie de página: 'Jehová es marcadamente el nombre redentivo de la Deidad y significa: el Auto existente que se revela a sí mismo. En su relación redentora con los seres humanos, Jehová tiene siete nombres compuestos que le revelan como Aquel que suple todas las necesidades del hombre, desde que éste cayó en el pecado hasta el tiempo de la redención final.' El Sr. Scofield enumera estos siete nombres compuestos como:

Jehová-sama — el SEÑOR está presente
Jehová-salom — el SEÑOR nuestra paz
Jehová-rá-ah — el SEÑOR es mi pastor
Jehová-nissi — el SEÑOR es nuestra bandera
Jehová-sidkenu — el SEÑOR es nuestra justicia
Jehová-jireh — el SEÑOR proveerá (un sacrificio)
Jehová-rafah — el SEÑOR sana

"Otra vez le haré mi pregunta a Ud., Dr. Best. ¿Fue el nombre redentivo de Jehová aplicado a Jesús?"

El Dr. Best cambió de posición en su asiento, pero no habló.

"Pues, Sr. Best, me sorprende que Ud. no responda. Este es uno de los argumentos más flojos que tengo. ¿Podría ser que Ud. comprende mi punto? Si el nombre Jehová-jireh se aplica a Jesús— y todo Cristiano estará de acuerdo que se aplica— entonces ¿el nombre de Jehová-rafah debe también aplicarse? Si Jesús es el sacrificio provisto por Dios para salvarnos de nuestros pecados, entonces Él tiene que ser también nuestro sanador. ¿Qué dice Ud. a eso, Sr. Best?

"Yo— ah— ya me ocuparé de eso cuando suba allí. Tan sólo termine su tiempo."

Así que durante los 20 minutos siguientes, el Reverendo Bosworth se refirió a tantas Escrituras como el tiempo se lo permitía, explicando y entrelazándolas en un tapiz convincente de la verdad. Él se refirió a versículos tales como:

...yo soy Jehová tu sanador.
   —Éxodo 15:26

...El que sana todas tus dolencias.
   —Salmos 103:3

Y cuando llegó la noche, trajeron a él (Jesús) muchos endemoniados; y con la palabra echó fuera a los demonios, y sanó a todos los enfermos; para que se cumpliese lo dicho por el profeta Isaías, cuando dijo: Él mismo tomó nuestras enfermedades, y llevó nuestras dolencias.
   —Mateo 8:16,17

Recorría Jesús todas las ciudades y aldeas, enseñando en las sinagogas de ellos, y predicando el evangelio del reino, y sanando toda enfermedad y toda dolencia en el pueblo.
        —Mateo 9:35

Y dondequiera que (Jesús) entraba, en aldeas, ciudades o campos, ponían en las calles a los que estaban enfermos, y le rogaban que les dejase tocar siquiera el borde de su manto; y todos los que le tocaban quedaban sanos.
        —Marcos 6:56

Y toda la gente procuraba tocarle (a Jesús), porque poder salía de él y sanaba a todos.
        —Lucas 6:19

...Dios ungió con el Espíritu Santo y con poder a Jesús de Nazaret, y cómo este anduvo haciendo bienes y sanado a todos los oprimidos del diablo, porque Dios estaba con él.
        —Hechos 10:38

Jesucristo es el mismo ayer, y hoy, y por los siglos.
        —Hebreos 13:8

(El Reverendo Bosworth repitió esta Escritura, haciendo hincapié que ese era el tema de todas las campañas de William Branham—lo que Jesucristo fue en el pasado, Él es hoy y será por toda la Eternidad.)

... por cuya llaga fuisteis sanados.
        —I de Pedro 2:24

...he aquí yo estoy con vosotros todos los días hasta el fin del mundo.
        —Mateo 28:20

Y estas señales seguirán a los que creen: En mi nombre Echarán fuera demonios... sobre los enfermos pondrán sus manos, y sanarán.
        —Marcos 16:17,18

Y la oración de fe salvará al enfermo, y el Señor lo levantará...
—Santiago 5:15

...todo lo que pidiereis orando, creed que lo recibireis, y os vendrá.
—Marcos 11:24

Jesús le dijo: Si puedes creer, al que cree todo le es posible.
—Marcos 9:23

Para el momento que se agotó su media hora, el Reverendo Bosworth había abarcado únicamente una fracción de las Escrituras que él había apuntado. Pero la audiencia tenía la idea— Jesucristo el Salvador también es Jesucristo el sanador. Ahora era hora que el Dr. Best desafiara esa creencia.

El Dr. Best dio inicio con I de Corintios 15, "*...Así también es la resurrección de los muertos. Se siembra en corrupción, resucitará en incorrupción... se siembra en debilidad, resucitará en poder... Y cuando esto corruptible sea vestido de corrupción, y esto mortal se haya vestido de inmortalidad, entonces se cumplirá la palabra que está escrita: Sorbida es la muerte en victoria.*" El Dr. Best argumentaba que Dios no está interesado en la sanidad de los cuerpos de las personas, únicamente en la salvación de sus almas. De otra manera los Cristianos nunca morirían de nada excepto de edad avanzada, porque Dios los sanaría cada vez que se enfermaran. Siendo que los Cristianos sí se enferman y mueren como cualquier otro, ¿dónde está el poder sanador de Dios? Cierto, Jesús sanó cuando Él estaba en la tierra; pero eso fue únicamente para Su día, para probar que Él era el Hijo de Dios. Hoy día la sanidad ya no es necesaria como una prueba, porque tenemos el registro del Nuevo Testamento.

Para el momento que su media hora se acabó, era evidente que sus argumentos no habían convencido a la audiencia. Eso enojó al Dr. Best. "Únicamente los santurrones mentecatos creen en sanidad Divina," gritaba él. "Ningún Bautista genuino creería semejante cosa como esa."

Fred Bosworth se acercó al micrófono. "Un momento, Sr. Best. Deseo preguntarle a esta audiencia— ¿cuántos Bautistas aquí pueden demostrar por medio de un informe médico que Uds. han sido sanados en estas reuniones de Houston? ¿Se pondrían de pie por favor?"

Trescientas personas se pusieron de pie.

"Eso no demuestra nada." Dijo con un bufido el Dr. Best. "La gente puede testimoniar cualquier cosa."

Bosworth dijo tranquilamente, "La Palabra dice que eso es cierto y ahora aquí está la evidencia de eso en la gente. ¿Cómo puede Ud. mantenerse negándolo?"

Enfurecido, el Dr. Best gritó, "Presenten aquí a ese sanador Divino y déjenme ver su manera de operar."

"Pues, Sr. Best, el Hermano Branham no es un sanador Divino. Nunca dijo que lo era. Él simplemente le pide a Jesús que sane a las personas."

El Dr. Best no estaba escuchando. "Presenten a ese sanador Divino," vociferaba. "Déjenme verle sanar a alguien."

"Sr. Best, Ud. predica salvación en Jesucristo, ¿verdad?"

"Sí, eso predico."

"¿Eso lo hace a Ud. un salvador Divino?"

"Desde luego que no."

"Pues, tampoco predicar sanidad en Jesucristo hace al Hermano Branham un sanador Divino."

"Entonces explique la razón que él colgó un anuncio en la calle que dice, 'Milagros cada noche.'"

"En primer lugar, yo colgué el anuncio. Y el anuncio es cierto. Un milagro es algo que no se puede comprender por medio de la mente humana. El Hermano Branham tiene un don sobrenatural que puede ver dentro de las vidas de las personas y puede predecir eventos futuros. Y además, eso nunca falla en ser así como él lo ve. Ese es un milagro. Suceden cada noche en las reuniones. Ud. puede venir aquí mañana por la noche y ver el resto."

"Un momento," dijo el Dr. Best. Se volteó de lado y les hizo señas a dos camarógrafos que pasaran adelante. Kipperman y Ayers eran fotógrafos profesionales de los Estudios *Douglas* en Houston, miembros de la *Asociación Norteamericana de Fotógrafos*. El Dr. Best los había contratado personalmente para que tomaran fotografías del debate para el periódico del día siguiente. Siendo que él había hecho la contratación, Best tenía el propósito de controlar el contenido de las fotografías. Poniendo su dedo directamente en la nariz de su oponente, dijo, "Ahora, toma una fotografía." Después del destello luminoso de la cámara, Best puso su puño debajo de la barbilla de Bosworth y espetó, "Toma otra." Él continuó apropiándose las poses dominantes hasta que fueron expuestos los seis negativos.

Fred Bosworth dijo, "En lo que a mí se refiere, la reunión ha concluido. El Sr. Best no puede responder a una Escritura que le di. Creo que él ha perdido el debate. ¿Cuántos aquí también así lo creen? Digan 'amén.'"

El domo inmenso hizo eco con voces gritando amén.

Furioso por encima de la razón, Best vociferaba, "Presenten a ese sanador Divino y vamos a ver lo que puede hacer cuando lo estoy viendo."

Siempre tan sosegado, Fred Bosworth dijo, "Sé que el Hermano Branham está en el edificio porque lo vi entrar. Él no discutirá con Ud., Dr. Best; ese no es el estilo de él. Pero siendo que estamos al final de este debate, si él desea subir aquí y despedir al pueblo, eso me parece bien. Sin embargo, no está obligado a hacerlo."

La gente por todo el coliseo comenzó a mirar alrededor. Howard Branham puso su mano en el hombro de Bill y dijo en voz baja, "Quédate quieto."

"Esa es mi intención," dijo Bill. Pero un minuto después él escuchó ese sonido silbante parecido a un torbellino soplando—*juusssh*. Entonces él sintió esa presión inevitable apretujando su cuerpo y supo que el ángel del Señor tenía planes diferentes. Bill se puso de pie.

Meda cogió su mano. "Cariño, no—"

"Amorcito, el ángel del Señor me está diciendo que vaya allá."

Cuando Bill subió a la plataforma, el Sr. Ayers apuntó su cámara. Gordon Lindsay se interpuso en el camino a propósito, pidiéndole al Sr. Ayers y al Sr. Kipperman que ya no tomarán más fotografías. Habiendo visto el propósito de estos dos hombres al fotografiar al Reverendo Bosworth, Lindsay no quería que se mancillara la imagen de William Branham del mismo modo.

Bill se acercó al micrófono y dijo, "Lamento el que tuvo que ocurrir este debate. Nadie tenga una mala actitud hacia el Sr. Best. Verdaderamente él tiene derecho a sus ideas al igual que yo tengo hacia las mías. Esa es la razón que nuestros jóvenes están peleando en Corea, de manera que en Norteamérica todos puedan tener su propia opinión.

"Yo no soy ningún sanador Divino. Nunca he reclamado ser un sanador. Jesucristo es el único sanador Divino. Pero diré esto— algo sobrenatural ocurrió el día que nací. Fue en una cabaña de troncos en las regiones apartadas de Kentucky. La pequeña casucha no tenía piso, ni siquiera tenía una ventana, tan sólo un postigo pequeño puesto al nivel del ojo en la puerta. Unos cuantos minutos después que nací, como a las cinco de la mañana, ellos abrieron empujando aquel postigo y una luz entró, dándole vueltas a la cama donde estábamos mi mamá y yo. Desde entonces he aprendido que es un ángel de Dios porque me ha seguido todos los días de mi vida. Él entra a las reuniones como una luz, y entonces puedo ver cosas acerca de una persona— algunas ocasiones acerca de su pasado y algunas ocasiones acerca de su futuro. Yo reto a cualquiera en cualquier parte que me diga de una ocasión donde alguna vez he hecho una declaración en el nombre del Señor que no fue exactamente cierto en la manera que fue dicho. Dios es Verdad y Él no tendrá nada que ver con un error. Si yo testifico de la Verdad, Dios testificará de mí..."

Bill escuchó otra vez ese sonido— *juusssh*— más fuerte ahora de lo que lo había escuchado anteriormente. Alzando la vista, vio esa luz sobrenatural suspendida en el tercer balcón, la sección 30— el lugar donde él había estado sentado. Tan pronto como la vio, la luz vino a él.

Una quietud había caído sobre el edificio— la audiencia percibía que algo poco común estaba ocurriendo. Algunas personas pensaron que escucharon un sonido peculiar. Otros, mirando en su derredor, vieron un espiral de luz, como una Galaxia de la Vía Láctea en miniatura, dando vueltas hacia abajo desde el balcón. Todo eso sucedió tan rápidamente que después fue fácil para la gente preguntarse si su vista les había gastado una broma. La luz descendió al estrado y se quedó suspendida apenas arriba de la cabeza de William Branham. En ese preciso momento, el Sr. Ayers saltó hacia delante con su cámara y tomó una fotografía. El destello era temporalmente cegador. Para cuando ajustó de nuevo los oculares, la luz misteriosa ya no estaba.

En el camino de regreso a su estudio, los dos fotógrafos discutieron el fenómeno. Ayers le preguntó a su asociado, "¿Qué piensas al respecto?"

Kipperman se encogió de hombros. "Soy un Judío. No sé mucho tocante al Cristianismo."

"Yo soy un Católico," dijo Ayers, "y se nos ha enseñado que los milagros pueden suceder, pero ellos deben venir a través de la iglesia Católica para que sean de Dios. Yo solía creer eso, pero ahora no sé. He visto acontecer algunas cosas asombrosas en los pocos días pasados. Tal vez hay algo sucediendo aquí que está más allá de mi entendimiento. Tal vez he criticado demasiado a Branham."

"Tú lo has criticado muy severamente."

"Pues, pensé que él hipnotizó a aquel soldado inválido la otra noche. ¿De qué otra manera podría un hombre con una espalda fracturada levantarse y caminar?"

Kipperman se encogió de hombros otra vez. "No podría decirlo. No sé nada al respecto."

Ya en el estudio Ayers dijo, "Voy a ocuparme de esta película a primera hora. El Sr. Best quiere algunas impresiones brillantes listas para el periódico de mañana."

"Estoy cansado," dijo Kipperman. "Creo que subiré a la planta alta y me acostaré un rato."

El Sr. Ayers entró a la cámara oscura, cerró la puerta, y con dedos hábiles comenzó a revelar su película. Cuando terminó el proceso, encendió la luz y miró al primer negativo. Para su sorpresa estaba en blanco. De igual forma estaba la segunda y tercera imagen. Eso estaba raro. Él usaba a menudo esta cámara y tipo de película, y nunca antes había ocurrido esto. ¿Qué podría haber andado mal? Miró a la cuarta, quinta, y sexta imágenes. También estas estaban en blanco. Pero cuando miró al séptimo y último negativo, ¡allí estaba!

Ayers gritó y se tambaleó hacia atrás. Un dolor agudo quemó en su pecho como que estaba teniendo un ataque cardíaco. Tembloroso y con dificultades para respirar, corrió hacia el pasillo y le gritó a su compañero.

Ted Kipperman vino corriendo. "¿Qué pasa?"

"Mira eso." Él señaló con su dedo el negativo. "Es la verdad, Ted. La cámara no puede mentir."

Cautelosamente, Kipperman tomó el séptimo negativo y lo alzó hacia la luz. Sus manos comenzaron a temblar. La fotografía mostraba una vista del costado izquierdo de William Branham, vestido con un saco oscuro, recargado en el púlpito. Su mano derecha estaba sosteniendo un trozo de papel y estaba descansando sobre la parte superior del púlpito. Su otra mano colgaba junto a su costado. Al lado izquierdo de la fotografía, dos micrófonos inclinados hacia el evangelista como deseosos de amplificar sus palabras. Sin embargo, en este momento en particular él no estaba hablando. Su boca estaba cerrada; su rostro, apacible. Sus rasgos faciales destacaban en contraste definido con el segundo plano oscuro, definiendo su frente despejada, el pliegue vertical entre su nariz y labios, el ligero hoyuelo en su barbilla, y sus ojos hundidos, mirando intensamente a la audiencia.

Pero la parte impresionante de la fotografía,[85] la parte que hizo temblar a ambos fotógrafos, era la larga y delgada franja de luz inclinada en el ángulo superior de la derecha del negativo. ¿Podría ser— podría ser realmente aquel fuego místico que habían visto descender del balcón? Kipperman examinó la franja atentamente. Sus bordes no estaban definidos claramente. Eso en sí mismo estaba fuera de lugar. Cada otra línea en la fotografía sobresalía en enfoque nítido; pero los límites de esta franja eran confusos, como si una luz había estado palpitando tan rápidamente que la cámara no pudo captar sus márgenes en una posición. Lo más impresionante de todo era su ubicación. Parecida a un halo, se quedó suspendida en el aire apenas arriba y hacia la parte de atrás de la cabeza de William Branham.

En diez minutos más los dos fotógrafos habían revelado varias impresiones del negativo. Comprendiendo que tenían en sus manos algo de inmenso valor, llevaron deprisa la fotografía al Hotel *Rice* donde Bill se estaba hospedando. A pesar de sus súplicas, no pudieron llevar un mensaje más allá de los guardias de seguridad que estaban protegiendo la privacidad del evangelista. Así que se dirigieron al aeropuerto y alrededor de las 11 de aquella noche, el negativo estaba volando rumbo a Washington, D.C. para ser registrado como propiedad literaria.

Él regresó por mensajería aérea al día siguiente e inmediatamente fue traído a la atención de Bill. La primera reacción de Bill fue una de gratitud. Noche tras noche él observaba esta llama de Espíritu en sus reuniones, sabiendo que lo que fuera, allí es donde estaría la visión. Muchas noches él le decía a la audiencia acerca de esta luz. Era gratificante el que el Dios Todopoderoso haya vindicado su

---

[84] La fotografía a la cual se hace referencia aparece en la portada de este libro.

testimonio a por medio de una fotografía.

Fred Bosworth les recordó a todos que esta no era la primera vez que la Columna de Fuego había sido fotografiada en las reuniones de Bill. Cada ocasión anterior, los críticos habían desacreditado las fotografías. ¿Por qué sería diferente esta ocasión?

Gordon Lindsay prometió que esta ocasión *sería* diferente. Con el consentimiento de los Estudios *Douglas*, Lindsay se puso de acuerdo para que el negativo fuese examinado por George J. Lacy, un investigador privado quien a menudo era contratado por el FBI para que examinara documentos controvertibles. Lacy se llevó el negativo y durante dos días lo sometió a toda prueba científica disponible. Aparte de su examen detallado del negativo mismo, George Lacy también inspeccionó la cámara para ver si la luz se pudo haber filtrado a la película. Él incluso visitó el coliseo para ver si un reflejo procedente de un foco podría haber causado la aberración.

Cuando el Sr. Lacy estaba listo para dar su reporte final, él convocó a una rueda de prensa. Aparte de los reporteros del *Houston Chronicle*, acudieron escritores de las revistas *Look, Colliers* y *Time*. La sala estaba llena a la hora que llegaron Bill y sus administradores. Bill tomó asiento en la parte de atrás.

George Lacy se sentó detrás de una mesa en el otro extremo de la sala. Su cabello rojizo estaba peinado pulcramente para los fotógrafos. El Sr. Lacy se presentó e hizo una crónica del propósito de la cita con el aire de un jefe policiaco duro. Entonces preguntó, "¿De quién es el nombre de Reverendo William Branham?"

Bill se puso de pie, "El mío, señor."

"Reverendo Branham, Ud. va a pasar a mejor vida de este mundo como todos los otros mortales, pero mientras exista una nación Cristiana, su fotografía permanecerá. Que yo sepa, esta es la primera vez en toda la historia del mundo que un ser sobrenatural ha sido fotografiado y validado científicamente. En lo que a mí se refiere, yo también he sido un crítico suyo. He leído acerca de sus reuniones en revistas y he escuchado con un oído escéptico a su afirmación respecto a un ángel. Me dije a mí mismo que era psicología. Pero, Sr. Branham, el ojo mecánico de esa cámara no captará psicología. La luz dio en el lente. El negativo lo comprueba. Sr. Branham, ¿podría Ud. pasar al frente por favor?"

Bill se acercó a la mesa.

George Lacy continuo, "A menudo se ha dicho por el incrédulo que no existe prueba de un Dios sobrenatural. Esos días ahora han quedado en el pasado. Reverendo Branham, aquí tiene Ud. el negativo."

El Sr. Lacy extendió su mano de modo que Bill pudiera tomar el negativo. Bill meneó la cabeza, "Él no me pertenece. Según entiendo, los derechos de autor pertenecen a la *Asociación Norteamericana de Fotógrafos*."

George Lacy manifestó su sorpresa. "Reverendo Branham, Ud. no vivirá para ver que esa fotografía reciba su valor verdadero, porque el testador siempre está muerto antes del testamento. Algún día esa fotografía será vendida en cada almacén de la nación. Pero ¿se da Ud. cuenta de su valor ahora mismo? Si yo especulara, yo la fijaría en alguna parte en más de $ 100,000 dólares."

"Señor, para mí vale una vida. Si Jesucristo mi Señor pensó lo suficiente en mí para descender y hacer que se tomara Su fotografía conmigo, yo lo amo a Él demasiado como para comercializarla. Los Estudios *Douglas* tomaron la fotografía; que ellos la distribuyan. No tendré nada que ver con ello. La única cosa que pudiera pedir es que la vendieran en un precio lo suficientemente bajo de modo que la gente pobre pueda comprar una copia."

"Estaremos seguros de hacer eso," dijo Ted Kipperman, mientras pasaba al frente a recoger el negativo. "Pero estoy preocupado con respecto a cómo podemos probar que la fotografía es auténtica."

El Sr. Lacy dijo, "Yo puedo darles una copia fotostática de mi reporte, el cual Uds. podrían duplicar e incluirlo con cada fotografía que se venda."

Bill leyó el reporte:

George J. Lacy
Examinador de Documentos Dudosos
Edificio Shell
Houston Texas

29 de Enero de 1950.

R E P O R T E   Y   O P I N I Ó N

Sol: Negativo Dudoso

El 28 de Enero de 1950 a petición del Reverendo Gordon Lindsay, quien estaba representando al Reverendo William Branham de Jeffersonville, Indiana, recibí de los Estudios Douglas de la Avenida Rusk 1610 en esta ciudad una película fotográfica expuesta y revelada de 4x5 pulgadas. Esta película se deja suponer haber sido hecha por los Estudios Douglas del Reverendo William Branham en el Coliseo Sam Houston en esta ciudad, durante su visita aquí la segunda parte de Enero de 1950.

S O L I C I T U D

El Reverendo Gordon Lindsay solicitó que yo efectuara un examen científico del negativo susodicho. Él solicitó que yo determinara, de ser posible, en mi opinión si el negativo había sido retocado o "arreglado" o no en cualquier forma, subsiguiente al revelado de la película, que causó que una franja de luz apareciera en la posición de un halo arriba de la cabeza del Reverendo Branham.

E X A M E N

Se realizó un examen macroscópico y microscópico y estudio de la superficie total de ambos lados de la película, la cual era Película de Seguridad Eastman Kodak. Ambos lados de la película fueron examinados bajo luz filtrada ultravioleta y se hicieron fotografías infrarrojas de la película.

Reporte y Opinión   – Página 2 –   29 de Enero de 1950

El examen microscópico no logró revelar retocado de la película en ningún sitio de ninguna clase por medio de cualquiera de los procesos usados en el retocado comercial. También, el examen microscópico no logró revelar cualquier alteración de las emulsiones dentro o alrededor de la franja de luz en cuestión.

El examen de luz ultravioleta no logró revelar cualquier materia extraña, o el resultado de cualquier reacción química sobre ambos lados del negativo, lo cual podría haber causado la franja de luz, subsiguiente al procesamiento del negativo.

La fotografía infrarroja también no logró revelar cualquier cosa que indicara que el negativo en cuestión fue un negativo compuesto o un negativo doblemente expuesto.

No se encontró nada lo cual indicara que la franja de luz en cuestión había sido hecha durante el proceso de revelado. Ni se encontró nada que indicara que no fue revelado en un procedimiento regular y reconocido. No se encontró nada en las densidades comparativas de los toques de luz que no estuviera en armonía.

OPINIÓN

Basado en el examen y estudio arriba descrito, yo soy de la opinión definitiva que el negativo sometido a examen no fue retocado ni fue un negativo compuesto o doblemente expuesto.

Además, yo soy de la opinión definitiva que la franja de luz apareciendo arriba de la cabeza en una posición de halo fue causada por luz dando en el negativo.

Presentado respetuosamente,
George J. Lacy

GJL/ll

MIEMBRO DE LA SOCIEDAD NORTEAMERICANA DE EXAMINADORES DE DOCUMENTOS DUDOSOS

Bill se sentía satisfecho. ¿Qué más prueba se podría producir? La gente o lo creería o lo descreería a su gusto.

DURANTE VARIAS SEMANAS después de cada campaña, los testimonios llegaban a raudales a la oficina de Bill en Jeffersonville de las personas que habían sido sanadas en sus reuniones. Esta ocasión— después de Houston, Texas— muchas personas mencionaban el ver una luz peculiar sobre la cabeza de Bill en la noche del debate.

Una carta típica procedía del Sr. Becker, un vendedor en Cleveland, Texas, que sufría de retorcijones estomacales violentos. Aún cuando él no era un creyente en sanidad Divina, su esposa lo había engatusado para que acudiera al avivamiento de Branham. La ocasión que escogieron para ir fue la noche del debate. Él escribió, "Yo vi una luz alrededor de la cabeza del Reverendo Branham cuando estaba parado allí sobre el estrado después del debate. No era una lámpara de flash; era más parecido a un halo rodeando su cabeza." Cuando Bill hizo un llamamiento al altar, el Sr. Becker se precipitó al frente para encomendar su vida a Jesucristo.

El Sr. Becker acudió al culto de la última noche y consiguió una tarjeta de oración, pero su número no fue llamado. No obstante, él fue sanado de su problema estomacal cuando Bill clausuró la campaña de Houston con una oración en masa por liberación. Una vez más probándose lo que Bill decía tan a menudo, "Ud. no necesita entrar en la fila de oración para ser sanado. Ud. tan sólo necesita tener fe."

Segmentos de la gente que acudió al Coliseo *Sam Houston* la noche del debate.

El Dr. E. W. Best y el Rev. Fred F. Bosworth en el debate.

Capítulo 47
Un Vuelo Desesperado de Nightingale
1950

LA MAÑANA posterior al debate en Houston, Texas, Fred Bosworth hizo una visita breve a la habitación del hotel de William Branham para entregarle una carta que acababa de llegar al correo. Meda echó una ojeada por encima del hombro de Bill. "Es de Durban, Sudáfrica. Ábrela Bill."

Bill desdobló el papel y comenzó a leer. Esta carta procedía de la enfermera particular de una tal Florence Nightingale Shirlaw, que afirmaba ser pariente cercano de la famosa enfermera Inglesa del siglo diecinueve, Florence Nightingale. La Srita. Shirlaw se estaba muriendo de cáncer y estaba implorando que Bill volara a Durban, Sudáfrica, tan rápidamente como le fuese posible para que orara por ella. Ella estaba demasiado débil para venir a Norteamérica. El cáncer había crecido sobre el duodeno en su estómago, impidiéndole digerir cualquier alimento. Durante meses ahora había estado siendo mantenida viva por medio de alimentación intravenosa a medida que se consumía lentamente. Sus doctores no esperaban que ella viviera mucho tiempo. Un milagro de Jesucristo era su última esperanza.

Para recalcar su situación desesperada, la Srita. Shirlaw había adjuntado una fotografía de sí misma.[84] Meda se quedó boquiabierta. Bill fijó la mirada en la fotografía con horror. Nunca antes había visto a un ser humano tan adelgazado. Sus brazos se miraban como palos de escoba, excepto por lo abultado en cada coyuntura del codo. Bill fácilmente podía contar sus costillas. La pobrecita mujer parecía

---

[84] Una copia de esta fotografía está en la página 49 del libro *William Branham, Un Profeta Visita Sudáfrica*, por Julius Stadsklev. También está al final de este capítulo.

piel estirada sobre un esqueleto.

Florence Nightingale Shirlaw había incluido un boleto de avión junto con su carta y la fotografía. Bill miró el boleto y luego miró interrogativamente a su administrador.

Fred Bosworth sabía lo que él estaba pensando. "Hermano Branham, no hay modo que Ud. pueda volar a Sudáfrica ahora mismo. Ud. deberá estar en Beaumont dentro de unos cuantos días; entonces Ud. va a Pensacola, Florida; luego tiene varios compromisos en Arkansas; luego Carlsbad, New Mexico— Ud. tiene otros compromisos serios en los Estados completos hasta Abril cuando se vaya rumbo a Europa. En Mayo, después que Ud. regrese de Escandinavia, tiene algún tiempo no programado. Ud. pudiera ir entonces."

"A juzgar por lo bien fundamentado de su carta" —Bill levantó la fotografía para otra mirada— "y derivado de esta fotografía, probablemente ella estará muerta para Mayo."

"Tal vez," coincidió Bosworth, "pero, Hermano Branham, Ud. recibe cartas todo el tiempo de personas en sus lechos de muerte. Ud. no puede irse rápidamente a orar por cada persona moribunda que le envía un boleto de avión. Si lo hiciera, eso es todo lo que estaría haciendo con su tiempo. Ud. tiene que ser guiado por el Espíritu."

"Ahí está," dijo Bill. "El Espíritu me está diciendo que hay algo significativo con esta mujer. Tal vez el Señor me está llamado a Sudáfrica."

La habitación estuvo quieta por un momento, con la excepción del sonido de Meda sorbiendo con la nariz sus lágrimas. Entonces Bill sugirió, "Al menos oremos por la Srita. Shirlaw ahora."

Poniendo la carta y la fotografía en el piso, se pusieron de rodillas y Bill oró, "Padre Celestial, cuando vi las palabras 'Durban, Sudáfrica' en esa carta, algo pareció dar un vuelco dentro de mí. ¿Deseas Tú que yo vaya a Durban y celebre reuniones? Padre, aquí está una pobrecita mujer moribunda mirando a Ti como su última esperanza de vida. Te estoy pidiendo que sanes a Florence Nightingale Shirlaw en el Nombre de Tu Hijo, Jesús. Y Señor, si Tú la sanas, tomaré eso como una indicación de Ti que yo debería emprender una campaña de sanidad en Sudáfrica."

MIENTRAS PREDICABA en Florida en febrero de 1950, Bill recibió una llamada telefónica de larga distancia de la Sra. Reece. Su esposo, un viejo amigo de Bill, acababa de sufrir un ataque y estaba postrado en la cama de un hospital al borde de la muerte. Todo lo que Bill podía hacer era orar por su amigo en el teléfono, pidiéndole a Dios que tuviera misericordia. Al día siguiente la Sra. Reece le volvió a hablar por teléfono con las buenas nuevas que durante la noche la condición de su esposo había mejorado apreciablemente. Los doctores ahora parecían seguros que él iba a vivir. Bill le dio gracias al Señor por prolongar la vida de su amigo.

En Marzo, Bill estaba celebrando una campaña en Carlsbad, New Mexico. Después de un culto, él y Billy Paul estaban parados en el exterior en la acera cuando vieron al Sr. Reece salir de la iglesia. Bill se acercó a saludarlo y se sorprendió al ver cuánto había envejecido su amigo desde la última vez que lo había visto. Un brazo colgaba flácido en inútil; el otro se movía con dificultad anormal. Su esposa y su chofer tenían que ayudarlo a andar.

"Hermano Branham," dijo él, sus palabras pausadas y mal pronunciadas, "anoche mi tarjeta de oración estaba tan cercana. Ud. llamó los números 25 al 35 y la mía era el número 36. Oh, si tan sólo yo hubiera podido entrar en esa fila de oración—"

"Hermano Reece, el sólo estar en la fila de oración no le hubiese sanado."

"Lo sé, Hermano Branham. Pero deseo saber lo que he hecho para merecer esto. Si he hecho algo mal, Dios sabe que me arrepiento de ello. Me alegra estar vivo pero— ¿por qué tendría que pasar el resto de mi vida de esta manera?"

"Pues, Hermano Reece, yo no sé por qué suceden estas cosas. En las reuniones yo tan sólo tomo un número de inicio al azar para darles a todos la misma oportunidad. Si Dios hubiese pretendido que fuese…"

"No hay problema, Hermano Branham. No es culpa suya. Voy a seguir sus reuniones y seguir intentando hasta que Dios me muestre si alguna vez voy a ser sano o no."

Bill miró con lástima a su amigo decrépito, quien estaba vestido con un traje azul y una corbata roja. El Sr. Reece estaba tan encorvado e inestable que su esposa y chofer tenían que ayudarle a mantenerse en pie. De pronto Bill vio aparecer una palmera entre ellos. Él vio aparecer a otro Sr. Reece, trayendo puesto un traje café, camisa blanca, y corbata café, levantando ambos brazos arriba de su cabeza y alabando a Dios. A medida que se estaba desvaneciendo la visión, Bill dijo, "Hermano Reece, así dice el Señor, 'Ud. va a ser un hombre sano.' Yo no sé dónde, pero no es aquí, porque no hay palmeras aquí. Algún día Ud. estará de pie al lado de una palmera, con un traje café puesto, y una camisa blanca con una corbata café. Ud. me va a ver y entonces será sanado. Si es este año, el año próximo, o dentro de diez años, yo no sé. Pero recuerde, Hermano Reece, es 'así dice el Señor.' "

EL 6 DE ABRIL DE 1950, William Branham, Ern Baxter, Jack Moore, Gordon Lindsay, y Howard Branham abordaron un avión con destino a Londres, Inglaterra. Parecía una manera apropiada que Bill se pasara su 41 aniversario— extendiendo sus alas y remontándose hacia un ministerio mundial. Cuando su avión aterrizó en el Aeropuerto Northolt, la primera sorpresa de Bill fue la multitud esperando para saludarlo. Él no tenía reuniones programadas en las Islas Británicas; esta era simplemente una escala en su ruta hacia Finlandia a fin de que pudiese orar por el Rey Jorge VI. Sin embargo, millares de personas habían asistido tan sólo para vislumbrarlo.

Mientras la comitiva de Branham batallaba para pasar a través de la muchedumbre muy apretados unos contra otros, Bill escuchó su nombre siendo llamado por el sistema de altavoces del aeropuerto. El Reverendo Baxter se ofreció para ir y ver de lo que se trataba todo esto.

Diez minutos después Ern Baxter regresó con otra sorpresa. "Hermano Branham, no va Ud. a creer esto, pero aquella mujer de Sudáfrica, Florence Nightingale Shirlaw— de algún modo ella se dio cuenta que Ud. iba a estar aterrizando aquí hoy, de modo que decidió arriesgarse al venir aquí por ella misma en un último esfuerzo de aterrizaje de emergencia para hacer que Ud. ore por ella de persona. Su avión aterrizó apenas unos cuantos minutos antes que el nuestro. Ella está allá y todavía está a bordo. Ern Baxter señaló a un avión estacionado en el otro lado de la pista. "Hermano Branham, la Srita. Shirlaw desea que Ud. venga a orar por ella inmediatamente. Ella cree que se está muriendo ahora mismo."

Bill estudió la situación indecisamente. Allí estaban miles de personas encajonadas entre él y el avión de Florence Shirlaw. Volviéndose hacia uno de los ministros anfitriones, un obispo Anglicano, Bill sugirió, "¿Por qué no se lleva a casa a la Srita. Shirlaw? Iré allá al Palacio de Buckingham y oraré por el rey; entonces más tarde saldré a su casa pastoral y oraré por ella. Ud. puede llamarme al Hotel *Picadilly* para fijar una hora."

"Pero, Hermano Branham," protestó el obispo, "Puede ser que ella no viva hasta esa hora."

"Pues, no puedo llegar a ella aquí. Ud. puede ver eso según la multitud."

El obispo sintió con la cabeza. "De acuerdo, si eso es lo mejor que podemos hacer. Tiene Ud. razón; Ud. no puede pasar por esta muchedumbre hasta el avión de ella."

El día resultó ser más prolongado de lo que Bill esperaba. Después de orar por el rey en el Palacio de Buckingham,[85] los anfitriones de Bill lo llevaron al histórico hogar de Juan Wesley, el renombrado evangelista del siglo diecinueve quien fundó la iglesia Metodista. Bill se arrodilló y oró en el cuarto donde el gran hombre mismo oraba a las cinco de cada mañana que él estaba en casa. Luego Bill se puso la capa de Wesley, entró a su iglesia, se paró detrás de su pulpito. Bill pensó en cómo Juan Wesley había predicado un mensaje de santificación, poniendo énfasis en que la gente no únicamente debía aceptar a Jesús como su Salvador, pero también debían llevar vidas santas. Él pensó en cómo Dios había usado a Juan Wesley para encender un avivamiento que se había extendido por toda Inglaterra y se había propagado a muchas otras partes del mundo Cristiano. Bill se preguntaba lo que diría la historia respecto al avivamiento que ahora se estaba esparciendo de entre su propio ministerio.

Más tarde ese día sus anfitriones lo llevaron a la Abadía *Westminster*, donde una gran cantidad de ministros esperaban encontrarse con él. Ellos no lograron regresar al Hotel *Picadilly* hasta las 2 a.m.

La mañana siguiente estaba cálida, a pesar de una espesa neblina de Abril. Bill y su comitiva tomaron un taxi hacia la dirección del

---

[85] El Rey Jorge VI estaba sufriendo de la enfermedad de Brueguer, un tipo de arteriosclerosis dolorosa la cual restringía el flujo sanguíneo hacia sus pies y piernas. Después que William Branham oró por él, la condición del Rey mejoró tanto que por primera vez en meses él pudo hacer apariciones públicas.

obispo. Él vivía en una hermosa casa pastoral contigua a una inmensa iglesia Anglicana. El obispo los recibió en la puerta y los condujo hacia una escalera circular que daba a un aposento alto.

La primera impresión de Bill de Florence Nightingale lo dejó momentáneamente sin habla. Aunque él había visto una fotografía de la condición de ella, esa fotografía no lo había preparado para la terrible realidad. Bill miró fijamente, horrorizado. Florence Shirlaw yacía boca arriba con una sábana blanca metida alrededor de sus costados, haciéndola que se pareciera a una momia Egipcia. Sus mejillas estaban hundidas. Sus ojos estaban profundamente hundidos en sus cuencas. Su boca estaba tan bien pegada a la encía que Bill podía ver la figura de sus dientes a través de su piel. La pobrecita mujer parecía que pesaba alrededor de 50 libras [22.68 kilogramos]. Bill se acordó de Georgie Carter, quien también se había consumido hasta 50 libras antes que el Señor la sanara de la tuberculosis. Incluso Georgie no se había mirado tan enflaquecida como esta. Georgie Carter era una mujer de baja estatura; Florence Nightingale Shirlaw medía casi seis pies [1.82metros] de altura.

El doctor de la Srita. Shirlaw estaba cerca de la entrada. Al fin Bill pudo hablar y preguntó tranquilamente, "¿Existe alguna oportunidad para ella?"

El doctor meneó la cabeza. "Ni una oportunidad. Ella no ha comido alimento sólido en dos meses. Ahora está tan delgada que las venas en sus brazos y piernas se han colapsado y no podemos introducir una aguja para alimentarla."

"Oh, qué pena," dijo Bill en voz baja. Él se acercó a la cama y dijo, "Cómo le va, Srita. Shirlaw. Soy el Hermano Branham."

Los ojos de ella parpadearon hasta abrirse y sus labios se movieron, pero Bill no podía acabar de entender su cuchicheo. La enfermera se inclinó para oír, entonces dijo, "Hermano Branham, ella quiere estrechar la mano suya."

La enfermera sacó la mano de su paciente de debajo de la sábana y la puso en la de Bill. Se sentía fría como un muerto. La piel estaba firmemente ceñida alrededor de los huesos que Bill sentía como estaba sujetando a un esqueleto.

"Hermano Branham," dijo la enfermera, "Florence ha seguido su ministerio muy de cerca. Ella ha orado tan arduamente y ha anhelado verle, creyendo que si tan sólo pudiera acercarse a Ud., Jesucristo la sanaría. Pero me temo que finalmente ha desistido a la esperanza.

Creo que ella morirá enseguida ahora, Hermano Branham, porque ella deseaba verle a Ud. antes que muriera."

Las lágrimas corrían por las mejillas de la mujer moribunda mientras articulaba una débil frase. Bill se preguntaba dónde podía ella encontrar humedad suficiente para llorar.

"Ella quiere que Ud. vea su cuerpo," dijo la enfermera.

Cuando ella recorrió las sábanas, Bill sintió otra oleada de simpatía mezclada con nausea. Sus brazos y piernas, las cuales no eran más grandes que los huesos, estaban rayados con las profundas líneas azules de sus venas colapsadas. Sus seños y estómago estaban hundidos, y sus costillas sobresalían de detalle completo. La piel inclusive se había aumentado sobre el anillo de la articulación de la cadera. Ella se miraba como un esqueleto vivo.

Una vez más Florence Nightingale Shirlaw estaba moviendo sus labios. La enfermera se inclinó hacia abajo para captar los sonidos, entonces repitió las palabras de su paciente: "Haz que el Hermano Branham le pida a Dios que me deje morir."

El corazón de Bill se sentía como si se estuviera partiendo en dos. "Vamos a orar todos," dijo él.

Gordon Lindsay, Ern Baxter, Jack Moore, tres ministros Ingleses, dos enfermeras, y un doctor todos se reunieron alrededor de la cama de Florence. Bill comenzó a orar el *Padrenuestro*: "Padre nuestro que estás en los cielos, santificado sea Tu Nombre..." Mientras Bill oraba, una paloma se posó sobre el alféizar de una ventana abierta apenas detrás y arriba de la cabeza de él. Con inquietud la paloma se paseaba de un lado a otro, gorjeando, "Cu, cu, cu." Al terminar el *Padrenuestro*, Bill continuó, "Dios Todopoderoso, ruego que Tus bendiciones puedan reposar sobre este pobrecito mortal moribundo. Yo no puedo pedirte su muerte cuando ella ha orado tan arduamente por su vida. Por favor ten misericordia de ella, Padre. Pido esto en el Nombre de Tu Hijo, Jesús. Amén."

Bill escuchó el batir de alas mientras la paloma se alejaba volando. Cuando él abrió sus ojos, vio que los ministros no habían estado orando, sino que habían estado observando al ave.

"¿Se fijó en esa paloma?" preguntó uno de ellos.

Abriendo su boca para decir, "Sí me fijé," Bill se asombró al oírse a sí mismo proclamar, "¡Así dice el Señor, 'Esta mujer vivirá y no morirá'!"

Cada persona en aquella habitación miró asombrada. Parecía tan completamente imposible.

"Hermano Branham, ¿está Ud. seguro?" interrogó Ern Baxter.

"El decir eso no estaba en mi pensamiento," respondió Bill. "No fui yo el que habló. Fue Él, por lo tanto vendrá a suceder. Y cuando suceda, eso servirá como una señal de que debo ir a Durban, Sudáfrica."

Rey Jorge VI de Inglaterra.

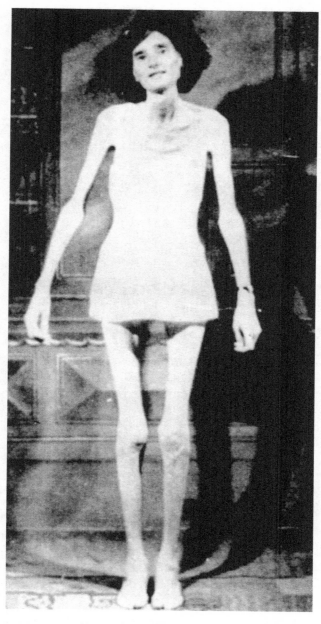

Foto que acompañó la petición de oración de Florence Nightingale.

William Branham, Gordon Lindsay y Jack Moore en la tumba de
Juan Wesley en Londres, Inglaterra.

Capítulo 48
Resucitando a un Niño Muerto por Visión
1950

WILLIAM BRANHAM aterrizó en Helsinki, Finlandia, el 14 de Abril de 1950. Un número de ministros estaba cerca y asequible para saludarle, incluyendo al Pastor Manninen, quien le había enviado a Bill la primera invitación, y la Srita. May Isaacson, una Finlandés-Norteamericana que sería la intérprete de Bill.

Las reuniones comenzaron aquella tarde en el auditorio más amplio en Helsinki, el Salón *Messuhalli*, el cual podía tener cabida hasta para 25,000 personas. La primera noche recibió una multitud de únicamente 7,000. Sin embargo, el don de discernimiento marcó una impresión tan profunda en aquellos que acudieron que para la tarde siguiente, únicamente a través de propaganda verbal, la multitud se triplicó.

Bill se maravillaba ante cuán diferente era Finlandia de Norteamérica. La Segunda Guerra Mundial había terminado cinco años antes, pero la economía Finlandesa todavía no se había recuperado. La gente era pobre. Los productos básicos estaban escasos. Lo más notable de todo era la ausencia de automóviles. Aunque 20,000 personas ocuparon el Salón *Messuhalli*, sin embargo Bill contó únicamente diez automóviles estacionados en el exterior. La gente venía a pie o en bicicletas.

Desafortunadamente, en vez de poder continuar consecutivamente estas reuniones en Helsinki, allí siguió un período de cinco días en el cual el Salón *Messuhalli* no pudo ser usado, al haber sido reservado para otro evento. Durante este intervalo, una antigua locomotora de vapor desvencijada llevó a la comitiva Branham a 220 millas [354.2 kilómetros] al norte a Kuopio, otra importante ciudad Finlandesa no lejos del Círculo Ártico.

El Viernes 21 de Abril, el segundo día de Bill en Kuopio, los ministros locales que patrocinaban su campaña lo convidaron a un almuerzo ministerial en un restaurante en la cima de la elevada Colina *Puijo*. Debido a la cargada batalla espiritual que él había librado la noche anterior en su primera reunión en Kuopio, Bill estaba ayunando para introducir su cuerpo en una comunión espiritual más cercana con Dios para la reunión de esta noche. A través de su intérprete, May Isaacson, Bill tuvo un poco de dificultades para escuchar y compartir con los 30 ministros sentados alrededor de la extensa mesa del banquete. El principal gobernador de Kuopio también estaba sentado allí, junto con otros oficiales de alto rango de la ciudad.

Gordon Lindsay instó, "Venga, Hermano Branham, coma algo."

"No, Hermano Lindsay, no deseo comer hasta las seis. Pero diré esto— algo espiritual va a ocurrir."

El almuerzo terminó a las tres en punto. Antes de dirigirse de vuelta a Kuopio, Bill y algunos otros ministros subieron los escalones de la torre del observatorio para una mirada panorámica al paisaje de los alrededores. Aparte de la ciudad cercana, ellos podían ver muchos lagos y un bosque de pinos que se extendía hacia el horizonte nebuloso. Mirando hacia debajo de él, Bill vio una conmoción al pie de la Colina *Puijo*. Un automóvil parecía estar en una zanja. La gente estaba corriendo en dirección al automóvil desde muchas direcciones, pero Bill estaba demasiado alejado para ver lo que había ocurrido. Desde su percha de águila, la gente se miraba como hormigas pululando alrededor de un juguete.

Había únicamente dos automóviles en la cima de la Colina *Puijo*. La Mayoría de los ministros habían venido en taxis tirados por caballos. Bill se subió a uno de los automóviles, junto con Gordon Lindsay, Jack Moore, May Isaacson, y el Pastor Finlandés Vilho Soininen. Les tomó casi 20 minutos el bajar despacio por el camino montañoso angosto y sinuoso hasta la base de la colina. Para la hora que llegaron al punto de la conmoción, el automóvil que Bill había visto en la zanja ahora ya no estaba. Una muchedumbre se reunió al lado del camino alrededor de una figura pequeña tendida en el prado.

"Parece que ha habido un accidente," dijo el Pastor Soininen. "Tal vez podemos ayudar." Deteniendo el automóvil, Vilho Soininen salió a darse cuenta de lo que había ocurrido. La Srita. Isaacson lo siguió. Cuando los dos regresaron, la Srita. Isaacson relató la historia. Dos niños habían sido golpeados por un automóvil mientras se dirigían a casa de la escuela. Con tan pocos automóviles en Finlandia, los niños no estaban acostumbrados al tráfico de alta velocidad. Ellos no habían puesto atención mientras cruzaban el camino, y un *Ford* 1938 bajando a toda velocidad de la colina los había sorprendido. Los niños se dividieron, uno precipitándose al norte y el otro al sur. Tratando de esquivarlos, el hombre en el automóvil dio un viraje al norte e intentó aplicar sus frenos. Desafortunadamente, su pie no dio en el pedal de freno, pisando más bien el acelerador.

Los dos niños no tuvieron oportunidad. El niño corriendo hacia el sur fue impactado con el guardafango delantero y lo arrojó directamente del otro lado del camino, haciendo golpear su cabeza contra un árbol. Aunque herido de gravedad, todavía estaba vivo, de modo que los transportaron de emergencia en el automóvil hacia el hospital más cercano. El segundo niño, corriendo hacia el norte, no había tenido tanta suerte. Con el viraje del automóvil lo había golpeado directamente de tal manera que él rodó debajo del automóvil, fue alcanzado por una llanta trasera, y fue lanzado en el aire por la parte de atrás. El había muerto instantáneamente.

La ley en Finlandia no permitía que el niño muerto fuera movido sin la autorización de sus padres, así que alguien había ido a traerlos de su trabajo en los campos. Ahora la muchedumbre estaba perdiendo el tiempo hasta que llegaran sus padres.

Lindsay y Moore se bajaron para ir a echar un vistazo al niño. Ellos regresaron al automóvil conmocionados en gran manera. Jack Moore dijo, "Nunca he visto un niño tan machacado. No puedo evitar el pensar, ¿qué tal si ese fuera mi hijo? Hermano Branham, Ud. debería de ir y echarle un vistazo."

Bill pensó en su propio hijo, Billy Paul, ahora de 14 años de edad. ¿Qué al si llegara un telegrama del otro lado de los mares que él había sido aplastado en un accidente automovilístico? Ese pensamiento hizo a Bill darse cuenta de lo que esta pobrecita madre Finlandesa iba a sentir cuando viniera del campo a descubrir a su querido hijo postrado frío y tieso en el césped con su saco sobre su rostro. Bill se bajó del automóvil y se acercó al grupo reunido alrededor del niño muerto. Cuando la muchedumbre lo vio, ellos comenzaron a cuchichear entre ellos mismos.

La Srita. Isaacson dijo a Bill, "¿No es terrible eso? Esas personas están diciendo, 'Aquí está ese obrador de milagros de Norteamérica. Me pregunto, ¿qué hará él en este caso?'"

Bill desestimó los comentarios como sin importancia. "Ellos tan sólo no entienden, eso es todo."

Una cantidad de mujeres, vestidas con faldas largas y anchas y usando pesadas botas de trabajo, lamentaban su dolor. Uno de los varones se arrodilló y removió el saco que cubría al niño muerto a manera de sábana. El niño se miraba como que tenía alrededor de ocho o diez años de edad. Su rostro estaba herido y sangrante. Su boca media abierta y su lengua estaba de fuera. Sus ojos estaban volteados muy atrás dentro de su cabeza de modo que tan sólo lo blanco podía ser visto en su mayor parte. Traía puesto un traje típico Finlandés— pantalones que se extendían hasta media pantorrilla y calcetines gruesos blancos acanalados. El accidente había sacado un zapato completamente de su pie, y ahora los dedos de los pies se mostraban a través de un desgarrón al final de su calcetín.

Era un aspecto lastimoso, especialmente doloroso para Lindsay y Moore, ya que ambos tenían sus propios hijos pequeños. Gordon Lindsay se estremecía con grandes sollozos. Bill sentía quedarse sin respiración. Bill se apartó y comenzó a volver andando hacia el automóvil. De pronto sintió una mano asir su hombro. Bill se detuvo y se dio la media vuelta para ver quién era. Por extraño que parezca, nadie estaba de pie lo suficientemente cerca para que lo hubiese sujetado. So volvió en dirección al automóvil e intentó dar otro paso. Una vez más aquella mano invisible se lo impidió. Cuando Bill volvió la vista hacia la víctima del accidente, la mano invisible se soltó. Ahora Bill podía escuchar un sonido silbante como un torbellino. El ángel del Señor estaba cerca. Bill comprendió que tenía que haber algo significativo con relación a este accidente. Miró de nuevo al niño muerto. Parecía haber algo familiar con relación a él. Bill se volteó hacia la Srita. Isaacson. "Pregúntele a esos ministros si este niño estuvo en la fila de oración anoche."

No, ninguno de los ministros reconoció al muchacho.

"He visto a ese niño en alguna parte, pero no puedo recordar dónde." Mientras Bill forzaba su memoria, sus ojos se fijaron en una capa de rocas que se traslapaban una con la otra. Como un rayo, eso lo impresionó. Ahora sabía dónde había visto antes a este niño. Temblando de emoción, él llamó a sus compañeros, "Hermano

Moore, Hermano Lindsay— ¿se acuerdan de aquella visión que les relaté en Norteamérica, aquella concerniente a un niño siendo resucitado e los muertos? Abran sus Biblias y léanme lo que está escrito respecto a eso en la guarda."

Jack Moore abrió de golpe su Biblia y recorrió con la mirada rápidamente lo que él había escrito dos años antes... "Cabello castaño, ojos castaños... entre ocho y diez años de edad... vestido andrajosamente con ropa extranjera... desfigurado por un accidente... una tierra con rocas traslapadas y siemprevivas— Hermano Branham, esto realmente concuerda con la descripción."

"Ese es él," afirmó Bill. Su corazón latía violentamente de emoción mientras se acordaba del desenlace de la visión. "Y así dice el Señor, 'Este niño va a volver a la vida.' "

Gordon Lindsay se quedó boquiabierto en incredulidad. "¿Me quiere decir que este niño destrozado va a respirar otra vez? ¿Cómo puede ser?"

Bill sentía una oleada de confianza. No importaba si el niño había estado muerto durante media hora; las visiones nunca habían fallado. Él declaró resueltamente, "Si ese niño no está vivo en los siguientes pocos minutos, Uds. pueden prender a mi espalda un letrero que diga que soy un profeta falso. Ahora vean si pueden calmar a estas mujeres."

Mientras la Srita. Isaacson les pedía a las mujeres locales que se controlaran, Bill se puso de rodillas junto al niño muerto, teniendo cuidado de hacer todo exactamente en la manera en que lo había visto hecho en la visión. Él oró, "Padre Celestial, me acuerdo cuando Tu Hijo les dijo a Sus discípulos, *'Sanad enfermos, limpiad leprosos, resucitad muertos, echad fuera demonios; de gracia recibisteis, dad de gracia.'* [86] Hace más de dos años Tú me mostraste este momento en una visión. Poniendo por obra Tu Palabra— tanto Tu Palabra escrita como Tu Palabra hablada por visión— yo le estoy diciendo a la Muerte, 'Tú no puedes sujetar ya a este niño. Suéltalo. En el Nombre de Jesucristo.' "

En alguna parte en aquel viaje misterioso más allá de esta vida, un alma hizo una pausa y se dio media vuelta. El pecho del niño palpitó mientras sus pulmones se llenaban de aire. Sus párpados parpadearon, luego se abrieron para ver al mundo de nueva cuenta.

---

[86] Mateo 10:8

Él volteó su cabeza.

Eso cambió los lamentos de las mujeres del pueblo en gritos de asombro. En unos cuanto minutos más, le niño se había incorporado para una revisión. Ningún hueso de su cuerpo estaba fracturado. Más que rasguños superficiales y contusiones, el niño parecía estar en buena apariencia.

LAS NOTICIAS de este milagro se esparcieron como un abanico a través de la Provincia de Kuopio como un incendio forestal encendiendo todo a su paso. Esa noche, el auditorio en Kuopio estaba apretado a su máxima capacidad. La fe ardía brillantemente y los milagros abundaban. Para la noche siguiente, tantas personas deseaban entrar al auditorio que el inmenso edificio no podía contenerlos a todos ellos. Las puertas tuvieron que ser cerradas temprano, dejando a millares en el exterior en las calles sin poder entrar. El gobierno Finlandés incluso hizo intervenir a su guardia nacional para ayudar a mantener el orden.

Después del culto, Bill estaba punto de entrar a su hotel cuando una joven pareja Finlandesa, que ambos estaban esperando afuera de la puerta principal, se abalanzaron sobre él, hablando atropelladamente tan rápidamente en Finlandés que incluso May Isaacson no podía entenderles. Ellos actuaban frenéticamente, especialmente la joven mujer, quien se agarró a Bill como si una vida dependiera de su agarrón. Lindsay, Baxter, y Moore tuvieron que arrastrar literalmente a Bill de estas dos personas enloquecidas para introducirlo seguramente hacia el hotel. Bill casi perdió su saco.

La Srita. Isaacson se quedó para averiguar lo que deseaba la pareja. Diez minutos después ella subió las escaleras para informar, "Son la madre y el padre del segundo niño que estuvo en el accidente el otro día. Su hijo todavía está en estado de coma y los doctores no creen que vivirá. Los padres quieren que Ud. vaya al hospital a orar por él."

"Desde luego que no podemos permitirle a Ud. hacer eso, Hermano Branham," dijo Ern Baxter. "Esa ha sido siempre nuestra regla desde que el Hermano Bosworth y yo comenzamos a administrar sus reuniones. Si Ud. va a orar por aquel en el hospital, los periódicos publicarán la historia y Ud. estará abrumado con peticiones de otras personas desesperadas deseando que Ud. viniera a orar por ellos en el hospital o en casa. Siendo que Ud. posiblemente no podría llegar a todos ellos, eso causaría resentimiento y acabaría perjudicando a las reuniones. No— con tanta lástima como siento por esa pobrecita joven madre, creo que nuestra política es acertada: ellos tienen que llevar a los enfermos y afligidos a las reuniones donde todos tengan la misma oportunidad."

Con tristeza, Bill accedió, pero agregó, "Al menos deseo hablar con ellos y explicarles. Súbanlos."

La madre y el padre parecían como que estaban a comienzos de sus 20 años. Era fácil ver por su ropa que eran pobres. La madre, todavía llorando y frenética, expresó impulsivamente su petición. La Srita. Isaacson interpretó, "Venga y sane a nuestro nene. Él todavía está inconsciente y el doctor dice que se está muriendo."

Bill contestó, "Lo siento, pero yo no puedo sanar a su nene."

"Ud. sanó al otro niño."

"No, Jesucristo sanó al otro niño, no yo. Yo no tuve nada que ver con ello. Hace más de dos años Dios me mostró una visión que el otro niño sería devuelto de los muertos. Él nunca me mostró el niño de Uds. en lo absoluto."

"Entonces vea una visión para nuestro hijo."

Bill meneó su cabeza. "Yo no puedo ver visiones a mi conveniencia. Únicamente las veo a medida que Dios me permite que se vean. Pero estaré orando por su hijo, para que Dios lo sane. No obstante, ya sea que él sea sanado o no depende totalmente de Dios y la fe de Uds. ¿Uds. dos son Cristianos?"

Ninguno de ellos era. Bill explicó el Evangelio en términos sencillos. "Uds. saben, Uds. están esperando mucho al pedirle a Dios que sane a su hijo, cuando Uds. mismos no han entregado sus vidas a Él. Piensen en eso de esta manera— si su hijo muere, Dios se lo llevará al cielo porque él es de tan corta edad que todavía no es responsable por su vida. Entonces si Uds. mueren como pecadores, nunca más le verán a él. Pero si aceptan a Jesucristo como su Salvador, entonces incluso si su hijo muere, algún día lo verán otra vez en el cielo, porque allí es a donde van los Cristianos cuando mueren. Así que ¿por qué no le entregan sus vidas a Jesucristo ahora mismo? Una vez que Uds. sean Cristianos, pueden ir con Dios con confianza y pedirle que sane a su hijo. Tal vez Dios tenga piedad de él."

Para estos padres jóvenes, esto parecía como un trato en el cual no podían perder. Todos ellos se pusieron de rodillas en el piso y Bill dirigió a la pareja en una oración sencilla en la que le pidió a Jesucristo que se convirtiera en el Señor de sus vidas. Tan pronto como estuvieron rendidos, la madre se levantó de un salto y farfulló histéricamente, "Ahora vea una visión para nuestro hijo."

"Ya les dije, yo no puedo hacer que Dios me muestre una visión. Si Él no la muestra, no la muestra. Si Él la muestra, se los diré enseguida. Dejen un número telefónico a donde yo pueda comunicarme con Uds."

Eso no valía para la desesperada madre. Al día siguiente, el Domingo 23 de Abril, ella llamaba al hotel cada 15 minutos, preguntándole a la Srita. Isaacson, "¿Ya ha visto él una visión?"

AHORA HABÍAN pasado tres días desde la resurrección del niño muerto. Las noticias de aquel milagro incluso habían llegado hasta las remotas poblaciones Laponas[*]. La gente había venido a raudales a la ciudad de Kuopio de cada rincón de la provincia, llenando el auditorio para la media tarde. Cuando llegó la hora que Bill hiciera su aparición, descubrió que sin ayuda él no hubiera podido llegar a tres cuadras del edificio. El gobernador principal envió un destacamento de guardias nacionales en su auxilio. Estos hombres formaron una valla humana alrededor del evangelista y, con espadas desenvainadas, marchaban hacia delante. La multitud se separaba a una distancia respetuosa.

Los guardias dejaron que Bill entrara en el sótano del auditorio y cerraron con llave las puertas detrás de él. El cuerpo principal de las tropas permaneció en el exterior mientras cuatro guardias— dos al frente y dos atrás— se quedaron con Bill para ver que él llegara hasta la plataforma. La extensa área del sótano estaba libre, con excepción de unas cuantas personas que esperaban en fila para usar los excusados públicos. La música estaba yendo hacia abajo procediendo del auditorio principal arriba— las letras de las alabanzas Finlandesas eran cantadas en un tono menor. Sabiendo que se estaba llegando la hora, Bill se puso en marcha a través del sótano en dirección a la escalera.

Él había ido tan sólo un tramo corto cuando la puerta que daba al

[*] La *población Lapona* se refiere al pueblo de raza alpina que habita en Laponia.]

excusado para damas se abrió y una niña lisiada salió arrastrando los pies en muletas. Ella tenía como diez años de edad. Su cabello le colgaba disparejo arriba de los hombros; parecía como que ella misma se lo había cortado con tijeras. Su vestido colgaba en harapos debajo de sus rodillas. Pero lo que hizo detenerse a Bill y mirar fijamente fueron sus aparatos ortopédicos; ella era la niña más afligida que jamás había visto que todavía podía permanecer de pie y moverse por ahí con sus propios pies. Una pierna estaba fuerte y saludable; la otra colgaba blandengue e inútil, varias pulgadas más corta, apoyada por un zapato de suela gruesa. Su pierna atrofiada estaba cubierta con pesados aparatos ortopédicos que dependían de un arnés metálico alrededor de su cintura. Había algo más que Bill no entendía: conectado a la puntera de su zapato elevador había un cordón que subía hasta su hombro y se unía al aparato ortopédico detrás de su espalda.

Tan pronto como la niña vio a Bill observándola, bajó la cabeza, y una lágrima se derramó por su mejilla, reluciendo bajo las intensas luces eléctricas arriba de su cabeza. Bill estaba seguro que la niña sabía quién era él, y él tenía la clara impresión que ella deseaba venir a él, pero tenía miedo que fuera incorrecto.

Los soldados al frente de él se detuvieron y miraron hacia atrás para ver la razón que Bill no venía. Los soldados detrás de él le dieron un codazo para que siguiera delante. Siendo que ninguno de los guardias hablaba Inglés, Bill indicó con su cabeza y sus manos que deseaba esperar un momento. Cuando la niña alzó la vista otra vez, Bill hizo una señal con la mano que él deseaba que ella viniera. Ella cojeó en dirección a él. Ahora Bill podía ver el propósito de aquel cordón estirado entre su hombro y la puntera. Primero colocaba ambas muletas enfrente de ella misma; luego se apoyaba en aquellas muletas y le daba un tirón a su hombro hacia arriba, lo cual hacía que se balanceara su pierna atrofiada hacia delante. Parecía tosco, pero funcionaba. Bill sintió que su corazón se deshacía de lástima.

Cuando la niña lisiada llegó hasta él, ella cogió el faldón bajo del saco del traje de Bill, lo levantó hasta su cara, lo besó y lo dejó que cayera de vuelta en su sitio. Las lágrimas brotaban de sus ojos azules. Inclinando su rostro y alargando su falda andrajosa, consiguió una difícil reverencia mientras decía "gracias" en Finlandés.

Bill vio una sombra arriba de la cabeza de ella, la cual se fundió en la imagen de esta misma niña caminando a través del aire en dos piernas útiles. "Amorcito," dijo él emocionadamente, "ahora te puedes quitar esos aparatos ortopédicos. Dios te ha sanado."

Desde luego que ella no podía entender Inglés; y siendo que no había nadie allí que el interpretara, las palabras de él eran sin sentido para ella. Los guardias detrás de él determinaron que él estaba disponiendo de demasiado tiempo y comenzaron a forzarlo hacia la escalera. Incapaz de hacer algo más, Bill pensó, "Oh, Dios, con seguridad algún día ella lo entenderá."

Esa noche cuando aquellos Lapones toscos vieron el don de discernimiento demostrando a Jesucristo vivo, centenares de personas no necesitaron acercarse a la fila de oración para recibir sus sanidades. Desde la plataforma Bill podía verlos lanzando sus muletas y levantándose de las sillas de ruedas.

Después que Bill había acabado el segundo montón de tarjetas de oración, Howard puso su mano en el hombro de su hermano y advirtió, "Eso es probablemente suficiente para la noche, Bill. Te queda un gran número de cultos en este viaje y no queremos que te agotes."

"Todavía me queda algo de fuerza, Howard. Vamos a llamar diez tarjetas de oración más, comenzando con el número 45."

Mientras Howard reunía a los últimos diez pacientes dentro de una fila de oración, Bill le dio la espalda a la congregación y se bebió un vaso de agua. Él escuchó un ruido traqueteante y metálico detrás de él. Dándose la media vuelta, vio a la misma niña lisiada con la que había hablado en el sótano anteriormente. Ahora ella estaba batallando para subir a la plataforma. Su tarjeta era la número 45.

El gozo brotó dentro del corazón de Bill. Él se dirigió a la Srita. Isaacson y dijo, "Quiero que Ud. repita mis palabras exactamente, aún si Ud. no entiende la razón." Mientras la niña cojeaba hacia él, ella sonrió. No tenía uno de sus dientes incisivos. Bill dijo, "Tú eres la niña con la que me encontré en la planta baja antes del culto, ¿verdad que sí?"

"Sí," contestó. "Me llamó Veera Ihalainen. Soy huérfana de guerra. Mis padres fueron asesinados por los Rusos. Ahora estoy viviendo en una tienda de campaña aquí en Kuopio. ¿Cree Ud. que Jesús me sanará?"

"Amorcito, Jesucristo ya te ha sanado. Él te sanó en la planta baja antes del culto. Ve siéntate allá y haz que alguien te ayude a quitarte esos aparatos ortopédicos. Luego déjame verte."

Mientras un ministro Finlandés estaba desatando los aparatos ortopédicos de Veera, Bill comenzó a hablar con el siguiente paciente. De pronto un chillido rompió el aire y aquí venía Veera, gritando, sosteniendo una muleta en una mano y sus aparatos ortopédicos en la otra, corriendo, los pies descalzos dando golpes en la plataforma de madera, saltando alrededor como un reno joven. Bill unió su propia voz a la armonía de la alabanza que se elevaba de la audiencia.

Después del culto, Howard ayudó a Bill a regresar al hotel. Mientras pasaban por el vestíbulo del hotel, Howard hizo un pequeño comentario, tratando de bajar a su hermano del ungimiento y regresarlo hacia el mundo físico. "Bill, ¿te acuerdas cuando estuvimos en Prince Albert y te comiste algunos de aquellos horribles dulces Canadienses de caramelo macizo?"

"Ajá."

"Pues, si pensaste que eran amargos, deberías de probar este Finlandés. Me supongo que el azúcar, así como todo lo demás, es escasa, de modo que están completando la diferencia con almidón. Toma, prueba dos." Howard puso dos piezas de caramelo macizo en la mano de su hermano, pero Bill no se los comió.

Abandonando el elevador, pasaron por el único teléfono para ese piso del hotel. Era del estilo antiguo, teniendo un micrófono en forma de campana sujetado sólidamente a una caja de madera, un brazo de manivela para marcarle a la operadora, y un auricular que se parecía a una campana al final de un cordón.

"Qué cree," comentó la Srita. Isaacson, "ese segundo niño en el accidente está todavía en estado de coma. Hoy todo el día su madre ha llamado al hotel cada 15 minuto para averiguar si Ud. ya ha visto una visión. Si sigue así mañana, me va a volver loca. La Srita. Isaacson abrió la puerta de su habitación.

"El Señor no me ha mostrado nada respecto él todavía," dijo Bill, mientras abría la puerta de su habitación y entraba.

Poniendo su Biblia y las dos piezas de dulce sobre una antigua mesa rematada en mármol, Bill se acercó a la ventana. Él miró al oriente en dirección a Rusia. Aún cuando era alrededor de la media noche, el cielo nocturno se parecía más al oscurecer allá en casa en Indiana; había todavía suficiente luz en el exterior para leer un

periódico. Esta era la tierra del sol de medianoche— tan cercana al
círculo Ártico que el curso del sol en Abril descendía apenas
brevemente abajo del horizonte antes que comenzara su oscilación
ascendente para el día siguiente. Las calles estaban llenas de gente
viniendo del auditorio, platicando el uno con el otro. No cabía duda
que estaban murmurando con conversación tocante a las grandes
cosas que habían atestiguado en la reunión esta noche. Luego Bill
vio con asombro como un grupo de soldados Finlandeses abrazaban
a un grupo de soldados Rusos. Bill pensó, "Cualquier cosa que haga
que un Finlandés ponga sus brazos alrededor de un Ruso resolverá
toda guerra sobre la tierra. Jesucristo es la respuesta, sí, señor."

Bill alzó sus manos y adoró, "Padre Celestial, Tú eres tan
maravilloso. Cuánto te amo por sanar a esa huérfana lisiada esta
noche. Oh, gran Jehová Dios, cuán maravillosos eres Tú. Algún día
abrirás esos cielos orientales más allá y regresarás, esta ocasión en
gloria. Millares de estos Finlandeses aparecerán a la vida eterna por
causa de las decisiones que han tomado esta noche. Oh, Jesucristo,
mi Maestro y mi Señor, cómo te adoro; cuánto aprecio el trabajar
para Ti."

Un ruido tintineó detrás de él. Bill se volteó y se sobresaltó de ver
al ángel del Señor de pie junto a aquella antigua mesa. El ángel se
miraba igual que siempre— alto, de pecho amplio, sin barba, piel
aceitunada, con cabello negro espeso cayéndole alrededor de sus
hombros, usando un manto blanco que no cubría totalmente sus pies
descalzos. Su semblante, como siempre, parecía severo. Arriba del
ángel daba vueltas aquella luz siempre presente. Los brazos del
ángel estaban cruzados como de costumbre, pero apenas debió de
haberlos cruzado, porque colocado sobre la mesa estaba un florero
delgado de vidrio que no había estado allí antes. El sonido que Bill
había escuchado debió haber sido el ángel dejando aquel florero
sobre la superficie de mármol de la mesa. Bill sabía que esta no era
una visión; el ángel y el florero ambos eran tan reales como él lo era.
Si Bill se hubiera atrevido, él sabía que podía alargar la mano y
tocarlos físicamente. Pero no se atrevía.

Sobresaliendo del florero estaban dos narcisos amarillos, uno
inclinándose hacia el norte y el otro hacia el sur. El ángel miró a las
flores y preguntó, "*¿Qué son estas?*"

"Ellas me parecen flores de Pascua," respondió Bill.

"*Estas dos flores representan a esos dos niños en el accidente de hace tres días. El niño que cayó hacia el norte murió instantáneamente, pero le fue devuelta la vida. El niño que fue arrojado hacia el sur aún está muriéndose ahora."*

Mientras Bill observaba, la flor inclinándose hacia el norte de pronto se cayó a la mesa, mientras la flor inclinándose al sur bajaba lentamente, como una manecilla del segundero de un reloj, bajando más abajo con cada tic-tac."

El ángel preguntó, *"¿Qué te dio tu hermano?"*

"Dos piezas de dulce."

"Cómetelos."

Los dos dulces estaban en cada lado del florero en línea con las flores. Bill levantó la pieza del norte y la puso en su boca. Sabía bueno. Mientras Bill masticaba el dulce, el narciso el cual estaba tirado de plano sobre la mesa de pronto saltó directamente en su contenedor. Pero la flor del sur continuó sumergiéndose más abajo en aumentos medidos— *tic, tic, tic, tic.*

"Ahora, cómete el otro dulce."

Metiéndose el segundo cuadro de dulce en su boca, Bill comenzó a masticarlo. Sabía horrible. Estaba tan insípido y almidonado que Bill lo escupió de vuelta en su mano.

El ángel advirtió, *"Si no te comes ese dulce, el otro niño morirá."*

Ya el narciso del sur casi había llegado a la parte superior de la mesa. Bill se metió de vuelta en la boca la segunda pieza de dulce. Sabía repugnante, pero lo masticó de todos modos. Cuando lo tragó, la flor que se sumergía subió rápidamente tan erguida como su compañera. Inclinando el rostro ligeramente, el ángel tomó el florero de flores, luego se vaporizó dentro de la luz que daba vueltas arriba de la cabeza, y desapareció.

Bill permaneció inmóvil durante unos cuantos minutos, sintiéndose entumecido por todo el cuerpo. Finalmente tropezó con la pared, gritando, Hermana Isaacson, ¡venga rápidamente!"

La Srita. Isaacson abrió la puerta de golpe y salió precipitadamente hacia el pasillo. "Hermano Branham, ¿qué es? ¿Qué sucedió?"

"El ángel del Señor se acaba de encontrar conmigo en mi habitación y me dio la palabra sobre ese segundo niño en el accidente. Quiero que le llame a esa joven madre y le diga: Así dice el Señor, "Su hijo va a vivir.' "

La Srita. Isaacson corrió al final de la sala y le dio vuelta a la manivela del teléfono para dar con una operadora, quien entonces llamó a casa de los padres. La Srita. Isaacson habló brevemente en Finlandés, escuchó, y luego colgó. "Esa era una niñera. La pareja se fue al hospital hace como media hora. Parece que recibieron un llamado diciendo que su hijo se estaba muriendo."

"Muy bien," dijo Bill, "entonces llamemos al hospital. Le dije que le avisaría tan pronto como Dios me mostrara algo."

Una vez más la Srita. Isaacson le llamó a la operadora, quien la conectó con el hospital. Pronto ella le estaba diciendo a la joven madre en Finlandés. "El Hermano Branham dice: Así dice el Señor, 'Su hijo va a vivir.' "

La Srita. Isaacson escuchó por un momento, luego miró a Bill con una sonrisa de sorpresa. "La madre dice que ella ya lo sabe. Cuando llegaron al hospital, la frecuencia del pulso del corazón de su hijo estaba menguando rápidamente. Ellos estaban parados ahí esperando el último respiro, cuando hace casi cinco minutos el pulso de él de pronto se recuperó más fuerte que nunca. Entonces abrió los ojos y habló con ellos. Él está coherente y parece bastante bien. Los doctores están asombrados. Dicen que si realmente está tan bien como aparenta estar, puede irse a casa en la mañana."

Bill asintió con satisfacción. "Dígale cuán felices estamos por el niño. Y recuérdele que no fui yo, ni fue la visión la que sanó a su hijo; fue la fe de ella en el Señor Jesucristo la que lo hizo."

DESPUÉS DE FINLANDIA, la comitiva Branham se trasladó a la casa de al lado a Suecia, luego a Noruega. En su segundo día en Noruega Bill se despertó de sobresalto a las cinco de la mañana. Allí estaba el ángel del Señor, observándolo. El ángel tenía sus brazos cruzados como siempre lo hacía. Arriba de él daba vueltas aquella luz sobrenatural, proyectando un misterioso resplandor sobre las paredes de la habitación del hotel.

"*Ponte la ropa*," ordenó el ángel. Entonces el ángel se fundió con aquella luz arriba y ambos se desvanecieron.

Bill se puso la ropa y esperó. Nada más sucedió. "¿De qué se trataba todo esto?" dijo pensativamente. "Me pregunto, ¿qué desearía el ángel que yo haga?"

Siendo que no había recibido ningunas instrucciones adicionales, Bill decidió ir a dar una caminata matutina y orar al respecto. Por tres millas [4.83 kilómetros] él dio una vuelta por esta ciudad

Noruega, yendo a parar allá junto a un río. Arrellanándose debajo de un árbol, Bill se relajó y oró mientras el sol avanzaba lentamente más alto en el cielo. A las nueve en punto comenzó a ponerse nervioso, pensando en cómo se preocuparían los otros cuando se dieran cuenta que él no estaba en su habitación. En ese momento Bill escuchó la voz del ángel decir firmemente, *"Levántate ahora y comienza a volver andando."*

Bill caminó como por una milla [1.61 kilómetros] cuando escuchó una vez más la voz del ángel decir audiblemente, *"Dobla a tu derecha."* Bill dobló a la derecha. Después de unas cuantas cuadras el ángel dijo, *"Dobla a tu izquierda."* Bill obedeció, preguntándose hacia dónde lo estaba guiando el Señor. Entonces vio al hombre Noruego que había sido su intérprete durante la reunión de la última noche.

El hombre también vio a Bill, y se acercó a darle un apretó de mano a Bill. El Noruego tenía una mirada muy sorpresiva en su rostro. "Hermano Branham, esto es algo extraño. Yo—"

"Un momento," Bill interrumpió. Una visión se había formado entre ellos. Bill vio el problema de este hombre. Luego Bill se vio a sí mismo en la clausura de la reunión de la última noche. En la visión se vio él mismo mientras inclinaba su rostro, cerraba sus ojos, y guiaba en oración a la audiencia. Ahora Bill veía ocurrir algo de lo que no había estado consciente la noche anterior. Después que terminó la visión, Bill le dijo al hombre en la calle, "Ud. acaba de venir del hospital, ¿verdad?"

"Pues, sí. ¿Cómo lo supo?"

"Ud. únicamente tiene un riñón y ha estado preocupado de que vaya a perderlo."

"Así es. Yo estaba estable apenas ayer. La única cosa que hice fue subir a la plataforma anoche e interpretarle a Ud."

Bill asintió con la cabeza. "Hace como tres o cuatro años Ud. debía hacer algo por el Señor, y no lo hizo. ¿No es así?"

El asombro del hombre se mostraba en cada pliegue y arruga de su rostro, "Hermano Branham, esa es la verdad."

"Después de eso, Ud. fue sometido a una operación y se le extirpó uno de sus riñones. Y desde entonces, eso se pasó hacia el otro riñón y eso es lo que lo tiene a Ud. preocupado. Anoche cuando yo estaba orando una oración congregacional, ¿no se sujetó ligeramente del faldón del saco de mi traje y oró, 'Por favor, Señor Jesús, sáname'?"

El hombre alzó hacia el cielo un brazo. "Así es, Hermano Branham. También le pedí a Dios que lo confirmara si yo realmente estaba sano. Hace como media hora, tuve esta extraña sensación que yo debería venir aquí y pararme en la calle. ¡Y he aquí que me encuentro con Ud.! Ahora estoy seguro que Jesucristo me ha sanado."

Cuando Bill regresó al hotel, Lindsay, Moore, Baxter y el pastor anfitrión Noruego estaban todos listos para el desayuno. Juntos caminaron al centro de la ciudad, parándose a mirar en el escaparate de una tienda antes de entrar al restaurante.

Dirigiéndose a los otros, Bill dijo, "Así dice el Señor— habrá un hombre saliendo de un edificio y nos detendrá. Él traerá puesto un traje oscuro y un sombrero liviano. Él va a pedirme que suba las escaleras y ore por su esposa enferma; solo que no puedo hacerlo, porque es su hora de partir."

Jack Moore preguntó, "¿Cuándo sucederá esto?"

"Probablemente antes que regresemos al hotel," respondió Bill, "por cuanto la visión lo dejó claro que era esta mañana."

Después del desayuno los cinco estaban dando un paseo de regreso al hotel, echando un vistazo a los escaparates, cuando repentinamente un hombre salió corriendo de una de las tiendas, emocionado de verles. Con el pastor Noruego interpretándole, se dieron cuenta que este hombre vivía en el departamento arriba de su tienda y que su esposa estaba allá arriba en cama, enferma de muerte. El tendero rogó que "el gran evangelista Norteamericano" subiera las escaleras y orara por su esposa.

Bill detestaba el negarse a esta petición, pero tuvo que decir que no. Él sabía que tenía que obedecer a las visiones, ya sea que a él le agradara lo que veía o no. Este era un precio grande que acompañaba a su don y llamamiento.

Bill, Howard, Ern y Jack a su llegada a Finlandia.

Fotografía de Finlandia. *Fila de atrás, de izquierda a derecha:*
Jack Moore y Gordon Lindsay.
Fila de enfrente: Ern Baxter, William Branham y Howard Branham.
[*Fotografía de la página anterior:* El segundo niño herido en el
accidente que fue sanado.]

Bill y otros ministros en la Colina *Puij*. De pie en la extrema
izquierda, May Isaacson, su intérprete

Kari Holma, el niño accidentado que fue resucitado.

Veera Ihalainen, la niña lisiada que fue liberada en el sótano al mostrar reverencia hacia Bill.

May Isaacson interpretándole a Bill.

Capítulo 49
Amigos y Enemigos
1950

EN JUNIO DE 1950, William Branham estaba conduciendo una campaña de sanidad en Lubbock, Texas, cuando otro ataque público fue dirigido en contra de él. En esta ocasión el editor de un periódico local imprimió un artículo mordaz acusando a Bill de aprovecharse de los Cristianos crédulos con una bolsa llena de trucos psicológicos.

Gordon Lindsay bufó de cólera. "¿Ya leyó este artículo, Hermano Branham? Dicen aquí que Ud. gana tanto dinero durante sus campañas que se necesitan dos hombres corpulentos para sacarlo cargando. Este artículo esta lleno de mentiras como esa. Eso me pone tan furioso. Hermano Branham, ¿por qué no hace bajar fuego del cielo y consume ese lugar?"

Bill se rió entre dientes. "Oh, Hermano Lindsay, ¡qué cosa! Parece como Jacobo y Juan que querían hacer la misma cosa una ocasión cuando un pueblo rechazó al Señor. Y Jesús les dijo, *'Vosotros no sabéis de qué espíritu sois; porque el Hijo del Hombre no ha venido para perder las almas de los hombres, sino para salvarlas.'* "[87]

"Yo no me estaba refiriendo a las personas; me estaba refiriendo a la prensa que vacía esta basura."

"Pues, Hermano Lindsay, tan sólo trate de ignorar tal cosa como esa. Y aparte de eso, yo nunca haría algo tan drástico a menos que el Señor me dijera directamente que lo hiciera."

Lindsay no estaba satisfecho. "Lo que necesitamos hoy en día son profetas como Elías. Él no tuvo que tener una visión antes que se pusiera en acción. Él subió pisoteando el Monte Carmelo, edificó un altar, y desafió a aquellos profetas de Baal. 'Suban aquí y

---

[87] Lucas 9:51-56

demostraremos quién es Dios.' Elías caminaba de un lado a otro y se burlaba de Baal, riéndose de aquellos hombres, diciendo, 'Vengan. Veamos lo que puede hacer Baal.' Aquellos profetas falsos de Baal se miraron muy tontos cuando el fuego descendió del cielo y lamió el sacrificio de Elías, el agua y todo. Elías sabía cuál era su situación sin una visión. Necesitamos profetas como ese hoy en día."

"Un momento, Hermano Lindsay," contraatacó Bill. "Ud. es un maestro excelente, pero está pasando por alto un aspecto importante. Cuando Elías había puesto todo en orden— cortado en pedazos los bueyes, los puso sobre el altar, y derramó el agua— él dijo, 'Jehová, por mandato tuyo he hecho todas estas cosas.'[88] Ve Ud., el Señor primero le había mostrado una visión. Así es con los profetas; es siempre por medio de visión. Incluso Jesús, quien era el Dios-Profeta, dijo, 'Yo hago únicamente lo que el Padre me muestra que haga.'"[89]

A regañadientes, Lindsay admitió la cuestión, diciendo entre dientes. "No obstante me gustaría ver más profetas como Elías por ahí hoy en día."

Unas cuantas semanas después Bill estaba celebrando una campaña de tres días en Harlingen, Texas— una ciudad pequeña situada a 20 millas [32.19 kilómetros] al norte de la frontera Mexicana. En la primera noche la multitud parecía sumisa. Había bastante gente en la reunión (alrededor de 4,000 personas llenaron el auditorio) pero no tenían el mismo entusiasmo y expectativas que Bill estaba encontrando en otra parte. Afortunadamente, este ánimo deslucido no obstaculizó la operación del don en la plataforma. No obstante, el ángel del Señor no se mudó a la audiencia como a menudo lo hacía.

La tarde siguiente, mientras oraba en la habitación del hotel, Bill recibió una llamada telefónica de su administrador. "Hermano Branham, estoy a punto de ir a comer al centro. ¿Está Ud. seguro que no vendrá conmigo?"

"No, gracias, Hermano Baxter— hoy no. Todavía estoy ayunando delante del Señor."

"De acuerdo. ¿Podría Ud. encontrase conmigo en el vestíbulo en unos cuantos minutos? Hay algo que necesito discutir con Ud. antes de la reunión de esta noche."

---

[88] I de Reyes 18:17-40
[89] Juan 5:19

"Claro, allí estaré."

En el vestíbulo, Ern Baxter puso de manifiesto su preocupación. "La ofrenda de anoche fue muy escasa y ahora tenemos muy poco en el fondo de operación de esta campaña."

"¿Qué tan poco?"

"Nos harán falta unos buenos $ 900 dólares para que alcance."

"Me pregunto cuál es la razón," dijo Bill pensativamente. "Parece que una multitud de ese tamaño daría fácilmente más que eso."

"Yo me preguntaba la misma cosa, así que le pregunté a un pastor local. Evidentemente ha habido varios otros evangelistas que han pasado por Harlingen celebrando 'cultos de sanidad' en los pasados pocos meses, y estos otros individuos han sangrado a la gente con mucha insistencia."

Ahora Bill entendía el ánimo de la multitud la noche anterior. "Me supongo que no puedo culparlos por estar sospechosos de mí."

"Hermano Branham, más vale que Ud. me permitiera hacer un poco de presión de nuestra parte, o vamos a terminar endeudados."

Bill pensó en su promesa al Señor— que él permanecería un evangelista mientras el Señor supliera sus necesidades de modo que nunca tuviera que rogar por dinero. "Ni hablar. No, señor, Ud. no lo hará, Hermano Baxter, si Ud. alguna vez hace presión por dinero en una de mis reuniones, ese será el día que Ud. y yo nos daremos un apretón de manos como hermanos y continuaré solo. No, no habrá ninguna presión por dinero en mis reuniones. Dios es dueño del ganado en un millar de colinas; todo le pertenece a Él; yo le pertenezco a Él. Él tendrá cuidado de mí."

"De acuerdo, Hermano Branham, si a Ud. así le perece, no mencionaré dinero."

En el camino de regreso a su habitación del hotel, Bill oyó por causalidad los sollozos más conmovedores. Mirando alrededor, él vio a dos adolescentes con sus brazos alrededor una de la otra, llorando como si estuvieran condenadas a morir. Bill se acercó a ellas y les preguntó, "¿Qué pasa?"

Una de las jovencitas se quedó boquiabierta. "¡Oh! Hermano Branham, ¡es Ud.!"

"Pues, veo que Ud. me conoce. ¿Puedo ser de ayuda?"

La misma jovencita llevó la conversación. "Hermano Branham, es mi amiga aquí— ella ha estado teniendo problemas mentales y va a tener que ingresar a una institución para dementes a menos que Dios haga un milagro. Yo me reuní en sus reuniones en Lubbock. Cuando vi al Espíritu Santo moviéndose allí, supe que Dios podía sanar a mi amiga si tan sólo yo la introducía en la fila de oración de modo que Ud. pudiera orar por ella. Así que traje a mi amiga aquí a Harlingen. Pero anoche ni siquiera pude conseguir una tarjeta de oración y me da miedo que hayamos venido hasta aquí de balde."

Lubbock estaba en la parte angosta de Texas, a casi 1,000 millas [1,609 kilómetros] de distancia. Bill podía ver que esta jovencita había hecho acopio de tremenda fe para traer a su amiga hasta Harlingen. "Pues, ahora, hermana, si Ud. puede llevar a su amiga a las reuniones temprano cada noche, tal vez Ud. pueda conseguir—" él se interrumpió. Una visión se había formado entre ellos y él estaba observándola actuar. No era plana como una pantalla de televisión, sino tridimensional, como si él estuviera allí viéndola ocurrir. "Jovencita, su madre es una inválida. Y Ud. pertenece a la iglesia Metodista, ¿verdad?"

La jovencita se llevó las manos a la boca y se quedó boquiabierta, "¡Sí!"

"Ud. vino aquí en un automóvil pequeño de turismo amarillo. En una pendiente Ud. y su amiga se estaban riendo cuando llegaron a una curva cerrada en el camino. Ud. golpeó un lugar donde era mitad de concreto y mitad de asfalto y Ud. casi vuelca el automóvil."

"Hermano Branham, ¡esa es la verdad!"

"Y esta es también la verdad: Así dice el Señor, 'Su amiga está sana.' "

Ambas jovencitas chillaron con éxtasis. Mientras él se iba de ellas, Bill estaba seguro que no había ni una ráfaga de duda nublando sus mentes.

Esa noche después del culto, el reverendo Baxter se acercó a Bill y dijo, "Hermano Branham, mire— aquí está un sobre en el plato de la ofrenda— sin nombre en él— y tiene nueve billetes de $ 100 dólares en él. Eso es exactamente lo que necesitamos para que alcance. Hermano Branham, Ud. tenía razón. Dios tendrá cuidado de nosotros. ¿Me perdona por alguna vez desear hacer presión por dinero?"

"Claro, Hermano Baxter. Esta es tan sólo una lección de confiar en el Señor." Bill no lo dijo en ese instante, pero él sabía quién había dado ese dinero. Dios le había mostrado una visión de aquella jovencita de Lubbock depositando un sobre sin marcar en el plato la ofrenda."

La mañana siguiente Ern Baxter pasó por la habitación de Bill para inspeccionarlo. "¿Va comer esta mañana, Hermano Branham?"

"Aún no, Hermano Baxter. Todavía estoy ayunando."

"Hoy es el tercer día que Ud. no ha comido. Tenga cuidado de no prolongar este ayuno demasiado lejos. Ud. necesita su fortaleza física."

"También necesito mi fortaleza espiritual. Tendré cuidado, pero me siento apremiado a hacer esto, como que se está acercando algo y necesito estar preparado espiritualmente."

"Muy bien. Preguntaré otra vez esta noche." Mientras Baxter se dirigía a salir por la puerta, se dio la media vuelta y dijo, "A propósito, ¿sabe Ud. de aquellas dos jovencitas con las que Ud. oró ayer por la tarde en el hotel? Esas jovencitas están tan emocionadas, que les están contando a todos que ellos pueden comprobar que Jesús ha liberado a una jovencita de locura. Más antes esta mañana ellas les contaron a todos en el vestíbulo y luego las vi cortando el paso por la calle, deteniendo a las personas mientras pasaban. No sé qué tan buenos resultados esta dando; nadie aquí las conoce, de modo que nadie sabe si esa jovencita alguna vez estuvo en esa terrible condición o no."

Bill expresó con una sonrisa. "No obstante, eso es lo que a mí me agrada ver— personas que están dispuestas a testificar que Jesús les ha sanado."

Después en la tarde, el Reverendo Baxter una vez más golpeó en la puerta de Bill. Esta vez parecía angustiado.

"¿Qué es lo que pasa, Hermano Baxter?"

El hombre corpulento se dejó caer pesadamente en un sillón y se encorvó hacia delante, sus brazos descansando a través de sus rodillas abiertas, sosteniendo su sombrero entre las piernas. "Hermano Branham, me temo que tenemos un tremendo problema. Esta tarde recibí varias llamadas de algunos de los pastores que patrocinan sus reuniones aquí. Aparentemente alguien ha impreso un volante que lo censura a Ud. duramente. Quienquiera que lo hizo ha estado distribuyendo estos panfletos por toda la ciudad, poniéndolos debajo de los limpiaparabrisas de los automóviles estacionados. Al parecer, se han distribuidos millares de ellos."

"Pues, esta no es la primera vez que he sido criticado públicamente. ¿Qué es lo que dice el panfleto?"

"Yo mismo no lo he leído, pero evidentemente dice que Ud. está montando un gran espectáculo teatral, que Ud. usa trucos mentales para engañar a la audiencia, que las personas cuyos problemas Ud. discierne son puestas a propósito. Lo acusa a Ud. de ser como Simón el mago en el libro de los Hechos, interesado principalmente en dinero.[90] Y lo peor de ello es, el panfleto declara que está impreso por..." (él hizo una pausa por causa del dramático efecto) "la Oficina Federal de Investigación." [FBI por sus siglas en Inglés.]

Bill silbó. "Ahora es un nuevo giro imprevisto."

"Sí. Y también dice que esta noche en la plataforma el FBI va a exponerle a Ud. como un impostor. Hermano Branham, ¿qué va Ud. a hacer?"

"Creo que tan sólo deberíamos de continuar como de costumbre y dejarlo en las manos del Señor. Él tuvo cuidado de nosotros anoche, ¿verdad que sí? Él tendrá cuidado también de nosotros esta noche."

Las manos gruesas de Baxter apretaron su sombrero. "Cuando pienso en algún individuo acusándole a Ud. de que únicamente está interesado en el dinero de la gente— yo le vi a Ud. cuando aquel Texano le dio a Ud. un cheque por $ 25,000 dólares y Ud. lo hizo pedazos allí mismo enfrente de él."

"Eso no es nada. ¿Se acuerda cuando aquel multimillonario me mandó un cheque por $ 1, 500,000 dólares? Me negué a tomarlo. He tenido gente que se ofrece en regalarme casas por toda la nación. Apenas recientemente un individuo ofreció comprarme un *Cadillac* nuevo. Siempre he rechazado esas ofertas. Yo quiero la confianza de la gente, no su dinero."

Esto despertó la curiosidad de Baxter. "Yo puedo entender su rechazamiento de las casas y el dinero, pero ¿por qué rechazar un *Cadillac*? Yo sé lo que Ud. está manejando; Ud. necesita un automóvil nuevo."

"No estoy en contra de los automóviles nuevos, pero un *Cadillac* es demasiado. ¿Cómo pudiera yo manejar por Arkansas en un *Cadillac*— y algunas de esas pobres madrecitas de Arkansas, comiendo tocino y pan de maíz como desayuno, sus manos todas doloridas de pizcar algodón, vienen y depositan un dólar ganado con dificultades en la ofrenda en mis reuniones— y yo pasearme en un *Cadillac*? ¡No, señor! ¡Claro que no! Nunca haré eso. Yo deseo ser

---

[90] Hechos 8:9-24

como la gente por la cual oro."

"Eso tiene sentido. Oiga, voy a andar al centro para comer. ¿Ya está listo para interrumpir su ayuno?"

"Sí, iré con Ud."

Mientras entraban a la cafetería, el Reverendo Baxter se agachó y dijo en voz baja, "Veo a algunos de nuestros amigos aquí. Allí están los Wilkbanks. Probablemente van a querer acercarse y hablar con Ud."

"Ojalá no sea así. Ud. sabe lo que sucede cuando la unción está sobre mí— Dios tan sólo va a revelar cosas, y no deseo agotarme antes que inicie la reunión."

Los dos hombres se sentaron y tomaron su cena. Cuando estaban listos para irse, efectivamente, el Sr. y la Sra. Wilbanks se levantaron para pagar su cuenta al mismo tiempo. Ellos se encontraron en la caja registradora. El Sr. Wilbanks dijo, "Hermano Branham, quiero darle un apretón de mano."

Bill apretó la mano extendida del hombre y comenzó a decir algo, cuando Ern Baxter se metió en la conversación y dijo, "Mire Hermano Wilbanks, Ud. no debería hablar con él ahora. Él se está preparando para la reunión esta noche."

"Entendemos."

Mientras Bill y Ern Baxter se iban por la calle, Bill escuchó una voz interna hablándole, "*Date la media vuelta y entra en el automóvil con los Wilbanks.*" Bill meneó la cabeza, pensando que debía estar oyendo cosas. "Vaya que es una tarde espléndida, ¿verdad? Hermano Baxter."

"Sí, lo es."

De pronto las piernas de Bill se sintieron como si estuvieran hechas de plomo; intentó dar un paso y no se podían mover.

Baxter se dio la media vuelta para mirarlo, desconcertado. "¿Qué pasa?"

"Hermano Baxter, tenemos que regresar y entrar en el automóvil con los Wilbanks."

"Hermano Branham, no podemos."

"Es el Espíritu del Señor."

"De acuerdo, entonces."

Los Wilbanks se alegraron de llevarlos en el automóvil. Por cuanto ahora estaban en el automóvil, regresaron al hotel mucho más pronto de lo que hubiera sido si hubieran continuado a pie. Ern Baxter entró al edificio, pero Bill se detuvo a la mitad de los escalones. Él escuchó otra vez la voz diciendo, *"Regresa y conversa con los Wilbanks."* Bill regresó al automóvil. "Hermano Wilbanks, ojalá que nada ande mal con su familia."

"No, nada anda mal con nosotros en lo absoluto."

"Eso es extraño. Algo me está diciendo que me quede aquí y no sé la razón."

Después de charlar unos cuantos minutos, Bill se volteó para entrar al hotel, pero se detuvo cuando vio un automóvil costoso dirigiéndose a él. Él reconoció el automóvil; le pertenecía al Sr. Reece. El automóvil se acercó a la barandilla junto a una larga palmera, a unos cuantos automóviles estacionados por la calle de donde estaba parado Bill. El chofer salió, le dio la vuelta, y, abriendo la puerta del pasajero, ayudó al Sr. Reece a salir del automóvil. El Sr. Reece se miraba tan decrépito como había estado la última vez que Bill lo había visto en Carlsbad, New Mexico, en Marzo. Ahora Bill sabía de lo que se trataba todo esto. Allí estaba la palmera que había visto en la visión; allí estaba su amigo vestido con un traje y corbata café. Todo estaba en orden.

Cuando la Sra. Reece vio a Bill, él inmediatamente echó una mirada arriba a la palmera. Entonces, sin que una palabra se cruzara entre ellos, él alzó ambos brazos altos en el aire y gritó, "¡Gloria a Dios! ¡Estoy sano!" Él pisoteaba con los pies y agitaba sus brazos y gritaba y danzaba. Ahora él no se parecía ni un poquito al anciano débil que necesitaba ayuda para salir de su automóvil apenas unos cuantos minutos más antes.

En el camino de regreso a su habitación, el Reverendo Baxter lo alcanzó en el pasillo. "Hermano Branham, aquellas dos jovencitas están haciendo maletas para marcharse. Están todas trastornadas por algo. Es mejor que Ud. vaya allí y hable con ellas."

"Claro. ¿En qué habitación están?"

Encontrando el número de la habitación, Bill tocó. La jovencita que manejó desde Lubbock contestó a la puerta. "Oh, Hermano Branham," dijo ella, sorbiéndose las lágrimas, "Lamento el que le causáramos todo este problema."

"¿Problema? Pues, hermana, ¿qué problema me han causado?"

"Tenemos al FBI tras Ud. Me supongo que testificamos demasiado por la ciudad hoy. Ahora el FBI va a exponerle a Ud. en la plataforma."

"Pues, si estoy haciendo algo malo, entonces necesito ser expuesto."

"¿No tiene miedo de ir allí esta noche? El FBI va a estar allí."

"¿Miedo? Claro que no. ¿Por qué debería tener miedo cuando estoy haciendo la mismísima cosa que Dios me envió a hacer aquí? Aparte de eso, he tenido a agentes del FBI que han entrado a mis reuniones anteriormente y cada ocasión han sido salvos— como el Capitán Al Ferrar en Tacoma, Washington; tal vez este individuo hará lo mismo. En todo caso, Uds. dos tan sólo vengan a la reunión esta noche y vean al Señor en acción. Él es aquel que peleará la batalla, no yo."

De vuelta en su propia habitación, Bill se puso de rodillas a un costado de la cama y oró, "Padre Celestial, ¿de qué se trata toda esta cosa?"

Después de unos cuantos minutos, vino una visión. Entonces Bill lo supo...

OCULTO antes del culto, Bill corrió hacia su administrador hablando con el portero. Ern Baxter sujetaba uno de los panfletos blasfemos en su mano.

"Reverendo Branham," dijo el portero, "son una pena las cosas que dijeron acerca de Ud. en el volante."

Baxter estuvo de acuerdo. "Cuando pienso en aquellos llamándolo a Ud. un impostor— y mi propia hija fue sanada en la reunión anoche."

El portero dijo, "Esta noche alguien pegó estos panfletos en las ventanillas de cada automóvil en el estacionamiento. Yo contraté a diez niños Mexicanos para que los quitaran."

"Desafortunadamente había centenares de ellos más pegados por la ciudad hoy," añadió Baxter. "Probablemente todos ya todos los han leído de todas formas." Baxter arrugó el panfleto con su puño. "Semejantes sandeces detestables— la ley debería detener al individuo que hizo esto."

"No hay problema," dijo Bill. "Existen leyes más altas que aquellas de la tierra. El Señor se encargará de eso. Recuerden lo que dijo Jesús: *"...pero al que hable contra el Espíritu Santo, no le será perdonado, ni en este siglo ni en el venidero.'* "[91]

El portero dijo, "Sin embargo, si yo tan sólo pudiera echarle mano a ese fulano yo—"

"No se preocupe por eso," dijo Bill. "Dios le echará mano en su debido tiempo."

La audiencia comenzó a cantar "Sólo Creed." Bill salió a la plataforma. Él sabía lo que estaba en las mentes de la gente, así que fue directamente al grano. "Tengo un pequeño panfleto aquí que dice que soy como Simón el mago en el libro de los Hechos, queriendo decir que únicamente estoy interesado en el dinero de la gente. Supongo que la mayoría de Uds. han leído esto. Supongo que ha habido millares de ellos diseminados por la ciudad hoy. También dice que el FBI va a exponerme esta noche en la plataforma. De acuerdo, estoy listo para ser expuesto. Incluso he enviado a mi administrador a la parte de atrás del edificio de modo que no interfiera en modo alguno. Así que, todos Uds. agentes del FBI pueden ahora pasar al frente y exponerme."

Un silencio nervioso puso seria a la audiencia. Bill esperó. Nadie se movía. Bill dijo, "Tal vez todavía no están aquí. Les daré un poco más de tiempo. ¿Hay alguien que pueda subir y entonar un himno?" Después que un hombre cantó un especial, Bill dijo, "Estoy esperando al FBI. ¿En dónde están? De acuerdo a este panfleto Uds. van a pasar al frente esta noche y exponerme. Si he hecho algo contrario a la Biblia o algo ilegal a las leyes de esta nación, quiero ser expuesto. Así que, pongámonos a hacerlo."

Bill esperó, echando un vistazo a la multitud con vista de águila. Allá en su habitación del hotel el Señor le había mostrado quiénes eran los culpables, pero todavía no los había reconocido en la audiencia. Él captó un movimiento con el rabillo del ojo. Volteándose, Bill vio una sombra negra, parecida a una nube con bordes borrosos, encaminándose por arriba de las cabezas de las personas. Él echaba una miraba a los rostros debajo de esta nube. No, ninguna de aquellas personas estaba en la visión. La sombra se estaba elevando ahora, subiendo hacia el segundo nivel hasta que se detuvo sobre dos hombres encaramados en la hilera de enfrente del balcón. Bill podía ver sus rostros claramente. Estos eran los hombres.

"Amigos, no hay agentes del FBI aquí. ¿Qué tiene que ver el FBI con la predicación del Evangelio? No, el FBI no está aquí para

---

[91] Mateo 12:32

exponerme; pero va a haber un descubrimiento. Los dos individuos que imprimieron el panfleto están sentados en la hilera de enfrente del balcón allá arriba— uno con traje azul, el otro allí junto a él de gris. Ellos no son agentes del FBI; son predicadores recaídos. El Señor me los mostró a ambos en una visión esta tarde."

Cada rostro en la audiencia volteó para echar un vistazo. Los dos maquinadores se sonrojaron y se encorvaron hacia abajo en sus asientos.

"No se agachen," dijo Bill en el micrófono. "Ahora es la oportunidad de Uds. de ponerse de pie y exponerme." Los dos hombres se retorcieron, pero ya no se podían hundir más. Bill insistió en su contraataque. "Uds. varones dijeron que yo era Simón el mago y que únicamente estaba interesado en el dinero de la gente. Pues, ¿por qué no bajan aquí a la plataforma para una prueba? Si yo soy Simón el mago y Uds. dos son los varones santos de Dios, entonces Dios puede hacer que me muera; pero si soy un varón de Dios, Uds. dos están en lo errado, entonces Dios puede hacer que Uds. se mueran. Desciendan ahora y veamos cuál es." Los hombres se levantaron y volvieron corriendo a la salida. "Veo que se están marchando. Tal vez vienen aquí. Tan sólo entonemos un himno mientras esperamos."

A la hora que la audiencia terminó de entonar los cuatro versos de un himno, era obvio que los hombres no tenían intención de aceptar el reto de Bill. "Parece como que esos dos varones han abandonado el edificio. Eso debería ponerle fin al asunto. Amigos, Uds. saben que no ando en busca de su dinero. Si no fuera por los gastos de las reuniones, ni siquiera le permitiría a mi administrador que recogiera una ofrenda en lo absoluto. Pero después que se cubren los gastos, si hay algo que sobra, eso va a las misiones. En lo que a mí se refiere, tan sólo tomo un salario semanal. Pregúntenle a mi administrador; pregúntenle a cualquiera que me conoce bien. Así que vean Uds., yo no quiero el dinero de Uds.; yo quiero la confianza de Uds."

Capítulo 50
Una Lavandera Obliga a Permanecer
en Tierra Su Vuelo
1950

DESPUÉS DE HABER pasado un mes en Texas, William Branham se sentía deseoso de llegar a casa con su esposa e hijos. Desafortunadamente, en la tarde que él se fue en avión de Dallas, tormentas peligrosas se trasladaban rumbo al Sureste, obligando a su avión a hacer un aterrizaje imprevisto en Memphis, Tennessee. La línea aérea instaló a sus pasajeros en el Hotel *Peabody* para esperar a que se acabara la tormenta. Bill llamó a casa para avisarle a Meda lo que había ocurrido; entonces se pasó el resto de la tarde escribiendo cartas.

En el exterior, una lluvia intensa azotaba a Memphis. Periódicamente, la noche estaba encendida con rayos de relámpagos, seguidos por truenos ensordecedores. Un poco antes de la media noche, la lluvia disminuyó. Averiguando por su ventana, Bill podía ver claros de estrellas entre las retumbantes masas de nubes. Parecía como que la tormenta se estaba disipando.

A las seis de la mañana siguiente, un encargado de la línea aérea llamó para avisarle a Bill que el avión estaría despegando a las ocho en punto. Bill se incorporó y se vistió con su traje café claro. Mirando a su reloj, determinó que tenía tiempo suficiente para encontrar un buzón y mandar por correo sus cartas.

La mañana estaba cálida y clara. Jardines de flores inundaban el ambiente con un rico perfume que estaba intensificado por la lluvia limpiadora de la noche. Los pájaros cantaban por todas partes, haciendo que Bill deseara unirse a ellos. Él tarareaba una melodía Cristiana mientras saboreaba la belleza del mundo de su Padre.

Después de dar una vuelta por dos cuadras, Bill encontró un buzón

enfrente de un banco. Depositó sus cartas en la ranura, y estaba justo
volteándose para irse cuando escuchó el sonido de un torbellino—
juussssh. Se le erizó la piel en la nuca de Bill mientras percibía la
presencia del ángel acercándose. Bill retrocedió hacia la sombra de
una columna, agachó la cabeza, y dijo, "Padre, ¿qué deseas que Tu
siervo haga?"

Tan claramente como escuchaba cantar a los pájaros, escuchó
decir al ángel del Señor, *"Camina y sigue caminando."* Con eso
como sus únicas instrucciones, Bill se dirigió de vuelta hacia el
hotel. Mientras se acercaba a la entrada del hotel, naturalmente que
pensó en entrar. Pero esa voz grave angelical dijo una vez más,
"Sigue caminando." Bill miró su reloj. En una hora su avión estaría
volando. Sin embargo él continuó más allá del hotel, sin saber a
dónde o con qué propósito el Señor lo estaba guiando.

Él deambuló por varias millas, tarareando para sí mismo,
disfrutando del aire fresco por la lluvia perfumado por la madreselva
y las rosas. Se sentía bien el estar vivo. No obstante, estaba un poco
nervioso por la hora. Se mantenía echándole una ojeada a su reloj, y
más frecuentemente a medida que se aproximaban las ocho. Cada
vez que miraba, el ángel lo instaba a, *"Sigue caminando."* Cuando
las manecillas del reloj pasaron las ocho, Bill se resignó al hecho de
que tendría que hacer otros planes para llegar a casa. "Señor, no sé la
razón que estoy aquí, pero Tú dijiste que caminara y así que estoy
caminando. ¿De qué se trata todo esto?"

Ya había llegado a uno de los vecindarios más pobres de
Memphis. Las calles aquí no estaban pavimentadas, ni había
banquetas. Bajó por una loma donde corría un arroyo al lado del
camino. Delante de él vio a una mujer negra fornida y corpulenta de
pie en su patio, apoyándose con ambos codos a través de la puerta de
postigo. Ella tenía la camisa de un hombre atada como una bufanda
alrededor de su cabeza. Cuando Bill se acercó más, la mujer dijo,
"Buenos días, pastor."

Saludando, Bill dijo, "Buenos días, tita." Luego se paró en seco,
mientras la singularidad lo tocó. Ella había dicho pastor. Se volteó
hacia la mujer negra y preguntó, "¿Sabe Ud. quién soy yo?"

"No, señor."

"Entonces ¿cómo supo que yo era un pastor?"

Ella expresó con una sonrisa. "Yo sabía que Ud. venía."

Bill se acercó a la puerta. "¿Cómo podría Ud. saber que yo venía?

Ni yo mismo lo sabía."

Ella le explicó, "Pastor, ¿alguna vez ha leído en la Biblia acerca de la mujer Sunamita que no podía tener un hijo? Ella le prometió a Dios que si Él le daba su hijo, ella lo criaría para el Señor.[92] Pues, yo soy ese tipo de mujer; y le prometí al Señor la misma cosa. Él me dio ese hijo, y traté lo mejor que pude de criarlo para el Señor. Pero hace unos cuantos años él se mezcló con algunas malas compañías. Tomó un camino que era malo y contrajo una enfermedad venérea. Es sífilis. Para cuando supo lo que estaba sucediendo, ella había avanzado demasiado. Él está acostado en mi cama ahora, muriéndose. Ayer el doctor— pasó y lo examinó— dijo, 'No existe esperanza para él. Tiene un orificio en su corazón y su sangre está llena de pus. Espere lo peor en cualquier momento.'

"Pastor, yo no podía soportar el ver a mi niño morir en esa condición. Yo deseaba que él fuera salvo. De modo que ayer oré y oré toda la tarde, diciendo, 'Señor, si soy como aquella mujer Sunamita, entonces ¿dónde está Tu Eliseo?'

"En algún momento en la noche me quedé dormida en mi sillón y soñé que yo salía aquí y me paraba junto a esta puerta; soñé que pasaba un pastor vestido con un traje café y sombrero. Cuando desperté al amanecer salí aquí y he estado parada aquí desde entonces, esperándole a Ud. Pastor, ¿cree Ud. en ser guiado por el Espíritu Santo?"

El corazón de Bill temblaba; sus nervios se estremecían. Aquí debía ser a donde el Señor deseaba que él fuera. "Tita, me llamo Branham. ¿Alguna vez ha escuchado de mí?"

"No, señor, Pastor Branham, nunca escuché de Ud."

"Mi ministerio es orar por los enfermos. ¿Le gustaría que yo entrara y orara por su hijo?"

"Sí, señor, Pastor Branham. Por favor ore."

Bill abrió la puerta de postigo. Una punta de arado oxidada sujetada con tornillos a una cadena cerró la puerta detrás de él. La mujer lo condujo hacia una choza pequeña blanqueada. Los pisos estaban compuestos de álamo amarillo, fregados tan limpios a más no poder. En una esquina estaba una tina de lavar de lámina con un tallador de madera apoyado contra ella. No cabía duda que esta era la manera que ella se ganaba la vida. Sobre la puerta colgaba un

---

[92] II de Reyes 4:8-37

letrero: "Dios Bendiga Nuestro Hogar." Bill había sido invitado a palacios de reyes y a algunos de los hogares más elegantes en la nación, pero en ningún lugar se había sentido más bien recibido que en esta humilde cabaña.

En otra esquina estaba una vieja cama individual de hierro. En ella estaba acostado su hijo. Él era un joven corpulento— de seis pies [1.83 metros] de altura y al menos 180 libras [81.65 kilogramos.] Él tenía las colchas retorcidas en sus puños y estaba retorciéndose sobre el colchón de paja, quejándose, "Nnn... Nnn... aquí está oscuro..."

"Ha perdido la cabeza durante dos días ahora," dijo su madre. "Cree que está en un bote de remos, perdido en la oscuridad en el océano. Eso es lo que no puedo soportar, pastor— el saber que mi hijo está perdido." Ella le daba palmaditas cariñosamente en el hombro. "Amorcito, ¿conoces a tu mamita?"

Él se estremecía y se quejaba, "Nnn... nnn... hace tanto frío aquí... tanto frío."

Ella lo besó en la frente. "Pobrecito nene."

"Sí," pensó Bill, "ese es el amor de una madre. No importa lo que él ha hecho, ella lo sigue considerando 'el nene de mamá.' " Él dijo, "Tita, vamos a orar. Ud. ore primero."

Cuando se pusieron de rodillas junto a la cama, aquella humilde lavandera arrancó su corazón a Dios tan intensamente que derramó lágrimas de los ojos de Bill. Ella terminó al orar, "Señor, si Tú tan sólo haces que mi hijo me diga que va a estar con Jesús, estaré feliz."

Bill impuso sus manos en los pies del joven, los cuales se sentían tan fríos como el Atlántico norte. "Amado Dios, no sé lo que está sucediendo, pero en la calle esta mañana Tú me hiciste dar media vuelta y me enviaste aquí a esta pequeña choza. Sé que ha pasado la hora que mi avión vuele; pero no importa— en obediencia a la guianza del Espíritu yo impongo mis manos en este joven en el Nombre de Tu Hijo, Jesucristo."

El joven se movió. "Oh, mamá, se está iluminando aquí."

Él puso los ojos en blanco; entonces parecían enfocarse en el rostro de su madre. "Pues, mamá, ¿qué estás haciendo aquí?" Él levantó su cabeza fuera del colchón de paja. "Y ¿quién es este hombre?"

Bill esperó cinco minutos más— el tiempo suficiente para ver al joven sentado al lado de la cama, hablando de vestirse.

Entonces Bill pidió permiso y salió corriendo por la puerta. Después de unas cuantas cuadras detuvo haciendo señales a un taxi y pronto fue dejado en el aeropuerto. Para su sorpresa y alivio, su avión estaba todavía en la pista de despegue. Había sido demorado dos horas y estaba justo calentando sus motores para el despegue. Bill se maravilló ante lo que la oración podía hacer cuando se asocia con fe pura. Él se sentía seguro que fueron las oraciones de aquella lavandera las que habían obligado a permanecer en tierra su vuelo durante 18 horas.

"Sí, tita," pensó él, "sí creo en la guianza del Espíritu Santo."

Capítulo 51
Visiones Explicadas
1950

EN AGOSTO DE 1950, William Branham estaba celebrando un avivamiento en Cleveland, Ohio. Él tenía diez días en una campaña de dos semanas cuando el Sr. Boeing— un millonario local que había amasado su fortuna fabricando parachoques de automóviles— le dijo, "Hermano Branham, creo que sus reuniones en Cleveland podrían estar dando mucho mejor resultados de lo que están dando. Esa carpa que tiene Ud. tiene capacidad únicamente para alrededor de 4,000 personas. Después que los amigos locales salen de trabajar, toman su cena, y llegan allí, la carpa ya está llena de personas de fuera de la ciudad; centenares de amigos residentes locales no pueden entrar. Si Ud. se mudara al auditorio municipal sería mucho mejor. Entonces todas las personas que desean venir podrían conseguir un asiento. Ya verifiqué los precios— cuesta $ 1,900 dólares por una noche en el auditorio. Yo pagaré todo eso si Ud. se muda allá."

Cortésmente, pero firmemente, Bill contestó, "Hermano Boeing, si Ud. pagara por un año en el auditorio, con todo y eso yo no podría ir allí a menos que Dios me diga que vaya. Por ahora, tengo un contrato escrito con estos otros hermanos para tener tres días más de reunión en esa carpa, tengo que cumplir mis compromisos."

El Sr. Boeing tuvo otra sugerencia. "Cuando Ud. haya terminado con estas reuniones en la carpa, Ud. tendrá varios días antes que comience su siguiente campaña. ¿Por qué no tiene al menos una noche en el auditorio antes que se vaya de Cleveland?"

"Oraré respecto a eso y le avisaré lo que me diga el Señor."

A la mañana siguiente Bill había de ser el invitado de honor en un desayuno ministerial. Un *Cadillac* sedán azul llegó al hotel para llevar a Bill y a Gordon Lindsay al restaurante. Cuando terminó la comida y los platos fueron retirados, estos ministros le pidieron a Bill que les explicara el proceso de las visiones."

"Las visiones son difíciles de explicar," comenzó Bill, "pero haré lo mejor que pueda para ayudarles a entender. Todos Uds. han observado mientras el Señor me da visiones en la plataforma; Uds. han visto cómo Dios revela muchas clases diferentes de secretos y cómo cada discernimiento es 100 % exacto. No cabe duda que Uds. se han fijado que yo me debilito mucho, lo cual limita el número de personas a las que puedo ministrarles personalmente cada noche. Esto es escritural. ¿Se acuerdan cómo la mujer con el flujo de sangre tocó el manto de Jesús y él dijo que sintió que virtud salió de él? *Virtud* es fuerza. Fue la fe de la mujer extrayéndola de Jesús.

"Ese mismo Jesús está con nosotros hoy en día. Él es aquel que efectúa la sanidad cada noche en las reuniones. Es bien cierto que Dios me ha dado un don de ver visiones; pero allá arriba de la plataforma, es en realidad la fe de Uds. tirando de Dios la que trae la visión. Yo tan sólo me rindo a Dios y, muchas ocasiones sin siquiera saber lo que estoy diciendo, el Espíritu Santo habla a través de mí. Pero no soy yo al que la gente ha tocado. Por fe ellos han tocado al Sumo Sacerdote, Jesucristo, así como la mujer con el flujo de sangre le tocó a Él y fue sanada.

"En casa o cuando estoy fuera yo solo, Dios también me da visiones. Él podría dirigirme a ir a un determinado lugar o a hacer una cosa en particular, o Él podría mostrarme lo que va a suceder en el futuro— y cada vez sucede exactamente como lo muestra la visión. Por extraño que parezca, estas visiones no me debilitan ni una pizca. Algunas ocasiones pueden durar por una hora, sin embargo cuando salgo de ellas generalmente me siento fortalecido y refrescado.

"De modo que, un tipo de visión me refresca; el otro como que arrasa conmigo. ¿Por qué sería eso? Bueno, descubro que fue igual en la vida de nuestro Señor. Él vio una visión de Lázaro siendo resucitado de los muertos, y esa visión no lo debilitó ni una pizca.[93] Sin embargo cuando la mujer tocó el borde de Su manto para ser sanada de un flujo de sangre, Él dijo que se debilitó. Aquel era Dios usando Su propio don; el otro era la mujer misma tirando del don de

---

[93] Juan 11

Dios.

"Ojalá que Uds. puedan ver la comparación que estoy tratando de formular. No estoy diciendo que el don que tengo es tan grande como el don que estaba en Jesucristo, pues en Él moraba toda plenitud de la Divinidad corporalmente.[94] Pero sigue siendo el mismo Jesús haciendo las mismas obras. Ven Uds. que Él es, como lo plantea el Hermano Bosworth, toda el agua del océano. Este don mío es tan sólo una cucharada de aquel océano; sin embargo las mismas sustancias químicas que están en el océano están en la cucharada.

"Permítanme ilustrarlo de otro modo. Supongamos que Uds. y yo fuéramos niños deseando ver un circo, pero no tuviésemos dinero suficiente para entrar por la entrada. De modo que le diéramos la vuelta para mirar por encima de la barda. Desafortunadamente la barda de madera es demasiado alta para que cualquiera de nosotros mirásemos por encima de la parte superior. ¿Qué podemos hacer? Supongamos que soy más alto que Uds. Puedo levantarme de un salto, sujetarme de la parte de arriba de la barda, y entonces lanzarme lo suficientemente alto para echar una ojeada por un agujero dejado de un nudo cerca de la parte de arriba de la barda. Ud. me pregunta qué es lo que veo y yo le digo que una jirafa comiéndose las hojas de un árbol. Pronto mis brazos están muy tan cansados que tengo que bajar de vuelta a descansar. Ud. me pregunta qué más vi, pero no tuve tiempo de ver algo más; de modo que vuelvo a levantarme de un salto y miro otra vez. Yo puedo únicamente sostenerme por tanto tiempo antes que esté agotado completamente. Así es como allá arriba en la plataforma cada noche cuando la gente usa mi don de ver visiones.

"Ahora permítanme explicarles cómo es cuando Dios Mismo usa el don. Para continuar esta ilustración de un circo, supongamos que el administrador del circo viene por ahí y nos pregunta lo que estamos haciendo. Supongamos que él es un hombre amable y comprensivo, así que él me dice, 'Aquí, te ayudaré a ver mejor las cosas.' Con sus brazos grandes y fuertes me levanta hasta que mi cabeza está por encima de la barda. Ahora yo puedo mirar bien alrededor. Puedo ver los leones, los tigres, los elefantes, y los payasos. No puedo ver todo el circo, pero puedo ver mucho más de lo que podía cuando tan sólo

---

[94] Colosenses 2:9

echaba una ojeada por el agujero dejado de nudo— y yo no estoy ni una pizca de cansado porque él me levantó allí. Esa es la manera que es cuando Dios opera el don.

"Uds. podrían preguntarse dónde está esto en las Escrituras. ¿Se acuerdan de la mujer que fue sanada cuando tocó secretamente el borde del manto de Jesús?[95] ¿Recuerdan cómo Jesús se debilitó? Dijo que virtud salió de Él. Ven, la mujer estaba tirando del don de Dios en Él. Pero fue completamente diferente ante la tumba de Lázaro.[96] Jesús primero vio una visión de Lázaro resucitando de los muertos. Cuando se cumplió la visión más tarde, no hubo debilitamiento en Él entonces. Eso fue porque Dios estaba usando Su don.

"Ahora, Dios nos ha dado dones a cada uno de nosotros. Tal vez Uds. son un predicador, o un maestro. Yo no me considero mucho ninguno de los dos; mi don es ver visiones. Cada uno de nosotros hemos sido llamados a diferentes tipos de ministerios, pero todos somos parte de un gran cuerpo. Y ¿qué han de hacer estos dones? ¿Son para magnificar a algún hombre o a alguna organización? ¡No, señor! Son para magnificar a Jesucristo y sólo a Él."

Después que terminó su alocución, Bill se quedó un tiempo prolongado bebiendo café a sorbos y charlando con varios amigos nuevos— entre ellos, el Sr. Boeing. Un ministro Ucraniano le dijo a Bill, "Ahora que Ud. ha explicado las visiones las entiendo mejor, pero sigo teniendo curiosidad tocante a ciertos aspectos. Cuando una visión está ocurriendo, ¿qué ve Ud.? ¿Es imprecisa como un sueño?"

"No, lo que veo es cristalino claro, como que realmente estoy allí observando un evento acontecer en realidad."

"Pero ¿cómo pudiera ser eso?"

"Con Dios nada es imposible. El pasado y el futuro son ambos tan reales para Él como el presente. Recuerde que 'tiempo' es algo que creó Dios. Él está por encima del tiempo. Esa es la razón que Él puede saber el fin desde el principio. ¿De qué otra manera podría la Biblia estar tan llena de profecías que se han hecho realidad? ¿De qué otra manera pudiera haber profetas que podían ver en el pasado y futuro?"

"Eso tiene sentido. Ya ve visto lo que las visiones revelan en

---

[95] Mateo 9:20-22; Marcos 5:25-34; Lucas 8:43-48

[96] Juan 11:1-44

la plataforma, pero Ud. dice que también tiene visiones cuando se encuentra fuera y solo. Entonces ¿qué tipo de cosas le revela a Ud. el Señor?"

"Le daré un ejemplo de modo que Ud. pueda saberlo. Anoche el Sr. Boeing me pidió que me quedara en Cleveland un día adicional a fin de que yo pudiera celebrar una reunión en el auditorio municipal. Yo le dije que tendría que orar al respecto primero y regresar con él. Esta mañana el Señor me dio una visión para ayudarme a saber qué hacer. En alguna hora esta mañana voy a ver una señora cruzando la calle mientras toma de la mano a unas niñas gemelas. Ambas niñas traerán puestas faldas a cuadros y ambas tendrán su cabello amarrado en colas de caballo. Esa será mi primera señal. Luego, aunque vine a este desayuno en un automóvil azul, estaré regresando al hotel en un rojo. Cuando esté en ese automóvil rojo allá en la calle, pasarán dos damas vestidas con trajes largos de noche. Cuando estas tres señales vengan a suceder, entonces sé que tengo el permiso de Dios para tener un culto más en Cleveland en el auditorio."

Ellos continuaron la plática durante casi una hora. Finalmente Gordon Lindsay se acercó a la mesa de ellos y dijo, "Hermano Branham, ¿no cree que deberíamos estar regresando al hotel?"

"Supongo que sí," aceptó Bill. Mientras se acercaba a tomar su saco, él echó un vistazo por la ventana. "Miren, caballeros. ¿Las ven?"

Los ministros miraron. En la siguiente cuadra una mujer cruzaba la calle conduciendo a las gemelas; ambas gemelas vestían exactamente como Bill las había descrito más antes— faldas a cuadros y colas de caballo agitándose en la brisa. El Sr. Boeing tragó saliva y dijo, "Cero y va una; faltan dos."

Gordon Lindsay dijo, "Hermano Boeing, el hombre que nos trajo aquí tuvo que irse a casa temprano. ¿Me pregunto si Ud. podría llevarnos de regreso al hotel?"

"Claro, Hermano Lindsay, estaría encantado de hacerlo. Oiga, Hermano Branham, ¡yo tengo un automóvil rojo!"

"Cero y van dos," dijo Bill. "Ahora sólo ponga cuidado; la tercera señal no puede estar lejana."

Los seis hombres se amontonaron en el automóvil rojo y el Sr. Boeing encendió el motor. El estacionamiento del restaurante daba a una calle de un sólo sentido. El Sr. Boeing debería de haber doblado a la izquierda para ir en la dirección correcta; más bien él dobló a la derecha. Un policía montado en un caballo lo detuvo en la esquina.

Cuando el Sr. Boeing bajó su vidrio, este policía lo regañó como si fuera un delincuente juvenil. "¡Me quiere decir que Ud. es de Cleveland y cometió un error como este! ¡No hay excusa por eso!"

"Lo siento, oficial," se disculpó el Sr. Boeing, "supongo que estaba pensando en algo más."

El patrullero continuó sermoneando al Sr. Boeing con aspereza, lo cual mantuvo estacionado el automóvil varios minutos. De la vuelta de la esquina aparecieron dos jovencitas vestidas con trajes de noche formales. Cuando estas dos mujeres pasaron por el automóvil, Bill le dio un puñetazo al Sr. Boeing en el hombro y dijo, "Mire, hermano— allí las tiene."

Olvidándose que estaba siendo regañado por un policía, el Sr. Boeing levantó ambas manos y gritó, "¡Gloria a Dios! ¡Aleluya! Aleluya..." El ministro Ucraniano también tomó parte en eso— "¡Alabado sea el Señor! ¡Alabado sea el Señor Jesús!"— y entonces comenzó a hablar en un lenguaje desconocido.

"¡Uds. personas están locas!" vociferó el policía. "Apártense de mí."

Con el permiso de Dios ahora concedido, Bill celebró una reunión más en Cleveland aquel Agosto de 1950, y más de 12,000 personas llenaron el auditorio municipal para escuchar su mensaje de liberación a través del poder de Jesucristo.

UNAS CUANTAS SEMANAS después que William Branham terminó su campaña en Cleveland, viajó por tren a Phoenix, Arizona. Su tren tuvo una breve parada en Memphis, Tennessee. Bill se apeó a comprar un emparedado. La estación de Memphis estaba llena de gente llegando y saliendo. Mientras Bill se abría paso a través de la multitud, se fijó que un empleado de la estación de saco rojo empujaba un carro de equipaje en dirección a él. Cuando este hombre joven de color alzó la vista y vio a Bill, el rostro del joven se iluminó con sorpresa. Dejando su carro, corrió hacia Bill, hablando atropelladamente con emoción, "¡Pastor Branham! ¡Pastor Branham!" Él cogió la mano de Bill y la movía de arriba abajo fervorosamente. "Hola, Pastor Branham."

Bill miró al hombre joven y pensó, "Tal vez ha estado en algunas de las reuniones."

"Pastor Branham, Ud. no me reconoce, ¿verdad?"

"No, no creo reconocerlo."

"¿Se acuerda como seis meses atrás cuando su avión fue obligado a permanecer en tierra en Memphis? ¿Se acuerda de aquel joven por el que oró que se estaba muriendo?"

"¿Es Ud.—?"

"Sí, señor, yo soy ese joven. No únicamente estoy sano, pero ahora también soy un Cristiano."

Para Bill era satisfactorio el ver los resultados de primera mano de sus oraciones al encontrarse con personas que eran ayudadas por su ministerio. Ya había decenas de millares de estas personas alrededor de la nación.

Después aquel otoño de 1950, Bill recibió dos cartas que lo tocaron profundamente. La primera carta procedía de su antiguo pastor, el Dr. Roy Davis— el ministro bautista que lo había ordenado en Diciembre de 1932. Esta carta no estaba dirigida a Bill personalmente, sino que era enviada a Gordon Lindsay, junto con una petición que fuera impresa en la revista _La Voz de Sanidad_. El Dr. Davis quería disculparse públicamente por su criticismo más anterior de Bill y su ministerio.

Bill leyó la carta con aire pensativo. Su pensamiento retrocedió a aquella mañana en Mayo de 1946... Él se había dado prisa a la casa pastoral a contarle al Dr. Davis tocante al ángel que lo había comisionado para que llevara un don de sanidad Divina a la gente del mundo. Bill se acordó cómo es que el Dr. Davis había ridiculizado el pensamiento, diciendo, "Billy, ¿qué cenaste anoche?" Bill había contestado con toda seriedad, "Dr. Davis, no entiendo eso. Si Ud. no me necesita, habrá alguien allá que lo haga. Dios me envió y yo iré." El hombre mayor se burló de él, diciendo, "Está bien, Billy, sigue adelante, lleva eso alrededor del mundo. Tengo curiosidad de ver hasta dónde llegarás." Ahora aquí estaba una carta disculpándose por aquel sarcasmo. El Dr. Davis escribió, "Si yo hubiese sido más sincero, y hubiese estudiado mi Biblia más diligentemente. Hubiese entendido más acerca de las visiones y acerca del poder de Dios."

La segunda carta procedía de Sudáfrica. Florence Nightingale Shirlaw, quien había sido sanada en Londres, ahora le estaba enviando su testimonio detallándole su recuperación constante del cáncer estomacal. Por los seis meses pasados su peso se había incrementado de 50 a 155 libras [22.68 a 69.75 kilogramos.] Ella había adjuntado una fotografía reciente de sí misma para dramatizar su increíble transformación. Bill fijó la mirada en la foto, abrumado. Ni siquiera se parecía a la misma mujer. La fotografía la mostraba con un vestido con cuadros, de pie en la calle sosteniendo un gran bolso por la correa.[97] Sus brazos, sus piernas, incluso sus mejillas se habían llenado tanto que Bill nunca pudiera haber pensado— si no lo hubiera sabido como un hecho— que en Abril ella había sido tan sólo una espoleta de pájaro lejos de la muerte.

Bill se acordó de la oración que había hecho en aquella mañana brumosa de Abril— "Señor, si Tú sanas a esta mujer, yo lo tomaré como una señal que Tú deseas que yo vaya a celebrar una campaña de sanidad en Durban, Sudáfrica." Ahora él sostenía en su mano la confirmación— una fotografía en blanco y negro de una Florence Nightingale Shirlaw robusta. Bill llamó a su administrador y le pidió que comenzara a hacer los arreglos. No le tomó mucho tiempo a Ern Baxter el conseguir un compromiso del Concilio Nacional Sudafricano de Iglesias. Ellos estaban ansiosos de hacer que un evangelista Norteamericano tan famoso tocara su suelo. Una fecha tentativa fue fijada para mediados de 1951.

Bill se sentía emocionado. Si Dios lo estaba llamando específicamente a Durban, Sudáfrica, con seguridad grandes señales y maravillas seguirían. Entonces un día, cuando él estaba en Shreverport, Louisiana, el Espíritu Santo le dio una advertencia, diciendo, "*Así dice el Señor. 'Ten cuidado. Satanás ha tendido una trampa para ti en África.'*" El Espíritu Santo no dijo más que esto, y Bill se quedó preguntándose qué clase de trampa sería.

---

[97] Una copia de esta fotografía está en la página 51 [en Inglés] del libro *William Branham, Un Profeta Visita Sudáfrica*, por Julius Stadsklev.

Bill saliendo de la carpa en Cleveland, Ohio.

Fotografía de Florence Nightingale Shirlaw enviada junto con el
testimonio de su sanidad.

Capítulo 52
Un Águila en la Vereda del Río Troublesome
1950

A MEDIDA QUE EL VERANO de 1950 se fusionaba eń el otoño, William Branham no podía contener su emoción en aumento. Su mes favorito se estaba aproximando. Bill amaba a Octubre con una pasión, porque Octubre significaba la temporada de caza, y la temporada de caza traía un cambio, un desafío, y período de libertad.

Pero el cazar significaba más para Bill que tan sólo un descanso de su ocupado calendario. El cazar lo regresaba a sus orígenes. Cuando era niño, la soledad lo había sustentado emocionalmente; ella había sido su consolador, su felicidad, y su cordura. Era el único sitio en su afligida infancia donde había experimentado paz de mente. Ahora, la soledad significaba rejuvenecimiento; una oportunidad de escaparse de las demandas constantes de su ministerio público y de comunicarse sin prisa con su Hacedor en la belleza de la creación sin tacha de Dios. El cazar le daba tiempo para relajarse, para meditar, para buscar muy adentro de sí mismo el propósito real de su vida; le daba tiempo para examinar sus logros motivos y ver si todavía iba por el camino. El vivificante aire de la montaña le daba vigor en cuerpo, mente, y espíritu.

Hasta ahora, cada otoño de la vida adulta de Bill él había tomado vacaciones de cazar. Incluso su matrimonio con Meda en Octubre de 1941 no había interrumpido esta tradición; él sencillamente combinó su luna de miel con su viaje de cacería. Después de aquel paseo, Meda decidió que no le agradaba pasar muchas dificultades, y así que ella nunca fue de cacería con su esposo otra vez. Consecuentemente, en todos sus años de matrimonio Bill y Meda nunca se pasaron su aniversario juntos porque el 23 de Octubre Bill siempre estaba acampando en la soledad. Cuando Bill era más joven, él cazaba cerca de casa. Pero durante los pocos años pasados— desde que su vida había rodeado el continente Norteamericano completo— Bill había estado tomando sus vacaciones de cacería en las Montañas Rocallosas de Colorado. Allí es a donde se dirigió también este Octubre de 1950.

Bill andaba en busca de alce. La temporada se había abierto una semana más antes, de modo que las manadas ya no estaban en los valles más bajos; pero todo esto estaba en su plan. Bill sabía que tan pronto como fueran hechos los primeros disparos de año, el alce subía a los picos donde era más difícil alcanzarlos. La mayoría de los cazadores ni tenían tiempo ni energía para rastrear las manadas hasta allá en la soledad. Bill tenía ambos. Él y un amigo llegaron a caballo al valle del Río Troublesome, haciendo campamento donde el río se bifurcaba. Ellos estaban a 200 millas [322 kilómetros] de la ciudad más cercana y a 35 millas [56.35 kilómetros] de la avanzada de civilización más cercana.

A la mañana siguiente, los dos hombres se dividieron. Bill siguió un brazo del río hacia la región alta mientras su amigo tomó el otro brazo. Ellos planearon circular una montaña en particular y encontrarse en varios días.

Bill se coló por la densa maleza y los matorrales de álamos temblones a lo largo del Río Troublesome. Cuando su camino se tornó intransitable, Bill abandonó el río y siguió un barranco, llegando a caballo a cuestas empinadas cubiertas de picea, alerce americano, cedro y pinos. Cuando llegó finalmente a la altitud límite de la vegetación arbórea, decidió apearse y explorar alrededor a pie. Todavía no había nevado esa temporada, así que las manadas de alces estarían dispersas aquí entre los picos altos. Los caballos allá en el campo hubiesen atraído demasiado la atención. Él tendría una mejor oportunidad de cazar un trofeo macho si calmadamente andaba a pasos silenciosos por ahí como un Indio. Bill puso trabas a sus dos caballos y les dio soga suficiente para que pudieran tomar agua y forraje en su ausencia. Luego, con rifle en mano, se pasó el resto del día andando con mucho cuidado a través de las rocas a lo largo de altitud límite de la vegetación arbórea, permaneciendo en los árboles de hoja perenne como albergue.

Aquella tarde una sola masa de nubes se condensaba sobre el horizonte dentado. El relámpago electrizaba el aire y los truenos rugían tan fuertemente que parecía como si la montaña se estuviera partiendo en dos. La lluvia comenzó a caer. Bill se refugió debajo de una conífera tupida con amplias ramas que lo mantenían tan seco como si hubiera estado debajo de un paraguas. Él recargó su rifle en el tronco y estuvo mirando afuera a través del valle, pensando en cuán grande y bueno era su Señor y Hacedor.

Después de 20 minutos, la lluvia se detuvo. Un viento frío sopló de la cumbre, congelando aquellas gotas de lluvia mientras goteaban de las ramas, revistiendo los árboles del valle de millares de carámbanos diminutos. Era una escena impresionante. El sol descendía poco a poco debajo de las nubes al grado que tocaba los picos occidentales, bañando al mundo en una luz anaranjada que intensificaba las sombras y definía los contornos escarpados de cada hendidura y cañada de la montaña. Un arco iris completo arqueaba a través del valle. Bill sintió que se elevaba su emoción. Él dijo en voz alta, "Oh, gran Jehová Dios, allí está Tu arco iris en el cielo; ese hermosos pacto del Antiguo Testamento con Tu pueblo donde prometiste que nunca más destruirías la tierra con un diluvio." Entonces Bill pensó en Apocalipsis capítulo diez, el cual describía un arco iris cubriendo la cabeza de Cristo, indicando el pacto del Nuevo Testamento. Ese era el pacto más hermoso de todos— un pacto de sangre en el cual Dios prometió salvar a todos aquellos que miraran al sacrificio de Su Hijo, Jesucristo. Las lágrimas rodaban por las mejillas de Bill mientras pensaba en eso.

La manada de alce debió haberse dispersado durante la tormenta. En la distancia, Bill podía oír a los machos berreando el uno al otro. De algún sitio allá entre los picos— pero no demasiado lejano— Bill oyó aullar a un lobo gris. Su hembra le respondió de allá abajo. Bill sintió elevarse la herencia de su abuela dentro de él— aquella sangre India Cherokee la cual Bill creía que era la razón de su profundo amor por la naturaleza. Las montañas estaban tan vivas con el aliento de Dios; parecía como si su Hacedor lo estaba llamando desde cada piña y rayo de sol. Bill no pudo contenerse más. Daba vueltas y vueltas al árbol corriendo tan veloz como sus piernas podían dar el giro. Gritando alabanzas a Dios tan fuerte como podía gritar su voz. Finalmente se detuvo y se recargó en el tronco nudoso para recobrar el aliento.

Cincuenta yardas [45.72 metros] cuesta abajo a la diestra de Bill, una ardilla de pino estaba parada sobre un tocón, chatareando incesantemente.

"¿De qué estás tan agitado, animalito?" preguntó Bill. "No voy a hacerte daño."

Él se fijó que el animal de pino ni siquiera estaba mirando en dirección a él. Bill siguió la mirada fija de la ardilla más allá cuesta abajo hacia un sitio donde varios árboles secos se habían venido abajo, y allí vio lo que había atraído la atención de la ardilla de pino. La tormenta había obligado a bajar a una enorme águila de cabeza blanca. Él águila salió contoneándose de entre los arbustos y se paró en un claro, mirando de un lado a otro entre el humano y el animal de pino.

Bill dijo, "Dios, Te veo en las plantas de hoja perenne y en los picos puntiagudos e irregulares; Te veo en la tormenta— el viento, el trueno, el relámpago, y la lluvia; Te veo en el ocaso y en el arco iris; pero todavía no te veo en esta águila; es tan sólo un carroñero. ¿Por qué dirigiste mi atención hacia esta ave?"

Cuanto más observaba Bill, más se daba cuenta de cuán tranquila y sosegada parecía esta águila. Bill pensó, "Ya sé que Dios quiere Cristianos que son valientes cuando se refiere a creer la Palabra de Dios. Me pregunto si Dios desea que yo vea a esta águila porque ella no tiene miedo. Creo que descubriré exactamente cuán valiente realmente es." Dijo en voz alta, "¿Por qué no me tienes miedo? ¿No sabes que yo podría dispararte?"

Ahora que Bill había hablado, el águila ignoró el animal de pino y miró directamente al humano. Bill simuló echar mano de su arma. El águila no se movió. "Sigues sin tener miedo, ¿verdad? Me pregunto ¿por qué?" Entonces Bill se fijó que el águila flexionaba sus alas en movimientos amplios, lentos y airosos. "Ahora ya entiendo la razón que eres tan valiente. Dios te dio esas dos alas a fin que te puedas alejar del peligro, y tienes confianza en el don que Dios te dio. No importa cuán rápido yo estuviera tomando mi arma, tu estarías volando hacia esos arbustos antes que pudiera disparar. Mientras tú puedas sentir esas alas, sabes que estás bien. Y mientras yo pueda sentir al Espíritu Santo moviéndose en mi vida, yo también sé que estoy bien."

El águila y el hombre se observaron el uno al otro durante un largo tiempo en respeto mutuo. Finalmente el ave miró de vuelta a la ardilla, que seguía gritando incesantemente. El águila parecía disgustada con este constante chatareo. Saltando en el aire, movió de arriba a abajo sus alas dos veces, entonces las extendió para coger el viento. Nunca batió sus alas otra vez; la corriente de aire tan sólo la elevó siempre más alto hacia el ocaso.

Bill observaba al águila remontarse hasta que era tan sólo un punto de lápiz alto en el cielo. El sol, el cual ya había descendido dentro de un paso entre dos picos, le recordaba a Bill el gran ojo que todo lo ve de Dios considerando con aprobación a Su creación. Bill alzó sus manos y adoró, "Padre Celestial, cuán maravilloso es Tu mundo. Ayúdame a ser como esa águila. Ayúdame a dejar atrás toda esta cháchara-cháchara-cháchara terrenal. Enséñame cómo extender mis alas en el poder de Dios y elevarme en el Espíritu hacia cualesquiera que sean las alturas que Tú me has llamado a ir."

Esa noche, sentado con las piernas cruzadas junto a su fuego de campamento, Bill sacó de su alforja su Biblia desgastada, le dio vuelta a las páginas a Éxodo 19, y leyó: "...*acampó allí Israel delante del monte. Y Moisés subió a Dios; y Jehová lo llamó desde el monte, diciendo: Así dirás a la casa de Jacob, y anunciarás a los hijos de Israel: Vosotros visteis lo que hice a los egipcios, y cómo os tomé sobre las alas de águilas, y os he traído a mí. Ahora, pues, si diereis oído a mi voz, y guardareis mi pacto, vosotros sereis mi especial tesoro sobre todos los pueblos; porque mía es toda la tierra.*"

Cuán impresionante parecía que Dios comparara a su profeta Moisés con las alas de águilas. Pero después de lo que Bill vio hoy, él no estaba sorprendido. Él sabía que un águila tenía la vista más aguda de cualquier criatura en el reino animal, lo cual quería decir que ella podía volar más alto y ver más lejos que cualquier otra ave. Y ¿no era eso lo que un profeta era llamado a hacer— a ver más lejos que cualquier otra persona, ya sea hacia el pasado o hacia el futuro, o incluso dentro de la mente de Dios?

Bill pensó en las visiones que le permitían ver hacia el pasado y el futuro. Él siempre había sabido que semejante don no era para su propio uso personal; más bien serviría para beneficiar a la iglesia mundial de Jesucristo. Pero ¿cuál era su objetivo final? Él se acordó de la voz en el río que dijo: "*Así como Juan el Bautista fue enviado para precursar la Primera Venida de Jesucristo, de igual manera tú eres enviado a precursar Su Segunda Venida.*" ¿Qué significaba eso exactamente? ¿Estaba su ministerio poniendo un fundamento para algo monumental? ¿Estaba muy cercana la venida de Jesucristo?

Elevado por estos pensamientos, Bill se remontó más alto que el águila allá hacia los cielos donde los átomos disminuían, más allá de la luna y los planetas, más allá de la Vía Láctea hasta que él parecía ser arrastrado entre las incontables galaxias en un universo tan vasto que sus sentidos mortales eran inútiles. Parecía una pena que él tuviera que regresar a la tierra, pero el fuego de campamento se había apagado y estaba sintiendo el frío de la noche. Removió los rescoldos hasta que una llama resurgió; luego arrojó otro leño. Pronto el fuego de campamento estaba ardiendo caliente y vivo otra vez.

Mientras Bill observaba las llamas, pensaba en el fuego sobrenatural que seguía a sus reuniones. Cuán diferente era de este fuego de campamento terrenal. Muchas ocasiones él había intentado describirle este fenómeno a la gente, pero siempre su descripción estaba muy por debajo de la realidad. En tamaño esta luz podía variar en cualquier parte de un pie [30.48 centímetros] a varios pies de diámetro. Algunas ocasiones podía ser esférica, como una estrella; algunas ocasiones se miraba más cilíndrica y permanecía en posición vertical como una columna de fuego; en otras ocasiones sería más plana y se quedaba horizontalmente, dando vueltas como la Galaxia de la Vía Láctea en miniatura. A menudo resplandecía en color ámbar, pero algunas ocasiones se miraba más verde-amarillenta. Ocasionalmente brillaba tenuemente con todos los colores del arco iris. De noche durante las campañas de sanidad, cuando se alejaba del costado de Bill y allá sobre la audiencia, se parecía al destello luminoso de una cámara que no se apagaba. Luego giraba y palpitaba como si estuviera viva con energía, mientras emitía un sonido parecido a un torbellino fuerte. Pero había mucho más en esta luz que el tamaño, color, y dimensión. Incluso si Bill no podía verla, él sabía que ella estaba cerca. Él podía sentirla irradiando una presencia que era indescriptible en términos humanos.

Entonces allí estaba el ángel del Señor, quien parecía tan íntimamente relacionado con esa luz. Bill encontró al ángel del Señor igualmente indescriptible. Cierto, habían algunos aspectos que él podía describir, tales como el cabello del ángel largo hasta los hombros y la complexión morena. Pero cuando Bill trató de esbozar el carácter en aquel rostro sobrenatural, le faltaban las palabras. ¿Cómo podía él describir semejante paz y bondad conviviendo con un poder tan abrumador? Era una paradoja, y un misterio... sin embargo era únicamente una de las muchas cosas que Bill no entendía acerca de aquel ser sobrenatural. Él no sabía el nombre del ángel. Él sí sabía que el ángel no era el Señor Jesucristo, pero Bill no entendía plenamente la relación entre el ángel y esa luz. Y la pregunta más importante de todas: ¿Por qué venía a él este ángel? ¿Adónde estaba conduciendo todo ello?

Bill se retorció dentro de su saco de dormir y subió la tela sobre sus hombros. Acostándose boca arriba, contemplaba el cielo brillante de estrellas. Alrededor de él pinos altos negros apuntaban hacia el cielo. En el cielo oriental la constelación de Orión estaba apenas asomándose. Arriba del Orión parpadeaba el estuche pequeño de estrellas conocidas como las Pléyades. Bill pensó en cómo el profeta Job había mirado a estas mismas dos constelaciones tantos miles de años atrás. Mientras la mirada fija de Bill iba recorriendo hacia la Osa Mayor, se fijó en la luz parpadeante del ala de un avión viajando hacia el oriente. El pensar en ese avión lo hizo sentirse nostálgico. Cuánto extrañaba a su esposa y a sus hijos. A partir de este Octubre de 1950, él y Meda habían estado casados por nueve años. Ellos estaban esperando otro bebé en cinco meses más. Sería bueno ver otra vez a su familia, aún cuando él sabía... Aquí suspiró él. Cuán curiosas sus emociones parecían estar en esta área. A cualquier parte que él estaba viajando, anhelaba estar en casa con su familia; pero después de unas cuantas semanas en casa, él siempre añoraba el estar viajando otra vez. No cabía duda que el Señor le había dado este rasgo de personalidad para ayudarle a hacer la obra de un evangelista. Él se acordó de la visión que Dios le mostró la mañana que puso la primera piedra para el Tabernáculo Branham. En la visión vio el edificio terminado completamente lleno de gente, lo cual naturalmente lo hizo emocionarse. Entonces el ángel del Señor le produjo una conmoción al decir, *"Este no es tu tabernáculo."* El ángel lo levantó y lo puso en el suelo bajo un claro cielo azul, diciéndole, *"Este ha de ser tu tabernáculo."* Paso a paso se había hecho realidad. Desde su humilde principio como el pastor de una iglesia provinciana, su ministerio había crecido hasta que había abarcado todo el continente de América del Norte, y ahora se estaba extendiendo en Europa, África y más allá.

Otro avión apareció en el cielo de la noche, este dirigiéndose al Oeste. Mientras Bill se preguntaba de dónde procedía, sus pensamientos vagaron de vuelta hacia sus propios principios.

Recordó a aquel niño de pies descalzos obligado a acarrear agua cuesta arriba hacia la destilería clandestina de su papá. Aquel día estaba marcado para siempre en su memoria— su abatimiento y lágrimas; la quietud; el álamo; el torbellino; aquella voz grave diciendo: *"Nunca bebas, ni fumes, ni deshonres tu cuerpo en ninguna forma. Habrá una obra que tú harás cuando tengas mayor edad."* Bill había pensado en estas palabras a menudo durante su afligida infancia y adolescencia. En una ocasión cuando había intentado beber whisky y en otra cuando había intentado fumarse un cigarrillo, el sonido de un torbellino le había recordado precipitadamente estas palabras, evitándole repetir los errores de su padre.

Había sido una infancia difícil, llena de pobreza, rechazo, y confusión. Él no encontró paz hasta que, siendo un joven, finalmente rindió su vida al Señor Jesucristo. La confusión no desapareció hasta que él se había encontrado cara a cara con el ángel del Señor. Aquella noche, del 7 de Mayo de 1946, también estaba estampada indeleblemente en su memoria— la cueva; lo oscuro; su dolor y desesperación; la luz; los pasos; el varón que salió de esa luz; el temor de Bill, el cual se fundió en paz tan pronto como el ángel dijo, *"No temas"*; y su mensaje— Bill nunca olvidaría las palabras del ángel, *"Yo soy enviado de la presencia del Dios Todopoderoso para decirte que tu nacimiento peculiar y tu vida mal comprendida han sido para indicar que tú has de llevar un don de sanidad Divina a las gentes del mundo."*

Sucedió exactamente como el ángel había dicho. En 1946 Bill había sido un predicador provinciano desconocido. Ahora en 1950, apenas cuatro años después, él era tan bien conocido y respetado que reyes y otros altos oficiales estaban pidiendo sus oraciones. Ministros de muchas denominaciones diferentes todos estaban escribiéndole con la misma petición: "Venga a celebrar una campaña de sanidad para nosotros en nuestra ciudad." Él tenía más peticiones de ciudades y países que las noches que había en un año para celebrar reuniones. No era difícil entender la razón que él tenía tanta demanda. Exactamente como prometió el ángel, la señal en su mano había dado paso al discernimiento por medio de visión, despertando a millones de personas a la realidad de Jesucristo como el Dios que todo lo sabe.

El ruido sordo del avión se hizo más fuerte. Cuán fuera de lugar se oía en esta soledad montañosa. Arriba de la cabeza, el avión volando hacia el oeste ahora había alcanzado un punto a la mitad del camino entre los dos horizontes. Bill pensó en cómo su propia vida había alcanzado probablemente su punto medio. Y su ministerio—seguramente su ministerio había llegado a su cenit. Hasta aquí él había visto el poder de Jesucristo hacer que el cojo anduviera, el ciego viera, el sordo oyera, los cánceres ser curados, y todo género de milagros, incluso hasta la resurrección del muerto. ¿Qué cosas mayores podían ocurrir? Desde luego él estaba esperando que ocurrieran milagros semejantes en Sudáfrica porque el Señor lo había dirigido específicamente a ese país a través de la sanidad espectacular de Florence Nightingale Shirlaw. Y qué tal si Satanás le había tendido una trampa. ¿Qué podía hacer posiblemente Satanás para derrotarlo, especialmente ahora que él había sido prevenido?

Distraídamente Bill observaba la luz parpadeante del ala arriba de él mientras hacía una curva en dirección al horizonte occidental. Se preguntaba a dónde iba el avión— ¿Los Angeles, California? ¿Tucson, Arizona? Bill pensó en cuánto amaba a estos estados occidentales. Entonces se acordó cómo es que años atrás una astróloga, una desconocida, le había dicho su fecha de nacimiento, describió su aura, y luego le dijo que su destino residía en el Oeste. Eso era raro, porque muchas de sus visiones tenían algo que ver con el Oeste. Siendo un joven de 14 años de edad, cuando se le practicó aquella operación para extraerle los residuos de bala de la escopeta de sus piernas hinchadas, él había visto una visión de sí mismo de pie en una pradera allá en el Oeste, con sus manos alzadas hacia una cruz de luz que estaba despidiendo rayos de sol hacia su corazón y alma. Después que Hope y Sharon Rose habían muerto, él había experimentado un sueño vívido de sí mismo caminando allá en el Oeste junto a una carreta con toldo con una rueda rota. Sharon Rose, siendo una joven, se encontró con él junto a la rueda rota de la carreta y le señaló hacia una mansión donde Hope lo estaba esperando. En el sueño el sol se estaba poniendo, despidiendo rayos de luz color naranja hacia el cielo. Más tarde, después que se había casado con Meda, vio una visión donde él estaba caminando hacia el noreste y el ángel del Señor le dio la media vuelta de modo se estaba dirigiendo al oeste. Él pasó por una montaña hacia un amplio desierto donde encontró una carpa gigante o catedral con cúpula cubriendo un enorme montón del Pan de Vida. El ángel le dijo que alimentara con este pan a los millares de personas que venían a través del desierto de cada dirección. Bill incluso de acordó del sueño de su madre tocante a las seis palomas que descendían del cielo en la forma de la letra "S" y posándose en el pecho de él. En el sueño Bill estaba construyendo una casa en el Oeste.

Para Bill, parecía claro partiendo de estas pistas que su destino en verdad le esperaba en el Oeste. Pero ¿qué clase de destino podía ser? ¿Qué podía posiblemente superar las visiones, sanidades, y milagros que ya habían ocurrido en su ministerio?

El avión desapareció de la vista sobre el horizonte accidental. Ni Bill podía ver sobre su propio horizonte. Él no podía ver cuán astutamente Satanás le había tendido una trampa en Sudáfrica, y cuán cerca había llegado para destruirlo. Ni podía ver con anticipación el tiempo cuando ya no habría una demanda constante de sus servicios. Él no podía saber que Dios iba a cambiar su ministerio al levantarlo hacia un llamamiento más elevado que un evangelista. En esta fría noche de Octubre de 1950, William Branham nunca podría haberse imaginado la estela de eventos sobrenaturales que lo guiarían al oeste al Monte *Sunset* [Atardecer] en Arizona. Allí finalmente encontraría su destino, y temblaría en asombro ante su magnitud, por ello él retumbaría con una voz que haría temblar la tierra.

Explicación del Autor

AL MOMENTO DE SU MUERTE EN 1965, William Branham dejó atrás una abundancia de información concerniente a su vida. La mayoría de esta información está diseminada a través de más de 1,100 sermones suyos los cuales fueron grabados entre 1947 y 1965. En estos sermones, él a menudo describía sus experiencias en detalles pintorescos, usando frecuentemente "Yo dije," "él dijo," o "ella dijo," cuando él narraba lo que sucedía. Muchas ocasiones él dijo incluso lo que estaba pensando. Yo he intentado usar estos detalles abundantes y altamente personales para hacer esta biografía fácil de leer, usando "él dijo" y "él pensó" frecuentemente.

Casi todas las historias en este libro procedieron de los propios informes de William Branham de estos eventos. Hay unas cuantas excepciones. Al final del Capítulo 39: *Las Montañas Rocallosas de Colorado*, yo añadí una escena para expresar información. Los pensamientos de él junto a su fuego de campamento son mi conjetura. Hice la misma cosa en el Capítulo 52: *Un Águila en la Vereda del Río Troublesome.* La primera parte del capítulo 52, describiendo su observación de un águila en las Montañas Rocallosas Colorado, procedió del testimonio de William Branham. Sus pensamientos nocturnos mientras estaba sentado junto a su fuego de campamento son invención mía. Yo crié esta escena como una manera artística de resumir su vida hasta este punto.

Bibliografía

Acts of the Prophet, [Los Hechos del Profeta], por Pearry Green, 1969. Abarca los aspectos sobresalientes de la vida de William Branham, junto con las experiencias personales de Pearry Green con William Branham. 207 páginas. Disponible de Tucson Tabernacle, 2555 North Stone Avenue, Tucson, Arizona 85705, U.S.A.

All Things Are Possible: The Healing and Charismatic Revivals in Modern America, [Todo es Posible: Los Avivamientos de Sanidad y Carismáticos en la Norteamérica Moderna] por David Harrell, Jr., 1975. Indiana University Press. Muestra cómo el ministerio de William Branham dio comienzo al auge de otros ministerios sanidad/avivamiento en los años 1950's. 304 páginas.

Christ the Healer, [Cristo el Sanador], por F.F. Bosworth, 1973. Fleming H. Revell Co., Old Tappan, New Jersey. Una colección de los sermones de Fred Bosworth predicados en los años 1920's y 1930's, probando por medio de las Escrituras que Jesucristo sigue siendo un sanador en el mundo de hoy en día.

Footprints on the Sands of Time, [Huellas en las Arenas del Tiempo], editado por el personal de Spoken Word Publications. Una compilación de historias relatadas por William Branham concernientes a su vida rara, transcritos de sus sermones grabados, y presentados en un formato autobiográfico. 700 páginas.

I was Not Disobedient to the Heavenly Vision [No fui Rebelde a la Visión Celestial], por el Rev. William Branham, 1947. Describe la sanidad de Betty Daugherty de 17 años de edad y da un diario día con día de la subsiguiente campaña de sanidad de William Branham en St. Louis, Missouri. 27 páginas.

Jesus Christ The Same Yesterday, Today And Forever, [Jesucristo El Mismo Ayer, Hoy y por los Siglos], por el Rev. William Branham, 1936. Describe su primer llamado al ministerio y sus primeras visiones y sanidades después de su conversión en 1932. 24 páginas [en su edición en inglés]. Disponible de Voice of God Recordings, Inc., P.O. Box 950, Jeffersonville, Indiana 47131, U.S.A.

Only Believe Magazine [Revista Sólo Creed] [en su edición en inglés], Rebekah Smith Branham. Esta revista presenta artículos sobre la vida y el ministerio de William Branham. Disponible en el Internet en www.onlybelieve.com

Los sermones de William Branham están disponibles los siguientes:

Bible Believers, 18603-60th Avenue, Surrey, BC. V 3S-7P4, Canadá. Ud. Puede escuchar o imprimir los sermones vía Internet en www.bibleway.org

End Time Message Tabernacle, 9200 - 156 Street, Edmonton, Alberta T5R 1Z1, Canadá, tiene varios sermones impresos.

The Word Publications, P.O. Box 10008, Glendale, Arizona 85318, U.S.A., tiene varios sermones impresos.

Voice of God Recordings, Inc., P.O. Box 950, Jeffersonville, Indiana 47131, U.S.A., tiene los sermones en audiocassettes y audio CD's, varios sermones impresos, un índice de sermones, y el Mensaje Programa del Mensaje Almacenado para Computadora el cual tiene todos los sermones en discos para computadora.

William Branham, A Man Sent From God [William Branham, Un Hombre Enviado De Dios], por Gordon Lindsay (en colaboración con William Branham), 1950. Abarca la vida de William Branham hasta 1950, con capítulos colaborados por Jack Moore, Gordon Lindsay, y Fred Bosworth. 216 páginas. Disponible de William Branham Evangelistic Association, P.O. Box 325, Jeffersonville, Indiana

47131, U.S.A.

William Branham, A Prophet Visits South Africa [William Branham, Un Profeta Visita Sudáfrica], por Julius Stadsklev. Informe detallado del viaje de William Branham a Sudáfrica en 1951. 195 páginas. Disponible de William Branham Evangelistic Association, P.O. Box 325, Jeffersonville, Indiana 47131, U.S.A.

Índice

Información del Libro

Libro Uno:
El Niño y Su Privación
(1909 – 1932)

Desde el momento que nació, William Branham fue apartado de lo ordinario. Atormentado por la pobreza y el rechazamiento, él se convirtió en un niño nervioso. Cosas raras se mantenían aconteciéndole, cosas llenas de misterio y espirituales. . . pero él no comenzó a pensar en Dios hasta que tenía 14 años, cuando casi perdió ambas piernas en un disparo de escopeta accidental. Mientras yacía moribundo en un charco de sangre, vio una visión terrorífica del infierno— se vio a sí mismo cayendo constantemente más profundo dentro de esa región de las almas perdidas y a la deriva. Él clamó a Dios por misericordia y milagrosamente le fue dada una segunda oportunidad— una oportunidad que él después casi falló en aprovechar.

Libro Dos:
El Joven y Su Desesperación
(1933 – 1946)

Como un pastor joven, William Branham batallaba para entender su vida peculiar. ¿Por qué es que él era el único ministro en la ciudad que veía visiones? Cuando Dios lo llamó por primera vez a un evangelismo en el ámbito nacional en 1936, él se negó, únicamente para pagar caro su error al perder a su esposa e hija de tuberculosis. Las visiones continuaban. Los ministros le decían que estas visiones procedían de Satanás. La desesperación lo condujo finalmente a buscar a Dios en la soledad, donde él estuvo cara a cara con un ser sobrenatural. El ángel le dio una comisión de parte de Dios para que llevara un don de sanidad Divina a la gente del mundo. Cuando William Branham argumentó que la gente no creería un ángel realmente se había encontrado con él, el ángel le dijo que le serían dadas dos señales sobrenaturales para probar su llamamiento. Entonces ellos tendrían que creerle. *¡Y ellos le creyeron!*

Libro Tres:
El Hombre y Su Comisión
(1946 – 1950)

El ángel dijo, "Tú has de llevar un don de sanidad Divina a las gentes del mundo." Cuando William Branham argumentó que nadie creería que un ángel realmente se había encontrado con él, el ángel le dijo que le serían dadas dos señales para probar su llamamiento.

Poco después de la visita del ángel, apareció la primera señal— una reacción física en su mano que ocurría únicamente cuando él tocaba la mano de alguien sufriendo a causa de una enfermedad causada por un microbio. En el lapso de dos meses de su comisión, el extraordinario don de William Branham había ganado atención nacional. La gente por millares se congregaba para sus reuniones, cuando él predicaba salvación y sanidad Divina en el Nombre de Jesucristo. Los milagros abundaban. El mundo no había visto nada parecido desde los días cuando Jesucristo anduvo por Galilea, echando fuera demonios y sanando a todos los que estaban enfermos y afligidos. Aún así, algunas personas todavía se preguntaban si realmente un ángel se había encontrado con este hombre sin educación. Entonces apareció la segunda señal... ¡y ellos tuvieron que creer!

Libro Cuatro:
El Evangelista y Su Aclamación
(1951 – 1954)

William Branham es una paradoja en la historia moderna. Comenzando en 1946 su ministerio dio un salto de la oscuridad para alcanzar la atención nacional en menos de seis meses, y en el proceso encendió un avivamiento mundial de sanidad por fe. Él logró esta proeza con la ayuda de un solo don– una señal sobrenatural que sorprendió a la gente hasta en poner atención. Pronto Cristianos alrededor del mundo estaban dándose cuenta. Entre 1951 y 1954, William Branham condujo las más grandes reuniones Cristianas en la historia hasta ese entonces –alrededor de 300,000 personas en una reunión en Bombay, India. La demanda de sus servicios en Norteamérica y en el extranjero parecía insaciable. Pero William Branham no estaba satisfecho. Algo parecía andar mal. Durante un largo período de tiempo él no sabía lo que eso era, pero para finales de 1954 él lo supo. Su ministerio tenía que cambiar.

Libro Cinco:
El Maestro y Su Rechazo
(1955 – 1960)

El ministerio internacional de William Branham tuvo tres etapas principales. Primera, él discernía las enfermedades a través de una señal sobrenatural en su mano. Después, visiones le permitieron discernir las enfermedades y más. Entre 1946 y 1954, más de 500,000 personas aceptaron a Jesucristo como su Salvador a causa de su predicación—y no había modo de estimar cuántos millones recibieron sanidad a causa de las oraciones de él. Discerniendo que las personas no estaban aceptando las profundidades y alturas espirituales que la Palabra de Dios y el Espíritu les estaban ofreciendo, William Branham sentía que el Espíritu de Dios lo estaba llamando a hacer más. Él sabía que la gente venía a sus reuniones por muchas razones. Algunas personas venían porque creían que el Espíritu de Jesucristo estaba presente. Otras venían por la novedad y la emoción de ello, así como cuando la gente se congregaba para ver a Jesús sanando al enfermo y multiplicando el vino, el pan, y el pescado. Pero fueron las enseñanzas de Jesús las que cambiaron la historia del mundo. William Branham sentía que Dios lo estaba llamando a enseñar más durante sus campañas desanidad por fe. Él creía que su ministerio podía hacer una contribución más duradera y benéfica a la iglesia Cristiana.

Iniciando en 1955, él no únicamente enseñó sanidad Divina, también enseñó otros aspectos de la Palabra de Dios. Dios le dio una visión de una etapa nueva en su ministerio—un "tercer jalón" (para usar las palabras del ángel)—el cual superaría todo lo que Dios había hecho a través de él en el pasado. Inevitablemente, él ofendió a algunas personas.

Libro Seis:
El Profeta y Su Revelación
(1960 – 1965)

Made in United States
North Haven, CT
18 July 2022

21486663R00178